Katsuhiko Tanaka Selection III

田中克彦
セレクションIII

スターリン言語学から
社会言語学へ

カナリヤは
歌をわすれない

田中克彦

新泉社

第十五回
せとうち賞

スターリン憲法下の
社会福祉へ

還りゆきたる
とも

田中英範

田中克彦セレクションⅢ

スターリン言語学から社会言語学へ

カナリヤは
歌をわすれない

セレクションⅢへのまえがき

前のセレクションⅡには、「国やぶれてもことばあり」と題して、一九六三年から九八年にかけて書いた言語に関する小篇を盛り込んだのであるが、はち切れてはみ出してしまった分が、十分に一冊をなすほどの量になってしまった。そこで最初の約束をたがえることにはなるが、続く一九九九年、すなわち二〇世紀の最終年にはじまって最近までのものと、スターリン言語学に関する小篇を中心に、「カナリヤは歌をわすれない」と題して、セレクションⅢとしてまとめることにした。

ちょうどこの頃から、日本の教育体系の中に、どのようにして英語の科目をとり入れるかが、大きな課題になりはじめ、言語学も、この点でどのような役割を演ずべきかが期待されるようになった。

世界が一つのことばで統一されることを願うのは、人類が思い描く夢の一つである。その統一言語として英語をふりかざし、この夢の実現に向かって進むことは、人類にとって大きな前進と言うべきであろう。しかし人類の進歩は自然に生じることではなくて、話し手個人の意志によってもたらされることである。では人類は、そのような形での、すなわち、既存の有力・有名言語に吸収されるという形での言語的統一を求めているのだろうかと言えばそうではない。

そのような普遍的な「人類語」にさきだって、頑迷で、不合理な「母語」というものがある。「人類」や「普遍」は抽象的に、合理的に考えられたものであるのに対して、「母語」は唯一、無二の頑迷で不合理な実在そのものだと言えよう。何とも解きがたい矛盾である。

このような深い矛盾のなかから、言語学が生まれ、そだってきた。こうした永遠の難問の前にたちつくしながらも、難問を難問として受け入れ、難問であることを否定せず、その中で生きて行くための、ささやかながら方途をさぐってきたのが言語学であり、その学んだ跡を考えてみるのが言語学史である。

この巻におさめた論争ふうな各篇は、じつは、いつも、言語学が経験してきた過去の議論に思いをいたしながら書かれたものである。

言語は普遍的なコミュニケーションの道具であるとともに、そこには普遍でない、特有なものも蔵している。この特有なもの――私は、かりにそれをエトノスと呼んでみる――を言語をとおして維持しつづける一群の人間（話す）集団があって、これは、人々が「民族」と呼ぶものとほぼ一致している。

人間にかかわるすべての学問は、この普遍と非普遍たる「民族」との二つの面にふれずして通りすぎることはあり得ない——いな、この非普遍を扱うことこそ、おしなべて人文学の本務である——が、言語学はとりわけそのような学問である。というのは、ほかでもないその対象である「言語」こそはまさにそのようなものだからである。

このエトノスとどのようなつき合い方をするかが、一九世紀以来のあらゆる社会運動の中心問題をなしていて、マルクス主義はそれを単純に否定することによって問題を解消させた。ところがユーラシア的多民族空間を抱え込んだソビエト連邦はそうは行かなかった。エトノスをめぐってはソ連邦はマルクス主義から逸脱したさまざまな理論的冒険を試みながらも遂に途上で挫折せざるを得なかった。残ったのは、その苦闘の過程のあとをとどめる理論的遺産であった。こうしたエトノスを扱う諸科学の中で、最も顕著な足跡を残したのが言語学である。本書で示すことができたのは、その一部でしかないが、読者には、具体的には民族というかたちをとる以外にはありえない人類と言語について考える手がかりにしていただきたい。

この巻につけた名「カナリヤは歌をわすれない」は、少年の頃に身についてしまった歌の、そのような気持が背景にある。すなわち、カナリヤは種を通じて一つのカナリヤ語でしか歌わない、いな、歌えないから、そもそも歌うべき歌の選択の自由はない。選択の自由がないところには忘却もないのである。しかし人間のカナリヤは、いくつもの民族に分かれて、いくつもの言語をつくるから、失った空白を他の民族のことばで補うことができる。「人間語」はこのような仕組みで維持されてきたのではないかと思うのである。

二〇一八年四月

田中克彦

目次

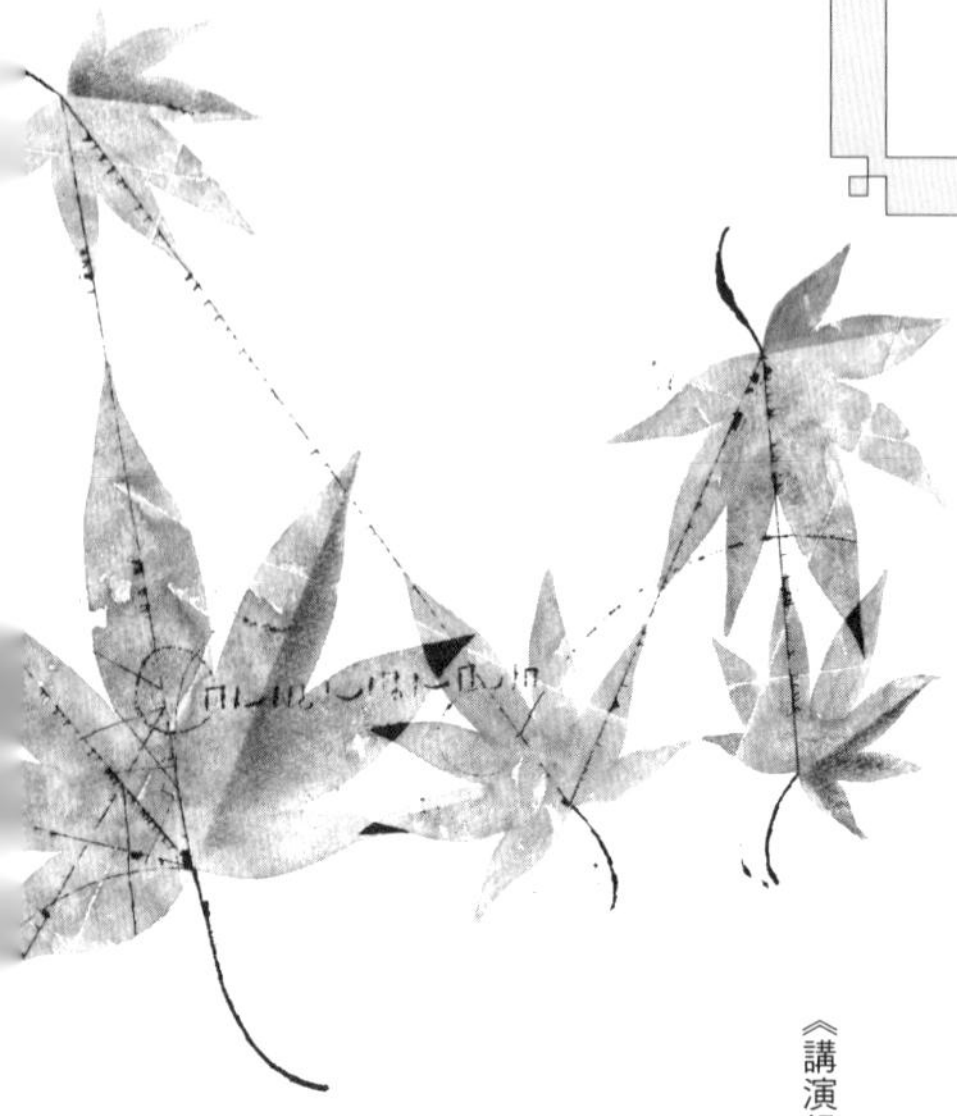

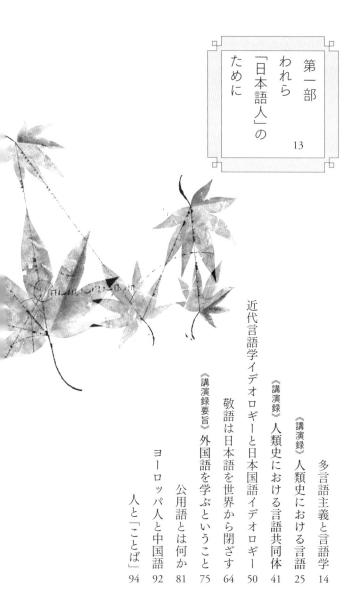

第二部 ソビエト・スターリン言語学 177

Marx
Engels
Lenin
Stalin

凡例

・明らかな間違い、誤字、脱字などは修正した。
・地名・国名・人名表記は当時のままとして、その論文・エッセイ中で統一をした。
・漢字の旧字体は新字体に変えた。
・文中で紹介している書籍・雑誌の出版元は、発表時のものを掲載している。とくに雑誌については、出版元がかわったり、休刊、廃刊しているものもある。
また、現在、文庫になっているものも多くあるが、
一部、古書店でしか手に入らないものもあることはご了承いただきたい。
・本書に収録した論文・エッセイのタイトルは、初出時のままを原則としたが、
一部、タイトルを変更したものは、その文末に原題を掲げた。
・現在からみると、不適切な表現と思われるものもあるが、歴史性を考慮して、原文のままとした。
・文中の［　］は、本書出版にあたり、著者自身が加筆した注である。
・文末に【二〇一八年の〜】という形で、論文・エッセイ・講演録等の掲載にあたっての著者のコメントを加筆した。

装画　柳智之
装幀　守先正

第一部
われら「日本語人」のために

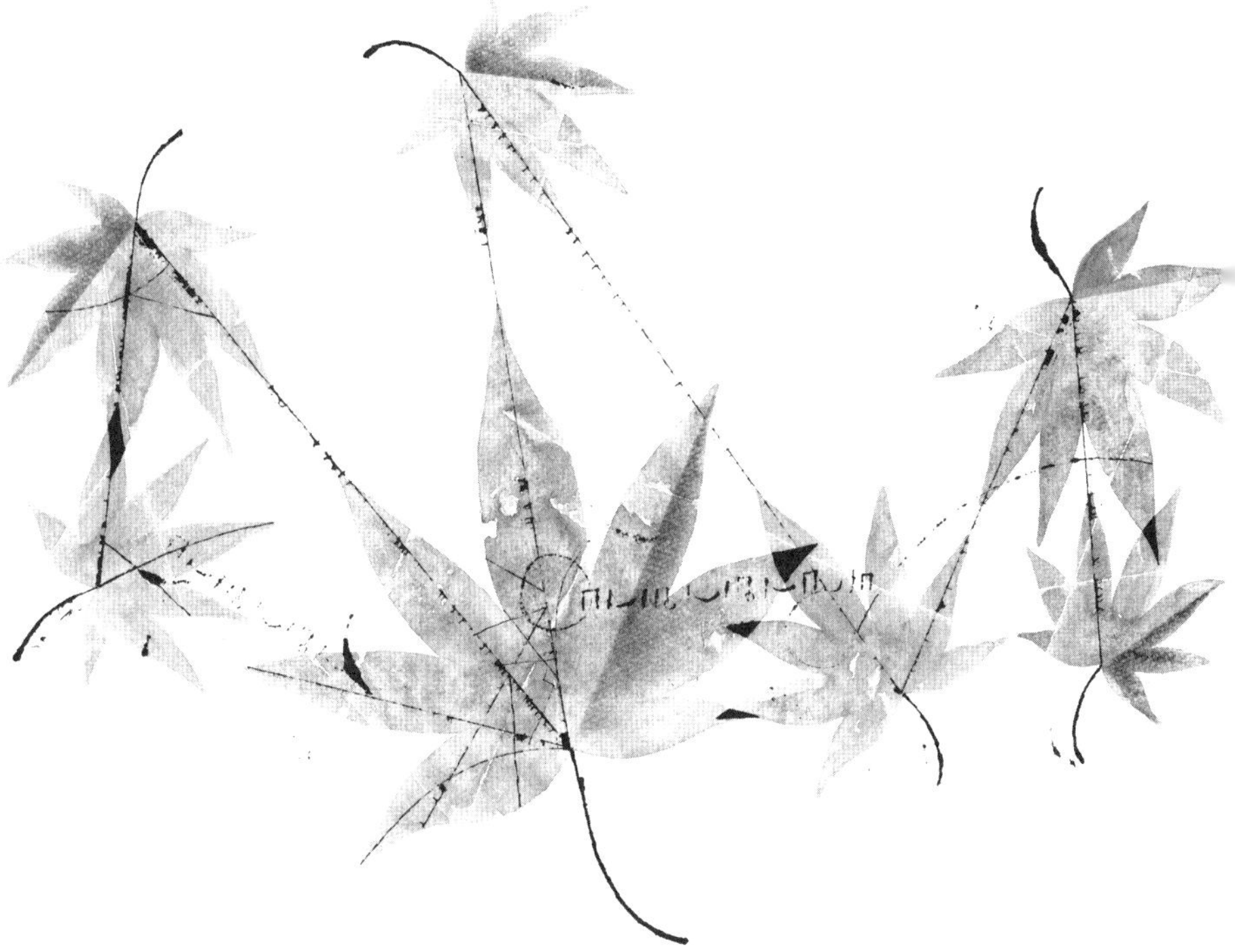

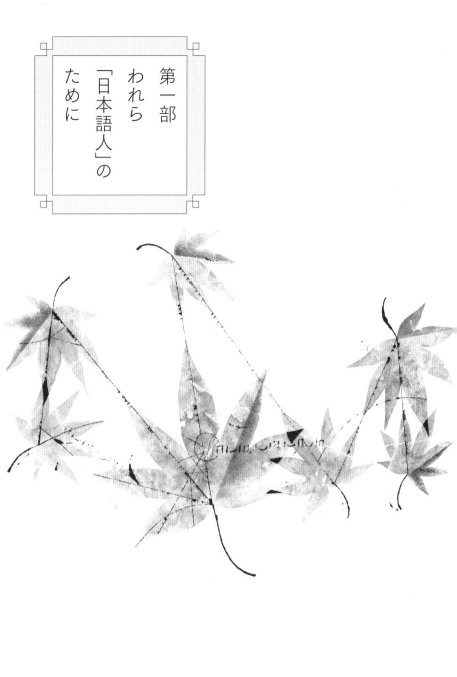

多言語主義と言語学

一　多言語をつつしむ伝統

「多言語・多文化主義」は、ここ数年来、愛されるべきスローガンとして、あるいはまた、あるべき未来を指し示す期待として響いてきたらしく見えるが、「多言語」、より正確に言って「多言語状況」と「多文化」とは決して平行しあう関係にはない。多文化は日常生活の中で、さしたる努力もなく実現し得る、いわば好みの問題であるのに対し、「多言語」は、それを口にしたとたんに、過酷な努力を伴ってのみ可能な難題として引き受けなければならない。かつてのオーストリア・ハンガリー帝国の官僚のように、その職に採用される条件として、母語以外に、いくつもの言語を修得しなければならなくなるであろう。

したがって素朴な人間は、多言語に対しては説明できない恐怖すら感じ、また人類としては、いかに多言語を呪ってきたかは、すでに、いつの太古からとも知れぬバベルの塔の伝承に見るところであって、そこでは多言語は神が下した罰として与えられたのであり、決して恵みや祝福の結果としてではない。また西欧世界において、ラテン語による統一を失わせ、俗語（今日の「国語」の祖［先たち］）の分立による大混乱を生ぜしめた、ダンテやルターのような人たちがいかに責められたかをかえりみるならば、多言語を望まないことの方が、むしろ、つつしみある人たちの伝統であったことはたしかだ。

多言語を憎むということは、多言語を作り出す単位となり、核となった、あのおぞましき「民族」と呼ばれるしろものを憎むことであり、「国際性」、社会主義、インターナショナル、プロレタリアートの独裁などの主張は、いずれも、普遍の枠の中に諸「民族」を包み込んで解消するための工夫であった。そのことを明瞭に、ごまかしなく述べているのは、レーニンの次のようなことばである。

社会主義の目的は、人類が小さな国家に細分されている状態をなくし、諸民族のあらゆる孤立性をなくし、かれらの接近をはかるばかりでなく、かれらを融合させることである。（「社会主義と民族自決権」一九一六年）

このことばが対しているのは、一九世紀が自ら現出し、その前にたじろぎ、おののいていた、「多言語――→多民族――→多国家」という状況であった。この連鎖を破壊する方法として、ここにあげた順序に従って、まず言語から手をつけることは、ほとんど不可能である。その理由はほかでもない、「言語」というものの本質に属しているのであって、そのことは、ソシュールをはじめ、言語の本質にふれた、あらゆる理論に示されている。したがって、この連鎖を打ちくだく方法は、歴史的に最も浅い「国家」から入り、さらにすすんで国家形成の核になる「民族」から手をつけるしかない。

マルクス主義の理論にとって最大の難物であったこの「民族」を解消するために、エンゲルスがとった方法は、民族の間に等級をつけ、まず劣等の民族から解消して行くことであった。優等の「歴史のある民族」に対して、劣等民族は「歴史のない民族」だと規定し、後者は前者に吸収されるべきだとした。

ヨーロッパには、自分の国のどこかの片すみに、一つくらいは滅亡民族の残骸をかかえていない国は一つもない。これらはかつての先住民族の残党であって、後に歴史の発展の担い手となった国民《ナツイオン》によって追いたてられ、制圧された。ヘーゲルの言うように、歴史の歩みによって、無慈悲に踏みつぶされたこれら国民《ナツイオン》の残骸、民族の屑は、完全に根絶やしになるか民族のぬけがらになるまでは、反革命の狂信的な担い手であることをやめない。(「マジャール人の闘争」一八四九年)

これらの「民族の屑」とは、ゲール人、ブルトン人、バスク人、南スラブの諸族を指したものだが、現代の多言語主義を主張する人たちの「多言語」のリストの中には、これら「屑民族」の言語は入っているのだろうか。もちろん入っているはずだ。

上に引いたエンゲルスの行文を読む人たちは、こうした発言は、言語の重さを理解しない、粗野な思想家だけのものだと思うかもしれないがそうではない。正統の言語学者として、二〇世紀最大の一人とあがめられているアントワーヌ・メイエが、ロシア革命の結果としてロシア語支配がくずれ、多数の言語があらわれた状況を前にして述べた、次のような感慨に注目しておかねばならない。

一般的に言えば、文明語（la langue de civilisation）の数は増やすべきでない。文明語が作られるたびに教科書、学術書、専門書、辞書、参考書のような、あらゆる必要な道具をこの言語によって作り出さねばならなくなる。……この言語はそれを用いる人々を低い水準にとどめる。……今日の教養あるウクライナ人が自前の書きことばを持ちたいという意志、公式にはウクライナ語と呼ばれることになった小ロシア語を用いたいという意志には政治的な意味がある。……しかし政治を考慮しなければ残念なことである。小ロシア語のような特殊な言語を採用すれば、世界から孤立することを自ら望むことになろう。

言語の多様性は望ましいものではなく、すすんで排除すべきであるとメイエが考えていたことは、次の一節から明らかである。

ヨーロッパがアメリカに劣っている点はたくさんあるが、言語の多様性も小さいものではない。そして多くの場合、言語が多様だからといって、とりわけ表現が独創的になるわけではない。ヨーロッパに生じた新しい文明語は月並みであって、真に文学を豊かにするものではない。こうした言語を用いる人々で、劣等者でありたくない人は、少なくとも大文明語の一つを身につけなければならない。(『新生ヨーロッパの言語』、訳文は大野俊一氏のものを参照)

メイエはロシア革命の直後、一九一八年にこの書を発表したが、さらに十年を経て世に送った新版には、特にこの一節をつけ加えたのである。

メイエがたずさわった主な領域は印欧語比較言語学であった。この極めて一九世紀的な学問が、現存する多様な言語の比較を通じて、かつては単一であったか、あるいはそれに近いまとまりを持っていたとされる「祖形」を復元し、そこから現在の多様性に到達する過程を解明することを目標としていたとすれば、その背景をなすものは、言語の多様性の克服にあったとしなければならない。多様を扱いながら単一を回復しようという願望から、多様性への呪咀が生まれることは意外ではない。

一九世紀にはまた、別の方法による多言語の克服も試みられた。すなわち、増え続けて行く既存の民族語によらずに、計画された超民族語を創り出して、諸民族間を媒介する方法であり、そうした数多くの試みの中で、エスペラント語のみが成果をおさめて今日まで存続している。

二　母語の権利と多言語

多言語をかかえている国家にとっては、そのこと自体が難題であるということの感覚は一般的なものであり、すくなくともそれは、求めてまで出現させようと願われる状況ではない。多言語は言語ごとの共同体に分かれ、堅固な単一国家を生みだすためには阻害要因になるからである。言語相互間にひき起こされるあつれきは、「言語戦争」とまで呼ばれる状況を引き起こす。

したがって多言語国家の歴代のリーダーたちは、多言語状況を桎梏だと感じていたのに対し、逆に多言語こそは革命のもたらした成果だと強調した、数少ない、ほとんど唯一の例外はスターリンであった。一九二五年、アジア諸民族の革命の指導者を養成するために創設したクートヴェ（東方勤労者共産主義大学）で行った講演は次のようなものであった。

> たとえばカウツキーは、社会主義時代には、他のすべての言語を消滅させて、単一の全人類語を創るべきだと説いてまわっている。私は万能の単一言語などという理論は信じない。とにかく経験は、この理論とは反対のことを示している。今まで生じたことは、社会主義革命は言語の数を減らすのではなく増やしており……これまで知られていなかったか、ほとんど知られていなかった、おびただしい新しい民族を、新しい生活へとよみがえらせているのだ。（強調は田中による）

民族の解放は言語の解放であり、その帰結が多言語状況であることを、これほど明快に述べた例を私は他に知らない。しかし多言語への解放を原理に置いて成長して行ったソ連邦は、やがてこの多言語の重みに押しつぶされることになり、それを切りぬけるためにさまざまな理論が案出されるが、現実は多言語からの復讐を受け、ソ連邦の瓦解へとつながって行くのである。

スターリンのような例外的な場合を除けば、多言語状況に積極的な評価を与える意見が現れるまでには、政策面では言うまでもなく、学問の世界でも多くの時間がかかった。

一九七二年に、カナダ、ケベック州のラヴァル大学で行われたラウンド・テーブルの成果として出版された、六百ページに近い大冊、『多言語国家』の副題は、「問題と解決」であった。ケベックという舞台を考えるならば、そこで多言語状況を話題にすることはもちろんそれに積極的な意味を持たせたい意図があった。しかしその副題が示しているように、多言語はあくまで「問題」であり、それは放置されておくわけにはいかない、「解決」されるべき課題である。すなわちこの期の多言語の肯定と支持には、最近の日本で見られるような、どこか浮き浮きした調子ではなく、苦難を引き受けざるを得ないときの、冷めた責任感のようなものがただよっていた。それをよく示しているのは、そこに寄せられた論文「民主主義と多言語国家」であって、筆者のハインツ・クロスは、「諸言語の完全な平等の実現は、しばしばそう思われているよりも、はるかに困難なものだ」と結んでいる。

こうした過去二、三十年にもさかのぼる多言語主義の議論が、今日まで目だたぬながらも続けられ、熟して、日本の地に芽を吹くことになったのかどうかを知っておくことは有意義であろう。少なくとも、今問題になっている多言語が、地球上における総体として見た多言語であるのか、「国家における」多言語であるのかは、今問題となっている議論を意義あるものにするためには、まず必要な区別であろう。

　この地上に六千ほども数えられるという言語の多様性を憎む人は少なく、最近では、間もなく失われるであろうと予測される三千ほどの危機にさらされた言語の研究が奨励さえされている。それは大多数の人間にとって、日常をこえたできごとである。それに対して、一国内にある現実の言語の多様性は個々人の日常生活と深くかかわっている。そのかかわり方の第一の面は、母語を用いて生きる権利の問題であり、もう一つの面は、人間の尊厳の問題である。

　この二つの問題に理論的根拠を与える点で、構造主義、記述言語学などの近代言語学は、多大の貢献をなしてきた。言語の権利と、その言語と個人の尊厳との関係を説明しようと思えば、その著者たちが意識したかしなかったかにかかわりなく、かれらの著作から根拠を引き出すことができる。しかしチョムスキーの理論に、この問題を相談してもほとんど答えが見出せないのは、かれの文法理論の中では、一七、八世紀のフランスの論者たちがそうしたように、多言語はすでに解消され、克服されてしまった問題だからである。

三　モノリングアル言語学の枠を破って

言語はそのどの部分をとってみても、実用的であると同時にイデオロギー的である。多言語の問題は、まさにこの二つの面が重くかさなりあう場所で生じた現象である。

多言語を呪いとして感じる伝統は、近代国家が形づくってきた歴史の中で生まれた。言語学の支配的理論もまたそのような場面で形成されたのである。そのことを考えてみると、言語学をはじめとする既存の諸学の支配をそのままにしておいて、多言語のシュプレヒコールを唱えあげるのは空しいわざである。むしろ今しなければならないことは、多言語状態を本質的に説明しようと試みながら、挫折し、葬られた、一九世紀以来のさまざまな記憶に残る理論を再検討し、そのようになるに至った理由を解明することであろう。そのために、尋常ならざる言語学史、言語思想史が書かれねばならないだろう。そうでなければ、多言語主義、したがっていくぶんかは多文化主義も、充分な根拠を与えられることなく、単なる流行として姿を消すかも知れない、空虚な主張となろう。

私は多言語主義の主張の使徒ではないが、少なくともその根拠を求めたい。この点で、比較的最近、私が出会った、豊かさの感じられる思想の一つはウンベルト・エーコの次のようなことばである。すなわち、「もろもろの俗語の誕生」、言いかえれば諸言語への分裂と混乱こそが、「社会、政治、科学の歴史のはじまり」を作ったというものである（『完全言語の探求』）。これを逆に言えば、ことばが一つであるかぎり、社会と人間の歴史は発生しようがなかったということになる。

こうした思想に導かれて書かれたらしいセルキリーニの『フランス語の誕生』にも、比較言語学の伝統を破って、多言語へと向って開かれてゆく言語史への端緒が見られる。

多言語の問題は、言語研究にとって、付け足し的、応用的なものではなく、ここしばらく続いてきた言語研究の枠組みを根本的に破るような難問を含んでいる。それを引き受けるためのかまえは深くなければならない。

（『言語』1999年3月　大修館書店）

【二〇一八年における感想】

一九九九年に書いたこの文章は、二十年近くたった今も、ぼくの気持にかなり近い。今は忘れてしまったウンベルト・エーコやセルキリーニの著作のことを考えてみると、ヴィーコ以来のイタリアの思想には、はかり知れない深みを探る道を示してくれるものがあるように思う。

人類史における言語《講演録》

田中です。私は大阪外国語大学と全く関係のない人間ではありません。上本町六丁目に校舎があった時代にも集中講義を担当したことがあります。この箕面の山の上の校舎にもモンゴル語と朝鮮語の集中講義に来ました。私自身も、東京外国語大学の出身でして、九年間モンゴル語の教師をした経歴をもっております。ですから、外国語大学というものが運命的にかかえている深い悩みというものも理解しているつもりです。

私は去年定年で一橋大学をやめましたが、一橋大学では大阪外大と同じように、言語社会研究科という同じ看板を掲げた大学院を新設し、最後の二年間はそこにおりました。ですから、みなさんと同じような環境でかなりの時間を過ごしてきた人間だといえましょう。そのあいだ、言葉を研究するとは、一体どういうことなんだろうということを考え続けてきた人間として、今日はお話をさせて頂きたいと思います。

本日の講演題目を「人類史における言語」としました。人類がいつから言葉を話し始めるようになったのか、最初の言語はどういうふうなものだったのか、などの古典的な問いに加えて、人間にとっての言語の意味、とりわけ言語が、そのおりおりにとった社会的形態、すなわち、言語の内的構造のみならず、その社会的形態の歴史を考察することがたいへん重要であると思います。

言語の機能は、その発生以来大きな変化を遂げてきましたが、中でも国語という社会的形態の誕生が言語の役割に新しい意味を附与しました。そもそもフランス革命においてははじめてラング・ナシオナルというような言葉が生まれて、国語という概念が成立しました。つまり人類とともに国語があったのではなくて、せいぜい二百年くらいにしかさかのぼらない、歴史的に限定された概念です。したがってこの概念は言語の社会的な形態の中でも最も劇的な意味を帯びるに至ったのです。

これまでのように言語そのもの、つまり文法書に書かれているような言語ではなくて、文法書と辞書をこえて、社会との相互規定関係にある言語のステイタスというか、人々の間にどのような機能をもって言語が使われているかという観点から、言語というものを考えてみますと、ただちに人類史というコンテキストにおける言語といった捉え方が必要になってきます。まず最初に気づくのは、言葉が文字によって書かれなかった先史時代、それから文字によって書かれるようになった歴史時代とが大きな外的な目印となります。

文字による言語の表記が始まって以来、言語の機能は非常に大きく変化したと言えます。たとえば、ソビエト連邦時代の中央アジアのキルギスタンで、マナスという長い口頭伝承が採録されました。それはコルホーズ員によって伝承されていたのですが、いくつものバージョンがあって、その中のあるものは全部語り終えるのに三十日かかったとか四十日かかったとか伝えられています。テープレコーダーもない時代に、叙事詩の研究者たちが記録した資料が保存されていますが、その作業はどんなに困難をきわめたことでしょうか。

そういった作業の過程で非常におもしろい事件が観察されています。どういうことかというと、こういった叙事詩の語り手の語ることをいちいち聞き取るのは大変だからというので、語り手自身にアルファベット式文字を教えます。日本でも、金田一［京助］さんがアイヌのユーカラを採集するときに同じことをやりました。ところが文字を教えたとたん、その語り手は、今まで暗唱していたことを全部忘れてしまったというのです。こういう話は各地で報告されています。つまり文字を覚えたとたん、人間の言語に対するある本質的な能力・感覚は永遠に失われてしまう。記憶力も想像力もダメになってしまうというようなことが言えるのかもしれません。

記憶と記録とに関連した話題ですが、プラトンはその著作の中で、文字ができたために、学者は自分の考えていないことまでも言い始めたと述べています。今の学問のありかたに、このことはよく対応しています。目で見たことのないこと、確かめたことのないことを活字だけの知識によって本の中から拾い出し、まるで見たかのように錯覚してしまう。見たように再現しようという心の働きがあればまだいいんですけど、その逆の傾向がますます強くなっている。書物を読めば読むほど人間は考えなくなる。心のともなわない、外的な知識に依存するわけです。何かに依存するところから、人間の精神活動はどんどんおとろえていきます。ですから、人間は学んで本を読めば読むほど考える力がだめになってくる。同じようなことはいろんな人、例えばフランシス・ベーコンも言っています。

ぼくはそういう考え方がとても好きなんですけれども、プラトンがこういうことを雄弁に述べているのは驚くばかりです。文字になった知識に依存してしゃべるということは、自分の中からものを引っ張り出すということをしないで、外に依存するということであり、精神の破壊につながる、とプラトンは激しい言葉で主張しています。

言語の先史時代を考えるときには、すべてを実証によって埋めるわけにはいきません。どうしても思弁の跳梁を許さざるを得ません。初期のソビエト言語学は、この点で大胆でした。

一九五〇年に言語学とマルクス主義というパンフレットがスターリンの名前で出版さ

れ、戦後の日本にも多大の影響を与えました。スターリンはこの著作の中で、それまでソ連の言語学［界］を支配していたニコライ・ヤコヴレヴィッチ・マルという言語学者の唯物論的言語学、マルクス主義的言語学を全部否定したのです。スターリンは一九三四年に自分でマルにスターリン賞をあげておきながら、一九五〇年にはそのことには何も言及しないでマルは全部間違っていたと言い、スターリン自身は一九五三年に死んでしまいます。しかし私はこれはスターリンが生きていた間に残した最大のプレゼントだったと思っています。これによって、ソ連の言語学に自由が与えられたのです。もっとも、自由化してしまったばかりに、大変つまらなくなってしまったという面もありますが。

このマルという人は独特の言語起源説を考えておりました。その中で一番私にとって受け入れがたいのは、音声言語以前に身振り言語があった。身振り、手振りのコミュニケーション活動があって、音声言語はそれにつづく後の部分として生まれてきたものだという説です。この考え方はすでにルソーにも見られます。そしてみなさんは言語学の授業の最初のところで、インド・ヨーロッパ祖語とかウラル・アルタイ祖語、ハム・セム祖語、シナ・チベット語族の祖語とかいったジェネアロジー［系譜］を聞かれたことでしょう。マルはこういった言語の多元起源も否定し、言語は全部一つの起源であると言いました。一つの起源だけれども、どうしてこのように多様に分かれたかといえば、旧石器時代から新石器時代へ、あるいは青銅器から鉄器の時代へというようにテクノロジーの発展とともに、言語の構造が変わってきたというのです。テクノロジーと社会の発展と言語の発展段階というものを機械的に結びつけた単純素朴で、かなり乱暴な学説であります。

ソビエトの崩壊とともに、マル言語学など価値がなくなったと思われていますが、しかしそれでも私は、マルにも魅力を感じます。そっくり受け入れることはできませんが、示唆に富む面があります。例えば、私はアフリカのことは全然知らないのですけれども、シェベスタという人類学者の報告によりますと、三十年くらいでアフリカのある部族の言葉はガラリと入れ変わってしまったそうです。民族にとって、言語はその民族を維持する最後の鍵だというように言われています。しかしこれは近代、おそらく一八世紀から一九世紀になって成立した言語イデオロギーであり、したがってヨーロッパを中心とした、歴史的に限定されたイデオロギーかも知れません。日本はそれを借りてきたのです。

もちろん、これらの言葉は文字で書かれていません。今では言語を教えるのは学校になってしまっていました。家で言語を教えるのではなくて、早いうちから学校が子供を取り上げ、音声言語ではなくて文字言語をたたき込む。そうしますと、そこで教えられた日本語なら日本語は、いわば一種の監獄の言語であり、一度日本語人になってしまうとなかなかその外にでられません。どの外国語を学ぶにしても、大変な困難を覚えます。

発達心理学では、十二歳までに母語が身についてしまうと、外に出るのも入るのも難しくなると言っているようです。しかし生理的な年齢だけではなく社会的な年齢をみましても、文字以前の段階では、モルガン［『古代社会』（岩波文庫）の著者］やサピアが報告するところによると、特有の血縁組織をもったイロクオイ族とかアパッチとかナバホとかいった民族の使っている言語は、十キロいったら別の言語に変わってしまうといったようなことがあったらしい。だから、言語という壁が非常に薄くて、かなり簡単に壁を越えて浸透できるような時代があったのではないか。これは想像してみるしかないのですが、文字以前の言語の状態を考えると、想像を絶するようなことがたくさんあったと思います。人類史における言語ということを考えるときには、私たちは既存のワクの中でしか物を考えられないということを、たえず反省していなければなりません。

二〇世紀でもそうした状況があります。タジキスタン、パミール山脈の麓のほうに行ったことがありますが、あなたの母語は何ですかって聞いても、その人はしばらく考えないと分からない。お母さんはウズベク語とタタール語を話している、お父さんの方はトルクメン語か何かをしゃべっていた、両親がそれぞれ二つずつ言語を持っていたというような状況はめずらしくありません。外国から来た訪問者は、そのように多言語を身につけているると聞いて驚くんですが、そういう言語環境の中にいると、ある言語から別の言語に乗り換えるということが我々が思うほどには難しくないんじゃないか、と考えられます。

マルという人の伝記を調べてみますと、この人の父親はスコットランドから移住してきたようです。マルの生まれたところはロシアではめずらしくお茶が作れるところで、マルの生家は茶園を経営していたようです。母親が文字を知らないグルジア人で、彼は母親のことが大好きでした。彼はグルジア語の子守歌を聞いて育ち、近所にはトルコ人たちが住んでいた。そういう言語環境が、彼に言語の単一起源論、言語の発展は異なる言語が相互に刺激を与えながら発展していくんだという説を立てさせたのではないでしょうか。いろいろな理由がありますが、幼少のころのこういう環境を考えてみる必要があると思います。

日本の言語環境には、私などが子供のころ、つまり戦争前には、日本人には極めてモノクロな、外国語を耳にしただけで耳が腐ってしまうといって耳をふさいで逃げてしまうような、クセノフォビアというか、外国嫌いのメンタリティーが根強くはびこっていました。外国語をしゃべるやつは、いかがわしい人間だという。これはなかなか簡単に消えません。それどころか、近代国家がそういう言語習慣、言語感覚を固定してしまったんじゃないかとも思います。

今我々は、二一世紀の日本は言語との関係において、どういうふうになっていくのかということを考えないではすまない時期にさしかかっています。先日、文部省［現・文部科学省］が主催して、新潟大学、信州大学などを含む関東一円の国立大学の文書を扱う事務の人々を集めまして三日間ほど、集中して情報処理に関する講習会がありましたが、私はそこで講演に招かれました。そこでこういうことを言いました。二一世紀になると日本の大学から日本語がきえるんじゃないかと。［本セレクションⅡ『国やぶれてもことばあり』四〇四ページ所収］

ある大学にいきますと、授業は英語でやるのが義務だということです。新潟にできた国際大学では実際に原則として授業は英語でやるのだそうです。そうすると教授陣はほとんどが日本の大学を出た人ではなく、アメリカで教育を受けた人です。アメリカの大学しか知らない人がそこの先生をしているということです。一橋大学でも最先端をゆくのが経済学部、商学部、特に経営学の関係です。ドイツ系の経済学をやってる人もいますけど、これはマル経とともに、いまや骨董品のようなものです。一番役に立つ、あるいは社会に貢献しているのはアメリカからもってきたビジネス、マーケティング部門らしい。バブル時代まではありがたいことに、日本的経営というものが世界の注目を集めておりまして、日本的経営を勉強するために欧米からいろいろ留学生がきました。日本的経営こそが日本を繁栄に導いていたんだと言っていたんですが、今では逆に日本的経営が大企業や銀行を危機に陥れていると言われています。これは本当に十年単位くらいで世の中がガラッと変わってしまう一例です。こういったアメリカからきた実用的な学問をやるには、英語でやり合う方が都合がいいのは事実です。授業も英語でやる、論文も英語で書いた方が早く世界的に認められる、しゃべるときも英語のほうが便利だと言うことになります。自然科学ならなおさらそうでしょうし、言語学もそれに近いありさまです。おそらく、ビッグバン、世界的マーケット、世界的コンテキストの中に、日本経済全体が取り込まれていくことでしょう。文化も同じです。

それでいやでも、英語で授業をやる、英語で研究をするようになる。我々の世代が死んでしまったら、晴れ晴れと日本中が英語で大学の授業をやる時代がくるかもしれません。私がこう言うと、そういう状態を欲しているからだと誤解する人もいるのですが、今日この場ではそういう心配はいりますまい。

この流れに本格的に抵抗し始めたのがフランスです。さらにフランスならびにフランス語でメシを食っているフランス語の先生です。あまりにも目に立つのでお話しますが、最近にわかに多言語多文化主義というようなことがいわれています。二年ほど前、全日本フランス語教育協会が主催しまして早稲田大学でフランス語決起集会といったようなものが開催されました。フランス本国からも二人のパネラーがやってきて、フランス語で熱弁をふるっていました。それは、多言語多文化主義を主張することによって、本心は英語に負けるな、フランス語を擁護せよというアピールをひろめるためのものでした。しかし、あからさまにそんなふうに言うのも子供っぽいので、多言語多文化主義を持ち出してきたのでしょう。［本セレクションII『国やぶれてもことばあり』三六二ページ参照］大学においても、英語に圧倒されて、フランス語の先生が食っていく場所がせばめられるという危機感があります。

それからフランス語の先生にややおくれているが、がんばっているのがドイツ語の先生です。ドイツ語という言葉が日本の大学から撤退する可能性もあると思います。特に経済学部などでは英語さえやっていれば十分で、他の外国語をやるなどとは労力の浪費に他ならず、学問の発展も妨げるといった信念をもつアメリカ帰りの若手の先生もいます。しかしその信念が間違っているということが証明できない。どうして世界中が英語だけになってしまったらいけないのか。外国語大学の先生が職を失うからといったようなことは回答にはなりません。もっと説得的な回答はないでしょうか。それへのまじめな回答を見出すのも言語学者の役割ではないかと思うのです。今世界で話されていると言われる約六千の言語は二一世紀中に半減するといわれています。これからの言語は外国人も学んでくれる言語でないと生きのびていけません。外国人も学ぶような言語の条件とは何か、これに答えるのも言語学者の課題なのです。

いまから三十年ほど前ですと、言語学者は言語をいわば蒸留水のようなまじり気のない状態に変えて、それを真空の中で研究する態度をとってきました。この伝統は今もなお続いていています。ある言語がさし迫った状況におちいっても、あたかも対岸の火事を見るかのように、重要な問題を直視せずに蒸留された純粋言語を真空の中に置いて研究をやってきた。これが言語学者です。

研究者がしばしばおちいりやすい危険は、対象そのもの［から］ではなく、学問が作った対象から出発することです。逆説的に聞こえるかもしれませんが、学問にだまされるのです。人文・社会科学において、そのことをよく示してくれるのが流行というものです。日本の学界ではやってる学問だから自分もそれにしたがえば安心できると。考えてみますと、日本の言語学はずっと流行に支配されてきた。その流行の本拠は日本にはありません。いわゆるチョムスキー・ブームにしても言語学史全体の流れに照らしてみると、学史上のごく小さな一部分を再び流行させたものにほかなりません。

さて人類史における言語ということに話題をもどしましょう。ドイツの言語学者のアウグスト・シュライヒャーが、一八五〇年の著書で述べたことを私はくり返し思い出します。言語は進化するとよくいわれますが、一九世紀のドイツの比較言語学者は、もっとも高度に発展した言語としてサンスクリットをあげました。つまり、屈折タイプの言語を最も発展した言語と考えたのです。そうすると英語は、ドイツ語などと比べて屈折変化を失った、いわば退化した言語といえるでしょう。しかしそのことによって英語は、学びやすいという側面をもっています。これが英語の国際性を高めているといえるでしょう。そうすると、英語は発展した言語なのか、あるいは堕落した言語なのかという議論が生じてきそうです。言語における発展とはなにか、あるいは堕落とは何かということが問題になってきます。シュライヒャーは、屈折語がもっとも発展した言語だと考えました。そして、重要な世界文明は印欧語族によって創られたものであると断言しています。たしかに近代史の潮流からみればそういったことが言えるかもしれません。しかし歴史が登場し、言語が精神の手段となった時点で、言語の退化が始まると彼は言っています。このことは深く考えてみる値打ちのある、興味ぶかい指摘です。言語の発達と精神の発達とは一致しないということは、すでにヘーゲルも述べていることですが、言語の未来という問題を考えるにあたって、このことは深い意味をもっています。

現代言語学では、構造主義が記述言語学という姿において、完成されたものとして現れました。この方法では、言語を閉じた体系として見るため、話す人間との関係は考慮しません。言語の現実はしかし社会言語学の誕生を要求しました。社会言語学は何よりも先に、言語と言語共同体との関係を前提とします。この言語共同体こそがある言語を引き出してくるときの前提条件になるのです。言いかえれば、言葉があって社会があるのではなく、社会があるから言葉があるととらえるのです。言語と社会のこのレシプロカル［相互的］な関係を人類の言語史の中で見ていくことが、これからの新しい言語の学問、言語と社会の学問を築く鍵になると思います。

この言語共同体という言葉は、すでにゲオルク・フォン・デア・ガーベレンツが一八九一年の著書で基本概念として用いています。ソシュールのコミュノテ・ランギスティクは、これに基づいていると考えられます。この人［フォン・デア・ガーベレンツ］はアジアの多くの言語をずいぶんと研究しています。ちなみにこの人は、日本語の数詞について非常におもしろい考察を述べています。日本語の数詞が倍数方法によってできているという記述なのですが、おそらくこれは当時留学中であった上田万年が教えたものであろうと私は推測しています。この人は当時はそれほど有名な学者ではなかったのですが、現在大いに注目すべき人物として再評価しているのはE．コセリウです。この人［ガーベレンツ］こそ共時態と通時態の区別が必要であることを強調し、ソシュール学の基本概念を提供した人として注目されています。

ヨーロッパにおける言語史の決定的段階はラテン語の支配を破って、母語（俗語）が書き言葉として定着したときにはじまります。それは同時に言語学をも生み出しました。変化しないラテン語からは、言語の科学は生まれなかったのです。

聖書の翻訳もまた、書き言葉としての、あるいは民族語としての母語の確立に一役買っています。ネブリーハという人は１４９２年にイサベラ女王にカスティリヤ語の文法を書いて献上し、ここにはじめてスペイン語の地位を確固たるものとしました。その後文字に書かれた母語が異常に増えることになりました。その背景には一九世紀から二〇世紀にかけて民族の独立と国家の形成という過程が急速に進んだという事実があります。民族の独立とともに母語も増えてきます。そして言語の大混乱、バベルが発生します。アントワーヌ・メイエはロシア革命が起きたために、フィンウゴルの小さな言語までが書きことばとしての地位を持つに至り、それによってヨーロッパの文明が分裂し衰退していくことは嘆かわしいことだと述べています。逆に一九二五年にスターリンがクートヴェ（東方勤労者共産主義大学）で行った演説では、言語の増加は民族の解放を示すものであると、この状況を賛美しています。この過程は二〇世紀における言語状況のいちぢるしい特徴として記憶されるでしょう。

最後に言語変化の再発見についてお話しましょう。二〇世紀の言語学、つまり記述言語学においては言語の研究において歴史を介入させると言語の純粋な記述はできないとして言語変化の問題は扱われませんでした。しかし、それにもかかわらず、言語は着実に変化しています。言語の変化は、「音韻法則」という表現がよく示しているように、何か、内的な神秘の力の発動によって生じるのだと考えられていました。これが一九世紀の状況です。二〇世紀の構造主義もまた、変化の契機は構造の中に宿されていると考えてきた点、一九世紀と変るところがありません。しかし言語は話す人間をよそに勝手に生ずるものではありません。科学としての言語学が慎重に避けてきた、言語変化の目的論的性格をあらためて問題として出してきたのがE．コセリウです。それはまた、W．ラボフが社会言語学の手法を使って実証的に示したところでもあります。言語と社会、言語＝社会の問題は、これから人類の言語史の中で中心的な位置を占めるにちがいありません。

（1998／7／20於大阪外国語大学言語社会学会第1回研究大会）

（『EX ORIENTE（大阪外国語大学言語社会学会誌）』1999年 Vol. 2 大阪外国語大学言語社会学会）

人類史における言語共同体《講演録》

どのような言語であれ、それが存続しているのは、その言語を話す人たちがいるからです。その人たちは、たがいにその言語を話すことができ、理解しあえるという関係で結ばれています。このような関係で結ばれている人々の集団を、ここでは《言語共同体》と呼んでおきます。

今日のような社会だと、その言語（知識）の共有者たちは、必ずしも同じ場所に一緒に暮らす必要はなく、遠くに離れていてもたがいに電子機器を使って交信しあうことができます。

しかし人類の発生の時点にさかのぼればさかのぼるほど、言語生活は、同じ場所で行う、共同生活の上になりたっています。つまり、言語共同体は、地域共同体、さらに言えば血縁共同体と一致することが多くなります。したがって、その共同体の規模と質によって、氏族語、種族語、部族語、民族語などと呼ぶことができます。

ここでちょっと注意しておかねばならないのは、私がこういう話をすると、お前のことばの中にはサベツ語が含まれていると抗議をする人が必ずいます。それは「部族」という言葉のことをさしています。これはエンゲルスの著作で言いますと、'Stamm' を訳した日本語なので、その人たちに気にいる用語があればそれにとりかえてもかまいません。ロシア語でナロードノスチと言っているのがそれに当ります。

私たちはふだんはこの部族語なるものは経験しません。しかしシベリアのブリヤート・モンゴル人のところに行きますと、民族より下の単位が二十くらいはありまして、それぞれが、たとえば始祖が白鳥から出たというようなトーテムを持ち、系譜が伝承されています。ことばはこのような集団ごとに少しずつちがいます。このような言語共同体を私は部族と呼び、その言語を部族語と呼ぶことにしています。

これらの部族語が、ブリヤート・モンゴル、さらにモンゴル民族語にまとめられるという意識が現れたのは、一七—一八世紀に仏典とともに、それ書き表わすモンゴル文語が導入されて、相互の部族が、この文語をたがいに書きあうことによって、一つの言語を使用しているのだという自覚が現れたときです。さらにまた、その他にロシア人（コサック兵を含む）があらわれたことが、それらの諸部族が共通の言語・伝承などに結ばれた「民族」だという意識を育てる動機となりました。

二〇世紀になってロシア革命の圏内に入りますと、「民族自治」という新しい政治イデオロギーの影響下に、「自治共和国」を作って、モンゴル語圏の一部になろうとしましたが、ソ連共産党が、それを禁じました。そこで、一九三〇年代に、モンゴル語とは異なる言語として、「ブリヤート語」が作りあげられました。こうして、新しい「国民語」を作るための第一歩を踏み出そうとしたのですが、ロシア語の勢力には抵抗することができませんでした。

ちょっと複雑な話を持ち出してしまいましたが、言語共同体の規模が大きければ大きいほど、その言語を母語にしている人にとっては有利です。いま、このことを理解しやすいように、日本語と英語を対照させて考えてみましょう。日本人は、いま、英語の攻勢におびえて浮き足だっています。これからの世の中は、もう英語なしではやって行けない。そして、ことばは簡単には身につかないものだから、なるべく早いうちに、子供の頃から、英語をたたき込んでおこうと親たちは考えます。

日本語のように、まだまだ安心して使って行けることばですらこの通りですから、話し手が二十万三十万くらいの小規模な言語になると、もうそれだけではやって行けないことは、当然の常識となります。子供の将来を考えるなら、お母さんの話していることばなんか話してはいけません。英語、ロシア語、フランス語など将来の約束された、普遍的で、

「より発達した」、「論理的な」言語をやりなさいというふうになる。言語学、文法学、哲学をはじめとする西洋学は、日本の大学や知識人を通じて、たえまなく、そのようなメッセージを送りつづけてきたのです。そうすると、若い世代は、民族のことばをどんどん捨てて行き、それによって言語共同体はやせほそり、ついには消えて行く。逆に英語世界はますますふくれあがり、英語を使えない人は出世できないし、そのうちには、英語を知らないと職につけず、生きて行くこともむつかしくなるでしょう。この過程は全地球規模で、すなわち、グローバルに進んできました。

かつては、それぞれの言語共同体は、それぞれが固有の自然環境とそこで生きて行くための固有のことばによって守られていました。それぞれが自立したテリトリーをなしていました。しかしそのテリトリーどうしの壁は、打ち破られて、統一国家というものができたのです。その国家の中では、国民が同じ権利をもつためには、同じ規範的言語を話さねばならないということになり、そのために「国語」が定められて、学校で教えられます。学校は、国家の中の小さな言語共同体をすりつぶして行く巨大なローラーのようなものです。

このようにして、それぞれの国家の中では、小さなことばとその共同体は次々にすりつぶされて、「世界を一つのことばで」という理想に近づいて来ました。

「国語」はそれぞれの国家の中で、単一の言語によるコミュニケーションを可能にした一つの制度です。地球上の言語の数が少なければ少ないほど、全世界の「平等」で、垣根のないコミュニケーションに貢献するということであれば、特定「国語」の拡張は確実に、その目的のために貢献しています。今日地球上には、五千から六千の言語があると言われています。その中には、数人の話し手しかいない言語も含まれています。他方、国家は二百前後ありますから、この中の二十五分の一から三十分の一の言語だけが「国語」の地位を得ていて、他の言語が滅びて行くのを待っていることになります。その二百の国語だって、国際的な場面で使えるものは数えるほどしかありません。たとえば私は少しフィンランド語を勉強しました。おもしろい言語で、想像力を刺激しますが、いったい、フィンランド以外のどこで使ったらいいのでしょうか。日本語だって似たようなものです。国際会議などでは使えません。もし使ったら皆がめいわくそうな顔をします。

このような経験を通してみると、私は、日本語は、二一世紀中には、少なくとも大学から、とりわけ自然科学の分野からは消えて行くのではないかと予想しています。今でも、英語で授業のできない人は教師に採用しないという大学があります。

このようなわけで、日本語以外のことばは、どれもちゃんとできないという私には「国際化」とか「国際語」ということばを聞くと、おそろしい感じがします。

今からちょうど十年前、イギリスのシェフィールド大学日本研究所が「日本の国際化の比較研究」という大きな国際学会をやって、九十人ほどの人が報告しました。その中で日本語でやった人は一人しかいませんでしたが、やはりできるだけ多くの人に理解してもらおうとしたら、その開催地の言語でやるしかなかったのです。特にイギリス人はめったなことでは外国語など勉強しません。そのような人たちが「国際化」といえば、私には「植民地化」と同じように聞こえます。自分たちはすこしも動かないでおいて、日本に一方的に「国際化」を要求するのは、「植民地化」と同じです。今日、バイリンガル教育を、「言語問題」のすぐれた解決法として唱える人たちがいます。しかし、バイリンガルを求められるのは、常に劣勢言語の話し手のほうであって、たとえば、アメリカの英語人は、そのような能力を求められることはありません。バイリンガルとは、モノリンガルに導くための、じつにずるい、ギマン的な方法なのです。

「国際語」とは、特定の有力な「国家のことば」を、国境をこえて使うことを意味します。そこで、今回のシンポジウムを企画し、準備されたチエシャ（知慧者）は、「国際語」にかわって「民際語」という概念を提案しました。ところでこの「民」とは何でしょうか。英語の方を見ますと、transnationalとなっています。私はこれをなんとかわかろうと努力してみましたが、よくわかりません。

ソ連が崩壊に近づいた一九七〇年代に、「メジュナツィオナーリヌイ・ヤズィク」と言うことをしきりに宣伝しました。「メジュー」は「何々の間」という意味で、「民族間媒介語」と訳せることばです。私はこれをちぢめ、「国際語」に対して「族際語」という訳語を作って、ひろめました。ひろめたといっても、物の本や論文の中だけですけれども。

この「族際語」は、ではどんな言葉を指すかといえば、実体はロシア語のことです。ソ連では、一九一四年のレーニンの論文の教えをまもって、「国家語」の制定が禁じられているものだから、苦しまぎれにこんなことばを作ったのです。

さて、このシンポジウムで言う「民際」の「民」とは少なくとも「国民」ではなくて「人民」を指しているのだと思います。この人民は、英語だとpeople《ピープル》、ドイツ語だとVolk《フォルク》、ロシア語だとナロードと訳せますが、そのいずれも、「民族」とも訳せる概念を含んでいます。そして人民とは、自分たちの母語以外の言語、すなわち、「外国語を話せない人」、「外国語を話すという、特権的教育を受ける機会のなかった人」だというふうに私は理解しています。柳田國男は、「常民」ということばでこのような人々を示そうとしたというのが私の理解です。

人民の言語が母語、すなわち民族語（ethnic language）を土台にしている以上、この超民族語――transnationalとは国家、民族を超えるという意味だから――はたいへん描きにくい概念です。

私自身、じつはもう三十年ほども前から、そのような言語はないものだろうかとずっと考えてきました。そして、私が、かすかにそのような言語世界として想像する手がかりを与えてくれたのは、ソ連の言語学者ニコライ・ヤコヴレヴィッチ・マルの考えた、ヤフェティード言語層の時代です。それは、民族も国家も誕生する以前の、遠い人類の時代でした。

社会主義が世界的規模で完成すれば、そういう言語時代、すなわち、世界が一つの言語共同体になるという時代がやって来るのではないかという、ソビエト言語学が描き出した「幻想」――「西側のブルジョワ」言語学者たちはマルの考えをこう言って嘲笑しました――は、一九五〇年にスターリンがきれいさっぱりと否定してくれたので、世界の言語学者はこれでほっとしたのです。

私は、今回のシンポジウムの問題提起は、歴史に残る、挑戦的なものだと考えます。それがあまりにも複雑で困難な問題を提示しているという意味においても。

私は、「言語共同体の歴史」という問題をずっと考えてきました。氏族共同体の言語から、文字をもった民族語・国語の時代まで。そして、さらに人類の未来において、特定のヘゲモニーから解放された、「民族をこえた言語」とはどういうものかを考えてみたいと思ってきたし、このようなテーマをかかげた、今日のシンポジウムに参加することによって、ますますその願いを熱くしています。しかし、そこでうっかり、言語を特定のエトニスム（民族）と切りはなして扱うことは、言語帝国主義のおきまりの戦術です。その例をここでいちいち挙げる労は省きます。

私は、今回のシンポジウムに提示されたテーマにそって考え、問題を整理してみて、それがいかに困難であり、しかも言語そのものの本質に深くかかわる困難であるかを思い知ったので、そのことをここに、企画者に対する深い感謝とともに率直に述べさせていただきます。皆さんも、一緒に考えていただき、私がもしかして、誤まった迷路にはまり込んでいるのなら、それからの出口をさし示していただきたいと思います。

（第4回国際シンポジウム「国際語から民際語へ」――地球規模の新たな言語交流をめざして――報告書
1999年11月27日　神戸大学国際文化学部）

近代言語学イデオロギーと日本国語イデオロギー

1　はじめに

言語は、その言語共同体の各成員にとって中立の道具であるという暗黙の了解を受け入れることが、言語の科学的研究に参入しようとする者にとって、一種の申し合わせ事項のようなものであるとともに、精神をもしばるという点ではモラルのようなものであった。このモラルは近代言語学が成立するためのいわば家訓として現れた。したがってこのような中立の道具、技術をイデオロギーと結びつけて論じることは、科学としての言語学の前提すらも受け入れる素養のないわからず屋と見なされた。私が論文集『言語における思想性と技術性』（一九七五年、エネルゲイア刊行会）に、「科学論としてのソビエト言語学論争」［本セレクション一七八ページ所収］を寄せたり、また同じ年に『言語の思想』（NHKブックス）を刊行した当時の緊張感を回顧するならば、日本の学界が「社会言語学」を受容してきたこの二十年あまりのうちに、日本の空気も大きく変化したことが感じられる。しかしこの変化は例によってなしくずし的にであって、きちんと理論的な対決を経てそのようになったわけではない。したがってここでは、道具・技術であるはずの言語についての議論がイデオロギー化しやすい理由について、言語以外のことがらと対比しながら明らかにしておく必要がある。

まず、言語はどのようであればいいのかという問いには、原理的には答えがない。その理由は少なくとも二つある。第一に、よしんば、およそ言語なるものはかくあるべしという一つの理想が示されたとしても、それぞれの言語の話し手は、その理想に従って、現実に話されている言語そのものをとりかえたり、改造したりすることは、短期間のうちにはできない。それに対して、服装、食物、住居などは、快・不快の感覚によって、選択の基準を示すことができる(イデオロギー性の高い「流行」についての論はここでは省く)。さらに第二に、ことばを話す人間は、母語以外のいくつかの言語の全体を知ったうえで、その優劣にしたがって選択を行えるという位置にもいない。とりわけ文化人類学が、文化をエスノセントリズム[自民族の価値観を基準にして、他民族の文化をはかる主義]から解放した後、言語の優劣を論ずる基礎は、理論的に取りはらわれた。これによって、言語には優劣の差をはかる基準はなくなり、したがって、言語の優劣を論ずる理由もなくなったのである。

とすれば、言語がその話し手にとって理由を持つのは、それが母語であるということの一点に尽きるのである。また、よく論じられる「正しさ」、「美しさ」という基準は、母語と母語に近い程度にまで熟知している言語との比較においてのみ言えるのである。それは、服装、食物、住居などについて言いうる、快さ、美しさとは全く別の基準であって、自然や生理には根拠がなく、ひとえに社会的に与えられているのである。

直接の経験にもとづいて客観的に判断できないことがらに基準を設け、その基準にもとづいて評価を与え、それにもとづく選択行為をイデオロギーと呼ぼう。言語は優劣の判断を行う基準がないという、まさにこのことによってもっともイデオロギー化しやすい対象である。

つけ加えて言わなければならないのは、必ずしも快くはなく、ことによると不快なものであってもそれを受け入れなければならない場合、快・不快をこえたところで判断がはたらくこともある。たとえば食物などの場合にこれは著しい。たとえ美味ではなく、快くなくとも、これはある共同体の習俗として食べなければならない、着なければならないと説得されるような場合である。

このような場合の食事行為は、その食べられるものの内容から説明することはできない。食べるとすれば自然によってではなく、イデオロギーによって食べるのである。

同様に、たとえば日本人がなぜ日本語を使っているかは、日本語の内容、すなわちその文法や発音によっては説明することはできないのみか、歴史のある段階まではそのような説明は無意味であった。すなわち国家が成立しておらず、「国語」ということばについても概念はもちろん、「国語」と「外国語」の対立が教えられる以前は、そのような説明の要求は生じようがないのである。しかし近代に入ってからその説明が要求されるに至って、言語はイデオロギーの対象となった。

2　母語の発見とその後

自分＝話し手とその母語との関係を説明する必要が発生したのは、俗語が文字で書かれるようになって以後のことである。自らの母語を書きことばとして用いるには、さまざまな理由づけが必要であった。これをやったのは、ダンテ、ルター、そしてなかんずく現代に直接につながるような方法で説明したのは一六、一七世紀以降のフランスの論者たちであった。

彼らはフランス語を使用すべき理由を説明するために、ポール・ロワイヤル文法に代表されるように「美しさ」と「優雅さ」のほかに、「明晰さ」と「自然な語順」のような言語構造（文法）における美質を持ち出してきた。

この主張は、基本的にはラテン語を意識して行われたものであろう。すなわち、ラテン語に対する母語＝俗語の優位を主張するためのものであったが、同時に、併存し、競合する他の諸俗語に対する優位も根拠づけようとするものであった。

しかし、このように規範を単に称賛し、それを理想化しようとする試みのほかに、現存する諸言語を、あるがままの姿で確認し、相互比較することによって、言語の多様性を、類型として把握する道が開かれた。

すなわちW．フォン・フンボルトは言語構造の多様性を、非ヨーロッパのエキゾチックな言語の材料にもとづいて、類型として整理した。しかし、言語構造の優劣の論を、進化論に結びつけることによって、類型論にゆるがぬ基盤を与えたのはA. Schleicher《シュライヒャー》であった。そのうえで彼は、この進化の頂点をなすのは屈折タイプの印欧語とセムであるとして、この二つだけが「今日まで世界史の担い手であった」と説くに至った。

私がここで「近代言語学イデオロギー」と呼ぼうとしているものは、母語の話者が、それ自体として、あるいは異なる言語との対比においてばくぜんと抱いているのではなく、学問の名において、また言語自体のレベルにおいて示されたものを指しており、その意味では、シュライヒャーの進化論的類型論は、この種の議論のさきがけをなすものであって、学問的知識として、いまなお多くの教養人の心をとらえている。

ここで「いまなお」と言ったのは、二〇世紀になって、共時的・構造主義的言語学、それを手順化した記述言語学が現れ、流布した今日に至ってもなお、という意味においてである。

一九世紀の進化主義的・言語有機体説と、二〇世紀の脱歴史の共時言語学とは鋭く対立するものでありながら、ある一点で共通している。それは言語を、それを話す人間の意志の外におくことである。人間の意志とは独立に存在し、機能する言語は、それ自体、自然に属するものとするのに好都合である。

このような、言語に対する客観主義的、自然科学主義的態度は近代言語学の、どの流派をも貫く態度であり、現代日本の俗流国語論は、時に応じてそれらのうちから都合のよいものをとり出してきてたてにとり、あらゆる改革の試みに反対する。

たとえば彼らがしばしば口にする、ことばは生き物であり、自然に属するがゆえに人為を加えてはならない、自然のままに放置せよと主張するとき、実はその「自然」とは社会習慣あるいは支配的通念のことを言っている。ところがそれらは、かくされたヘゲモニーの支配下にある。ここで、「ことばは人為の及ばぬ自然に属するものだ」とする科学主義的教条が、もっとも鋭く戦闘的なすがたをとった場合が反エスペラント・イデオロギーであることに注目しておきたい。

あるいはまた、差別語反対運動を批判する際に、「ことばは貨幣と同じであり、誰が使っても価値は同じである」と論を立てる人［たとえば外山滋比古《とやましげひこ》のような人を念頭に置いている］は、ソシュールが記号の恣意性を説明する際に、貨幣を用いたという知識を持ち出してきたにすぎない。すなわちこれも「近代言語学イデオロギー」を通俗的にまねた一つの応用である。

3 日本に入った近代言語学イデオロギー

上田万年以来、ヨーロッパにおける一定の社会・政治的コンテキストで生まれた言語理論は、ほとんどすべてが日本に輸入された。青年文法学派、共時・構造言語学、記述言語学のどれ一つとして知られないものはなかった。しかしそのいずれもが、コンテキスト抜きの輸入であった。ただ初期の上田万年とそれに続く保科孝一などは、同様の状況にある国民語形成期の言語学イデオロギーをよく理解し、その理念を定着させて言語政策の上に反映させようとしたが、日本の伝統的国語イデオロギーの抵抗に出会って挫折した。ここでいう国民語とは、エリート支配言語や「文語」に対立する概念であって、圧倒的多数の民衆が日常しゃべっている口語を基礎にして作られた文章語である。近代言語学はエリート的規範から解放された、話されている通りの言語を記述するために、まず、音声学、音韻論からとりかかった。文字があってオトがあるのではなく、オトがあって文字があるのだという、この近代言語学にとってのエレメンタリーではあるが、もっとも重要な認識は、今日に至るも日本の国語学が受け入れないままである。すなわち、人類言語の普遍性を認めない反普遍の言語論が日本国語イデオロギーの基盤にある。その現れとして、日本の俗流言語論は、漢字制限、かなづかいの共時化、ローマ字表記など、あらゆる改革の試みに抵抗してきたが、その都度、言語学イデオロギーの都合のいいところだけを利用してきたことは先に述べた通りである。その一方で、都合の悪い部分は、あるいは利用できない部分は、「西洋語を材料にして造られた言語理論は、日本固有の言語である国語の精神には適用しえない」などとして激しい排除の感情をあらわにしてきた。

ふしぎなことに、排除的であることは多くの近代言語においてはpurism《ピューリズム》［外来語を排除して、自らの言語を純化しようという運動］と一致するはずだが、日本国語イデオロギーは決してpuristにはなり得なかった。国語派には［本居《もとおり》］宣長が漢語に対して示したpuristicな態度のかけらすらもなく、漢字、漢語を国字・国語と見なしたために、言語におけるる国粋主義すなわち言語ショーヴィニズムにすらなり得なかった。

そのようなわけで、ソシュールが提示した言語学の体系に対して、時枝誠記《ときえだもとき》がとりあえず対置した言語過程説なるものは、理論として十分に体系づけられたとはいえず、ほとんど無内容で、それ［ソシュールの提示した言語学］に対抗できるような何ものをも生み出すことなく消え去った。言語学イデオロギーに対して国語学イデオロギーの側から、とにかく何かを対置しなければならないという焦慮の気持ちだけが、日本の言語理論史における空虚で屈辱的ですらある遺産として残ったのである。

日本国語イデオロギーは、理論的には近代言語学イデオロギーによって克服されてしまっているが、もしそのようには見えないとすれば、かくれたヘゲモニーの力によって暴力的に支えられているにすぎない。それは、どこからさぐっていっても、ことばは書かれたものからはじまったとする、漢字イデオロギーという拠点につきあたる。「漢字はことばを表すものではない」という認識が受け入れられたとき、見せかけの国語イデオロギーはその主な根拠を失うであろう。ところが都合のいいところにジャック・デリダが現れて、ソシュール言語学をアルファベート帝国主義、音声帝国主義だとけなして、日本国語イデオロギーに有利な発言をしてくれたにもかかわらず、日本国語イデオロギーにはそれを有効に利用する才覚が欠けていた。有益であり、明らかになったのは、近代言語学イデオロギーが、そのまま西欧イデオロギーと一致するものではないということだった。

4　多言語主義と言語学イデオロギー

しかし、今日の段階では、もはや言語の記述、分析などの技術をこえた、はるかに大きな問題がのしかかっている。この問題は、従来の言語学イデオロギーが相手にすることのできない巨大なものであり、日本国語イデオロギーは、この規模のものを一度も視野に置いたことがなかった。この問題は、「多言語主義・多文化主義」という、流行のスローガンの奥深く宿されている。この流行に便乗し、それを増幅させたのは、主として英語の脅威を感じたフランス語教師たちであるが、このスローガンに理念上の根拠を与えているのは文化相対主義である。

一九世紀中頃から、既存の少数の有力言語のほかに数多くの言語が文章語として確立され、多言語状態はヨーロッパで憂慮される問題となった。そしてこの状態は近代言語学イデオロギーが貫徹したことの、一つの帰結でもあった。Esperanto《エスペラント》の提案はそれに対する解答の一つの試みであった。

二〇世紀に入ると、言語学者もこの問題に関与しはじめた。その中でもっとも注目すべきは、A. Meillet《メイエ》が二度にわたって刊行した『新生ヨーロッパの言語』であって、初版は一九一八年という、第一次世界大戦の終結とロシア革命の直後に刊行され、再版は十年後の二八年に刊行された。

メイエは、ロシア革命によって、そこの貴族社会からフランス語が失われつつあること、また多数の非ヨーロッパの蛮族の言語が文字を得て自立しつつあること、またヨーロッパ語についても、ウクライナ、ベラルーシのような、方言でしかないような言語が独立の言語の地位を得たように、「とるに足らない」言語の数がますます増えていることによって、ヨーロッパの統一がゆるんできたことを嘆いた。メイエは、こうした言語の増加は「必要でもなく有益でもない」と書き、にがにがしく思う感情をあらわにした。

文明にとって有用な言語と、消滅へと運命づけられた無益な言語という区別は一九世紀中頃にすでに成立していた。少数の文明語によるヨーロッパの、次いで世界の統合は、近代ヨーロッパの変わらぬ理想の一つであったが、これは近代言語学イデオロギーと無縁ではないとしても、直接にはそれに含まれないものであった。したがって、メイエのとった態度は、学問外的な文明観に由来するものであると考えておこう。

メイエを嘆かせた、小さな民族が次つぎに新しい言語を獲得していくありさまを前にして、同じ時期にスターリンは次のような感想を述べている。

社会主義の時代には全人類的な言語が創出されて、その他のすべての言語は死滅するだろうと論じるものがいる。我々は……この理論をあまり信じない……今日までの事態の動きを見れば、社会主義革命は言語の数を減少させずに増加させている。

（一九二五年ＫＵＴＶ《クートヴェ》〈東方勤労者共産主義大学〉における講演）

一九世紀中頃において、エンゲルスは「歴史なき民族」と「歴史を担う民族」とを区別して、前者は後者へと統合されるべきことを論じ、また今世紀初頭においては、カウツキーも、いわゆる「世界諸語」によって人類の言語が統合に向かうと論じるのが、マルクス主義の正統であったとすれば、スターリンの、多言語への讃美は正統からの逸脱であった。しかし一九三〇年代末からは、この政策は大きな転換をむかえるが、このような多言語への積極的な評価は、当時とすればほとんど唯一の例外的なものであった。

第二次大戦後の多言語主義は植民地被抑圧民族、消滅の危機に瀕した少数民族の人権運動としてたかまったが、ここ数年のうちに現れた多言語主義は、主として英語支配による、かつての栄光のかげりを深刻に受けとったフランス語世界から出ている。

私が興味を持っているのは、言語学イデオロギーが、これからますます進行していく英語の独占状態に、あいかわらず無関心を維持しつづけるかどうかという問題である。メイエは、言語学の立場を踏みはずして、とりみだしたが、そのようなとりみだしが起きたときに、言語学イデオロギーはどのような態度をとるのであろうか。そのとき、言語学イデオロギーというものの歴史的文脈がいよいよあらわになってくれるものと期待される。いうまでもなく、言語学イデオロギーは社会言語学を容認しえないはずのものであり、社会言語学は、また、こうした政治的な問題にふれると、その存立の基盤そのものを失ってしまうかもしれないひよわな性格のものである。

5　日本国語イデオロギーに残された道

では、日本国語イデオロギーからはどのような態度が出てくるだろうか？

もしかりに、従来どおり、俗流化された言語学イデオロギーに寄りかかって、言語については何ごとも「自然」のままにと言い続けるならば、二一世紀には、日本の、大学を含むほとんどすべてのナショナルな知的機関が「国語」に見切りをつけて英語化されていくのを、「自然の流れ」として傍観しなければならなくなるであろう。

しかし、そうはならず、明治以来くりかえし表明されてきた日本語ペシミズムが再び現れるであろう。いな、それはいますでに現れていて、今日の状況はそれがもたらした結果だと見ることもできよう。

ここにおいて、日本国語イデオロギーは、使えるかぎりにおいて欺瞞的に用いてきた、見せかけの俗流近代言語学イデオロギーをかなぐりすてて、その本来の姿をいっそうあらわにしていくだろう。そしてそこに残された道は自滅しかない。日本国語イデオロギーは普遍性を持たないことを特色としており、普遍的な現象としての世界規模での言語過程に抗するべく組み立てられてはいないからである。

参考文献

Meillet, Antoine 1918[1] *Les Langues dans l'Europe Nouvelles*. Paris（1928[2], Paris).（第二版からの邦訳　大野俊一『ヨーロッパの諸言語』一九四三　三省堂）

Schleicher, August 1850 *Die Sprachen Europas in systematischer Übersicht*. Bonn (in *Sprachvergleichende Untersuchungen*, 1983, Frankfurt/Main ; 1983, Amsterdam/Philadelphia).

Schleicher, August 1863 *Die Darwinsche Theorie und die Sprachwissenschaft*. Weimar (in *Sprachwissenschaft des 19. Jahrhunderts*, 1977, Darmstadt).

田中克彦　一九九三「『ソビエト連邦』の文明論——社会主義と『民族』論のゆくえ」『ことばのエコロジー』農山漁村文化協会

田中克彦　一九九七「言語学の日本的受容——ガーベレンツ、ソシュール、上田万年」田中克彦、山脇直司、糟谷啓介編『言語・国家・そして権力』新世社［本セレクション二七九ページ所収］

（『ことばの二〇世紀　二〇世紀における諸民族文化の伝統と変容』1999年5月　庄司博史編　ドメス出版）

敬語は日本語を世界から閉ざす

一　敬語ゆえにクビになる

特にこれと定まった研究テーマもないが、とにかく大学院に入りたいと相談にやってくる留学生の数は決して少なくない。とにかく日本に居れば、それだけで日本語が身につくし、うまくすれば奨学金ももらえる。日本語をやる留学生にはこういったタイプの人が多い。しかし、そこは大学院生らしく、テーマはもっともらしく設けなければならない。そういうときに、持ち出されるのが「日本語の敬語法」である。もちろんこのテーマにはさらに、言語学らしいソフィスティケーションが必要だから、ここに「体系」だの「構造」だのをあしらって、もっともらしさが増幅される。

私はまたか、と思う。もっと、あなた自身にとって、根源的であったり、あなたの国にとって何か切実なテーマはないのか、もう一度考えなおして見てはどうですかと言って帰ってもらう。私の応待が正しかったことは、その後かれらが、二度と敬語なんぞを持ち出すことがないことからわかる。ところで、そんな留学生に対して、私はなんでそんなに日本語の敬語が好きなんだいと、たたみかけてたずねる。わけを聞いてみると、日本語の敬語法の修得と理解が、この人たちにとって、決して趣味の問題でないことがおいおいとわかってくる。

ある学生は、その本国に進出していた日本企業につとめていたところ、突然クビにされた。よく理由をしらべてみると、課長さんだか係長さんに対して、「あなたは……」と話しかけたのがいけなかったらしい。その人の母語のみならず、世界で、人々が活発に交流している場面で用いられる言語には生じえないことである。この人は、クビと引きかえに日本語では、自分を支配する人間に対しては、通常の二人称代名詞「あなた」が使えないという、おそるべき敬語体験をしたのである。

日本語はじつにコストのかかることばだ――こうした経験をもつ人が、もっと敬語を勉強したいと思ったとすれば、その動機には真実味があり、また残念なことに、一つの外国語を研究する動機が、その言語へのあこがれではなく、うらみにあったことも明らかになる。

二　敬語と権力

こうした深刻な問題をひき起こす敬語表現は二人称において生じる。すなわち、話し手と受け手との間で、それは上、下、もっと社会科学的に言えば、支配と被支配の権力関係に根ざしている。いかにそれを粉飾しようと、権力の関係であることは、「あなた」と言ってクビになった使用人の例が何よりの証拠だ。

三人称においても、この権力関係が示されるが、この場合は絶対君主とか天皇のような場合であって、この地位は決して改選されることがないと言う意味において絶対である。しかし、それは選択の余地がなく、固定されているという意味においては、敬語表現は安定しており、使用にあたって、さほどの困難はひき起こさない。最近の新聞記事に見られる、天皇、および皇族に対する表現は、私のような古めかしい年代の者にとっては、ちょっと無造作すぎると感じられるほどに中立的になっていて、これは喜ばしい進歩である。

三人称敬語は公的場面か印刷言語においてのみ問題になるのであって、密告さえなければ、ふつうはどんなふうに言っても本人の耳には入らないから問題にならない。

二人称敬語は権力関係そのものを反映するだけでなく、その権力関係を温存し、形骸化した後もなお強化しつづける点で、平等主義と民主主義にとっては絶えざる敵である。人々は、たがいに、相手との権力関係を計測しながら、いまはどのクラスの敬語法を用いるべきかを判断する。

このような意味で、敬語の現実は、最も敬意を伴わない、権力と支配の関係を反映しているという意味で、その名に反する、ウソの言語表現である。

敬語法が、相手に対する敬意などほとんど含んでいないことは、たとえば社会的最下層に属する人が、尊敬すべき特別な才能を発揮する名工や職人であっても、その人に対して敬語が用いられることはほとんどないことからもわかる。その才能や技術を金や権力で買う、時に尊敬されるべきでない人間に対しては敬語が使われるのを見れば、それを敬語と呼ぶのがふさわしくないことはあらためて言う必要もない。

このふさわしくなさが、最も鋭く現れるのが、男と女の間である。男と女では、相手に対して用いる敬語表現は対等ではない。通常の会話の前提として女は男に対して、無条件にていねいさを求められるのに対して、逆はそうではない。男は女に対して、オマエ、キミと呼んでもいい、少なくとも無作法とは受けとられないが、女はそうは行かない。日本語のオマエ、キミは、上から下へと、あるいは対等の関係において用いられる代名詞であって、下から上へと用いられることはない。女が、男に向かって、この対等ないしは、上から下への代名詞を用いることはできないので、女は男との対話になったとき、はじめから言語的なポジションは劣等の位置に定められているのである。

このように、前もって固定されている位置から、自由な対話に入ろうとすれば、日本語を使うのをやめて、このような表現を求めない外国語や、あるいは方言的表現に頼らざるを得ない。

多くの日本人が、標準語から離れて方言を話すときに感ずる一種の安らぎの理由は、なれない敬語(心の伴わない、いわば不敬語)をはなれて、より敬語表現の単純な方言で率直に話すことによる、解放感によるものであろう。

そしてそのような言語を、もし相手も自分も知っているならば、こうした敬語(支配、権力関係を表わす)から自由な外国語に頼るのは当然である。

ヤンソン由美子さんという人は、日本語も話せるスウェーデン人の夫と言い争うときには、自分は絶対に日本語は使わない、日本語を使えば、まず言語的に最初から負けているからだと言っていたのは、日本語の敬語が表わす権力関係を雄弁に物語っている。

また多くの日本女性が英語に解放の糸口を求めるのは、英語が単に、広い世界に道を開いてくれるだけではなく、じめじめとした権力敬語から解放されるからであろう。

三　敬語とタブー意識

敬語表現は、まずは相手を指す、代名詞や肩書きなどの呼びかけの道具にあらわれ、次には相手の動作におよぶ。この動作表現は、文法にあらわれるので、多くの研究が書かれているが、語彙においても注目すべきものがある。通常の「来る」にたいして「いらっしゃる」「おいでになる」、「見る」に対して「ごらんになる」、「食べる」に対して「召しあがる」などは、これらの語彙を持たない方言の話し手にとっては扱いにくいものであって、「お食べになる」と、「お－」をつけるか「見られますか」、「食べられますか」というふうに「－られ」をつけて解決する。この方法は日本語の共通語化に貢献するところ、はなはだ大きい。

　この「お－」は日本語の平準化にずい分と効力を発揮したことは、他の言語と比較してみるとよくわかる。

　モンゴル語では、「行く」「会う」「食べる」「寝る」など、決して少なくない動詞に、上向き用の別あつらえの動詞が用意されている。この感覚は日本語人にもよくわかる。「お会いする」よりも「お目にかかる」方が敬語としては、より熟しているように感じられるであろう。しかし、モンゴル語の「お目にかかる」にあたる表現は、このような分析できる、一種のユーフェミズム（間接的、遠まわしの表現）ではなく、全く別の語根に発する特別の語彙を使うのであるが。

　しかしもっと大変なのは、手、足、顔、耳、目、髪、腹、からだなどにも、語彙の二重帳簿があるということだ。その中にはユーフェミックなものもあるが、全く異なる語が用いられる。たとえば「手」は gar に対し mutar、「足」の xöl に対して ölmej、からだ bie, bej に対する lagšin のようにである。

モンゴル語の表敬語彙を調べていくにしたがって、敬語表現の起源が、じつはタブー（禁忌）に根ざしていることがわかってくる。タブーを避けるためにすぐに思いつかれる方法がユーフェミズムである。

たとえば「あなた」を避ける心理の背景には、相手を直接に指すことへのおそれがある。そもそも、いまはあまりにもむき出しと考えられる、この「あなた」じたいが、方向を示すことによって行われたユーフェミズムであった。

このユーフェミック・タブーの感覚は、身体、病気の名からはじまって、オオカミ、ヘビ、クマ、時には日本のようにネズミのような小動物や、さらに道具に至るまであったが、本質的な重さをもって働くのは、親族名称をはじめとする人倫関係にかかわるものであった。この領域は、絶え間なく、直接的名ざしを避けた敬語を生み出す温床である。

モンゴル語では、父と同じ名を持つ人を、その同じ父の名で呼ぶことをさけて、「ネルグイ」（名のない人）とか「ヘッー・ネレ」（言いにくい名前）と言ったりするから、文学作品や民族誌的資料を読む人は、よほどの慎重さを持っていなければならない［私の『名前と人間』（岩波新書）を参照していただきたい］。この「言いにくい名前」の感覚はガンを呼ぶ「ヘツーネレト・ウブチン」（言いにくい名前の病気）に現れている。

いま私はいささか、民族誌的な領域に深入りしすぎたと反省しているので、この辺で切りあげるが、言いたかったのは、敬語の心理の背後には、タブーの意識がひそんでいるということだ。このことを念頭に置いておけば、支配者に対して使われた「あなた」が発揮した、おそるべき効果が理解可能なものになるだろう。

四　敬語のジャルゴン的効用

日本語の敬語のわずらわしさを告発すると、「敬語は日本語だけのものではない、どんな言語にもある」というのが、日本語を専業とする人たちの、もっともらしい反論である。

それはその通りだ。どんな言語にも直接のむきだし命令を避けて、依頼や願望を引き出すための、「さそいかけ疑問文」の形がある。権力者が、支配されている者に、「お前、これをヤレ！」というかわりに、「キミ、これを一つやって見てくれんかね」と言ったばあい、敬語法は使っていなくても、発言者の期待や、依頼がていねいさを伴って表現されている。依頼や期待や願望の中に、西洋語であれば、接続法などを活用した、ていねいさや、懇切さが、日本語の敬語表現に劣らず適切に表現される。日本語式の敬語表現を欠いていて、平気でアナタを使うヨーロッパ語は、敬意を表わせない言語であるかと言えばそうではない。

おそらく近代化をやりぬいたヨーロッパでは、対話の中での支配と従属の関係を廃絶して、連帯の関係へと、人間関係のあり方を、言語表現の中にも定着させたのである。R・ブラウンとA・ギルマンが、power（権力）とsolidarity（連帯）という用語を用いて、二人称代名詞の歴史を扱った背景にはそのような展望があったのである。

以上によって、私は、いわゆる「敬語」の効用を無視しようとしているのではない。いや逆に、その効用のいかに大きいかを評価したいのである。私は、東京山の手上流階級用の女らしさ表現を巧みに操れることを自分のアイデンティティだと言明した女の社会言語学者を知っている。彼女のことばは、敬語というものの性格をよく物語っているので、研究者は念頭に置いておきたい。余人の追随を許さぬそのような卓越した敬語法の機能は、小さな共同体をせまく閉ざし、そこでの共感を味わいあう村落共同体か、特殊職業集団か、ヤクザ集団のジャルゴンに似ている。それは、文化的、政治的に危機にさらされた共同体の結束をはかり、維持するために、時に、小さなエスニック集団によって重用される。

ソビエトに支配された社会主義時代のモンゴルでは、一部の反ソ的な作家は、古い歴史的テーマを選び、登場人物にこうした古風な敬語法をしゃべらせることによって、固有民族文化の過去を美化した。

ある言語共同体が危機に追いつめられたときに、相対的に規模の小さなその言語が外に向かってのびて行くのをぎせいにして、このような閉じたアイデンティティにすがるのはやむをえないことである。そして、ついには、フォークロアの世界にとじ込もって、せめても、完全な消滅をまぬかれようとする本能的努力は、ほとんど例外なく認められる。

しかし私が願うのは、ゆめゆめ日本語に、そのような萎縮がやって来ないことである。二一世紀には世界中の言語の統合がすすみ、現存する言語の半数が消滅し、残ったものも、その十分の一くらいしか現状を維持できないと予測されている。

そのような時代には、言語は外国人にとっても有用で学ばれる価値のあるものでなければならない。

今ある有力言語はそのような試練に耐え、煩瑣《はんさ》な敬語法をそぎおとして、ある程度脱民族のグローバルな使用にたどりついたのである。今日見られるような、英語の二人称代名詞の確立はその結果である。

私の心配は次のようなものだ。敬語使用の練習問題にこっているうちに、日本語は国際的な言語マーケットから追い落とされてしまうかもしれないと。いまから百年以上も昔に、当時の代表的な言語学者が日本語について述べた次のような感想は、残念なことに、まだ有効なのである。

この言語は、過度の敬語法という重荷を背負っていて、ふつうの（simple）代名詞は使えないようなありさまだ。（W・D・ホイットニー『言語の生命と成長』）

敬語の習熟にいそしむことは、決して知力の鍛錬に貢献しないのみか、その逆である。それは、人類がすでに克服して来た、支配と従属の心理を、言語的に心に刻むための、ドレイ的な訓練である。そんなことばが、将来、外国人にも有用な、普遍的な使用に耐えられるはずはないのである。

（『言語』１９９９年11月　大修館書店）

外国語を学ぶということ

《講演録要旨》

国がなくても〝外国語〟

「外国語を学ぶということ」という設問はあまり素直ではない、答えにくい問いです。言い換えるとなぜ外国語を学ぶかということ。やらなくてもいいのにわざわざやるのはなぜだろうかというような意味が隠されているわけです。

まず手はじめに、外国語とはどんなことばを指すのかと問うてみましょう。アイヌ語は外国語でしょうか。外国語というのは文字どおり外国のことばを指します。しかし日常話しているこことばではなくて、ちゃんと勉強しないとわからないことばが外国語というふうに考えるとアイヌ語は外国語かもしれない。しかし日本国内で話されている。だけど国語ではない。こういう奇妙な問題があります。これは外国語というと必ず国家の言語でなければならないような印象を与えるせいです。

フランス語は外国語でいいのですけれども、実はフランス語という看板の下にフランスの中で話されている六つぐらいのことばがあります。ブルトン語、プロバンス語、カタロニア語など。これはみんな外国語なのだけれども、国のない外国語です。今までは外国語ということばで済んできたのだけれども、これからは外国語というのは、国がなくても外国語なのだよということを言外に含みながら話をしなければならないのです。

翻訳できないことば

異なる言語、外国語というものはどういうものであるか。僕は今でも、比較的なじみのある英語でわからないことがいっぱいあります。

たとえば、あの人は背が高い、をHe is tallといいます。あの山は高い、というときにはtallではなくてhighといわなければいけない。他にもよくわからないのが、大きいという意味のlarge, big。それから小さいのsmall, little。英語を母語にする人でもそのちがいを説明するとなると難しいようです。

手はふつうhandです。あの人は手が長い、というときの手は腕を含んでいますけれども、英語のhandというのは手首から先の曲がる部分だけをhandといいます。こうなると字引は単なる一対一の単語帳では済まなくなる。handと書いたら手の中の手首から指の先の部分までというふうに説明しなければならなくなってしまう。

こう見ていると日本語は貧しくて英語の方が詳しくいえるなどと思いますけど、そうではないのがあります。たとえば湯と水です。英語では湯も水も water なのです。湯という特別の単語はないのです。風呂がぬるいときに、なんだこれは水じゃないか、といいます。しかし英語に訳したら風呂に水があるのは当たり前で、全然筋の通らない意味になります。

小説を翻訳するときに非常に困るのが brother, sister です。my brother がどうしたというのを、私の兄弟がと訳すわけにいかない。兄が、とか弟がといわなければならないのに、自分より年下か年上かというのはこの単語の中には全然含まれていないです。

英語ではうまく表わせない日本語の表現があります。差別的に使おうと思えば使えるカタということばです。片手落ちというのは差別語だといわれて、誰ももう使わなくなりました。片手、片足、片目。なぜカタというのが差別語になるかというと、欠損状態を示すからです。備わるべきものが備わっていない欠損状態をあからさまに指摘すると、差別表現になりやすい。カタは二つあるのが完全な状態だけどそろっていないという意味です。

昔話に一つ目小僧というのがあります。絵本なんかに目はど真ん中に描いてあります。これはカタ目小僧じゃなくて一つ目小僧なのです。一つ目は最初から一つしかない。

だから日本語でいうと一つとカタは数は同じでも関係や位置が変わってくる表現です。片手は英語では one hand 以外に言いようがありません。でも一つの手と片手とではちがいます。同じものを見ても呼び方がそれだけちがう、とらえ方がちがうということです。
だから、決してあるものとか現象が一対一で対応しているわけではないので、ことばは単語帳ではないのです。こういうふうにそれぞれのことばはそれぞれのものさしをもっている。現実を測るものさしの目盛りがちがうわけです。翻訳したらわかるというものではなくて、一方はセンチ尺で測っているのに一方はインチのものさしで測っているようなものです。

発音はそれぞれの文化

ことばによって世界を見る目がいかにちがうかということを今お話ししているわけですが、まずはじめにつき当たるのが発音の問題なのです。中国語では同じパでも息の出る音［唇を閉じて、それを開いて破裂した］と出ない音を別の音として区別します。朝鮮語では三つもあります。韓国の人は発音の箱をたくさんもっているから、どんどん日本語ができる。日本語の発音はそれに比べると貧しいですから、日本人は一つの引き出しで三つも四つもやらなければいけない。ですから本質的に日本語だけで育った人はそれだけで外国語がダメなのです。

フランス語の母音は十六あります。これを微妙に使い分けるのは優雅だとかいいますが、優雅などというのは差別の根源ですから、ことばはあまり優雅であってはいけないのです。この十六のうち日本人が区別できるのは五つです。ロシア人も基本的には五つです。三つだけという不幸な言語もある。それはその言語ごとに選びとったわけです。母音が三つしかないといろいろ不便なことがおきます。そうすると、それを補うために子音が増えます。するとこんどは、子音の学習に悩まされます。中国語のように破裂する音とひそやかに出る音の区別があると母音が少なくても発音の可能性が倍に増えます。だから発音に関しては朝鮮語などは非常に豊かな可能性をもっている。おもしろいのは口という器官は人種によって大きなちがいがあるわけではなく、いわば人類共通です。しかしそれが作り出す言語、すなわち文化の世界はまったくちがってくるのです。その基礎には母音を五つに分けるか、三つに分けるかというような、単純なちがいが横たわっているのです。

発音というものは恐ろしいものでそれが気になり始めるとなぜかわからないのだけれどもぎくしゃくしてカンに触るものです。しかも子どものときに一度その型を身につけてしまうと、ほとんど変えることができません。音声学、発音学、これをやるとなぜちがうかというそのしくみがよくわかってくるのです。

ことばは世界を見る眼鏡

僕らは、魚はかわいそうだね、空気もない水の中で暮らしていてと気の毒に思う。ことばがちがうということはこのようなものです。お互いが気の毒がって、バカにしあっているのです。

（『くにたち公民館だより』1999年6月5日　国立市公民館）
原題「外国語を学ぶということ〈講座のお話　要旨〉」

【二〇一八年に思ったこと】

国立市公民館が催した小さな講演会で話したこと。音声学や意味論の、ほんとに基本的なことだけに限って話したことを、「公民館だより」が小さな紙面にまとめてくれた。あまりにも初歩的で教科書的だと思われるから、やめておこうと考えたが、やはりここに収めておくことにした。

公用語とは何か

一　共和制の言語専制主義、帝国の多言語容認

近代国家においては、そこに複数の言語が話されているという自覚があるばあい、国家はそれらの言語が話されていることを認め、次いでそれらのことばが、役所におけるいろいろな手続きにおいて用いることができるという保証を与えることがしばしば行われる。これらのことは、法律によって定められ、時には憲法の条項の中で明記される。

「自覚がある」と、ちょっとまわりくどい言い方をしなければならないわけは、現実にはいろいろな言語が話されていても、それらが「言語」であるという自覚のないばあいがあって、とりわけフランスがそうであった。フランスは、近代国家の祖であり、それに続く諸国家のモデルとなったが、「言語」の名にあたいするのはフランス語だけであって、他のブルトン語、オクシタン（プロヴァンス）語などは、まともな言語とは呼べない異常な方言であったりパトワやジャルゴンにすぎないと考えられていた。

フランスのみならず、もっと後発の近代国家でも、支配民族の優勢な言語以外は、こと

ごとく方言だの「土語」（ヴァーナキュラー、パルレ、パトワ）などと呼ばれていて、国家によって用いられる資格のある言語の数にはかぞえられなかった。日本においてはアイヌ語がそうであり、琉球語は、ひどくくずれた方言でしかなかった。優勢な大言語であれ、劣勢な少数言語であれ、それらが、ひとしく、対等の言語であることを発見したのは何といっても近代言語学のくもることのない功績であり、これなくして民族の自立、自決の運動は確かな根拠を得ることはできなかったであろう。

このように、話されていても耳には入らず、目には映っても見ようとしなかったフランスとは異なり、後進の中・東欧では、大言語——多くのばあいドイツ語——による少言語のすりつぶしが遅れてすすまず、とりわけオーストリア・ハンガリー帝国では、十一もの言語が話されていることが当然の常識であり、一般的認識であった。それに隣接して、連邦制をとるスイスでも同様であった。このような多言語状態は、フランス型の国家からみれば、みじめな後進性の現れ以外の何ものでもなかった。

言語に関するかぎり、革命によって共和制を達成したフランスこそが専制主義であり、それに対して帝国は、多様性を当然のこととして受け入れた。

たてまえとして、フランス語しか存在しなかったフランスでは、フランス語を「国語」であると宣言する必要はなく——それはずっと後、一九九二年になってはじめて憲法が規定するところとなった——したがって、どの言語が公用語であるかなどと、あらたまって法律できめる必要はなかった。日本もそのたぐいの国家の一つである。

二　「国語」と「公用語」

公用語を定める必要が生じ、この語の概念をめぐって深い議論が重ねられたのは、オーストリア・ハンガリー帝国とスイス連邦とであり、他の多言語の存在を前提とする諸国家にとってのモデルとなった。したがって、この語の由来、その古典的使用法をみるには、これらの国の例からはじめるのが有益である。

とりわけ、国内における言語のステイタスを決めるにあたって、「国語」と「公用語」の二本立てとし、しかもそれぞれに複数の言語を認めるスイスの例は、日本のように、「国語」は一つであることを当然と考える国の人たちにとっては、異様に見えるかもしれない。

スイスの憲法の第一一六条は、「国語」と「公用語」について次のように定めている。

(1)　国語＝ドイツ語、フランス語、イタリア語、レト・ロマン語の四言語。

(2)　公用語＝ドイツ語、フランス語、イタリア語の三言語。

問題は、ここに「国語」と記したもとの用語は、ドイツ語版ではNationalsprache、フランス語版では langue nationale であることだ（憲法はもちろん、それが規定した四つの「国語」によって書かれているので、これらの用語もまた、四つの国語における表現をもっているが、ここでは、議論の上で重要な意味のある、独、仏語にかぎって行うことにする）。

これらの語に今までことわりなしに日本語の「国語」をあてたのは、あくまで便宜のためであって、厳密にはナツィオナル・シュプラーへとか、ラング・ナシオナルとかと言わなければならない。しかしそれはペダンチックに過ぎるという印象を与えるおそれがあるので、とりあえずは「国語」としたことは含んでおいていただきたい。

「国語」が独仏語のそれと異なるわけは、日本の「国語」は、いかなる法律によっても根拠を与えられていない、法律以前のいわば超言語であって、それは、一九九二年までは、やはり憲法上の規定をもたなかった、フランスにおけるフランス語と同様である。

しかも、スイスの「国語」は事情があって、一九三八年に三つから四つにその数を変えたのであるから、それは、日本語における「国語」の用法とは、まったく別のものである。そこでは国語は、当然の存在ではなくして、認定されるべきものである。「国語」はまた、ことばの上で同類と見られやすい「国家語」ともまったくちがう。後者もまた、憲法あるいは、それにならぶ法律に規定された、実務のためのものだからである。

とはいえ、この「ナツィオナル」あるいは「ナシオナル」は、その本質においてきわめて両義的な表現である。それは、法律以前のより自然に近い「民族」と、あくまで法的概念である「国」という意味の両面をかかえているからである。それらは、同じ一つの語であるかのような姿をとっていても、「民族」と「国」との濃さのちがいとなって現れるのである。国家の形成のおくれたドイツ語地域では、日本語で言う「民族」の面が濃く現れ、他方、「国家」の前に、もはや「民族」は不要となったフランスでは、より国家に近づいている。

しかし、そうではあっても、ナシオンが、エスニックな色あいを帯びやすいことにはかわりはなく、それを避けて、もっぱら政治体としての国家の意味に限定するために、やはり、「国語」ではなく、「国家のことば」という、いささか不自然にひびく、ラング・デタ(langue d'Etat)という用語が用いられることがある。この語は、少なくとも、一九一八年のメイエの著作にもあらわれていて、決してなじみのない用語ではない。

言語にかかわってナツィオナル、あるいはナシオナルが用いられるときに、たちまちに現れてしまう、この語の両義性は、用語の不備によるのではなく、言語そのものの本質に根ざしている。そこには法律以前のエトノスという自然が深く息づいているからであり、それをまったく除外してしまえば、言語の本質に目をふさいでしまうことになるであろう。

それに比べれば、公用語ははるかに扱いやすく、そこだけに限ってみれば、準法的用語である。しかしここでも、「公」という訳語（文字）には、それとして、なかなか議論のつくすことのできない背景がある。

日本語で「公用語」と訳されたことばのもとの語は、ドイツ語ではアムツシュプラーへ、フランス語ではラング・オフィシェルであって、いずれも、アムト、オフィス（役所、役職）のことばであって、それが用いられる具体的な場所、場面をはっきりと示している。オーストリア・ハンガリー帝国は、公用語をさらに内部公用語と外部公用語とに分けていて、その使用範囲については地域ごとにこまかい規定があった。たとえば、ベーメン（ボヘミア）、メーレン（モラヴィア）における内部公用語はドイツ語とされていたが、その外部公用語には、さらにチェコ語が加えられていたというようにである。そしてたいせつなことは、公職につくものは、これら二つの言語を身につけていなければならないという点である。

三 「公用語」とは何か

公用語は、国語に比べて、はるかに実務的、機能的な概念であって、国語が帯びる象徴的、理念的、心情的な概念とは鋭く対立している。それはまず、多言語が併存していることを認め、そしてそれらの言語の話し手に、それを公的な場で用いることができる権利を保証するための制度である。

その実務的な性格は、スイス憲法の中に現れている。ここでは、全国民の一パーセントに満たず、しかもほとんどその領域がグラウビュンデン州だけに局在しているレト・ロマン語は除かれている。この判断はあくまで実務と、費用の節約の観点から行われている。レト・ロマン語の維持のために、それ以外の言語の話し手が多額の税負担を強いられていることが、公平のたてまえから議論されたこともある。

こうした問題を解決するために、公用語は全国一律とはせずに、レト・ロマン語のようにグラウビュンデン州だけにかぎるというような工夫がなされている。すなわち、全国公用語と地域公用語の区別である。ここに言う地域は、決して地方の意味ではなく、連邦制にあっては州や共和国を単位とする全域語であるから、州語（ランデスシュプラーへ）や共和国語、すなわち共和国国家語の概念にかぎりなく近づく。ソ連邦解体後、ロシア連邦内の各共和国が、それぞれの共和国の主要構成民族すなわち国民の言語を、憲法によって国家語（ゴスダールストヴェンヌイ・ヤズィク）と名づけたのがそれにあたる。

すなわち、公用語は、そこの州や国家に居住する諸民族の母語に対する権利を保証し、その行使を実務の上で認めた概念である。

言語の上でも北欧民主主義を実現したフィンランドでは、フィンランド語のほかに、人口の約八パーセントを占めるスウェーデン語を、公用語として認め、それにフィンランド語と対等の地位をあてがっている。このばあい、いずれの言語も国語であると同時に公用語であり、公的機関だけでなく、たとえばキャンディーの包み紙［やトイレットペーパー］に至るまでこれら二つの言語で印刷されている。郵便局で、フィンランド語の会話につまっていると、ではスウェーデン語ではどうですかとたずねられる。このように、郵便局に勤める職員は、職につく条件として、この二つの言語で応待できる能力を求められている。

公用語に対する住民の権利は、当然公的機関が、その要求に応ずるために、公務員が公用語（＝公務語）を駆使するための能力をそなえていなければならないという義務をともなっている。

一九九二年に制定された、ロシア連邦ブリヤート共和国の憲法は、大統領の資格として、二つの国家語、すなわちブリヤート語とロシア語が使えなければならないと規定している。国家語とは多言語・多民族国家における国家業務語であり、公用語の一形態である（「国語と国家語」『思想』一九九八年一〇月号［本セレクションⅡ『国やぶれてもことばあり』四五八ページ］参照）。この原理を日本に適用するならば、総理大臣たるの資格は、英語にも堪能であるということになるであろう。英語公用語化をとなえる人たちに、そのような覚悟はできているのであろうか。

四　日本における公用語論

今日、「公用語」ということばがにわかに時事の問題として登場してきたのは、「二一世紀懇談会」〔『「21世紀日本の構想」懇談会』のこと〕なるものの「英語第二公用語論化」という提言がきっかけである。

ふしぎなことに、第一公用語とは何かの規定もないままの第二公用語である。

すでに述べたように、公用語を設ける必要があるのは、そこに多数の言語が話されているという認識がまずあって、それらの言語の社会的機能に応じて、それらを母語とする人たちが、それらの言語を用いて公的に行使する権利を保証するためのものであり、それは何よりも、言語権と称される基本的人権にふかくかかわる概念である。

人は簡単に自らの母語をとりかえるわけには行かない。しかも言語は就職、就学、また人間として自信をもって生きて行くための精神の健康にふかくかかわるものであるから、言語の公的認定は基本的人権という観点をはずしては考えられないものである。

このことを私に教えた研究書は多数にのぼるが、その中から特にあげるとするならば、スイス・グラウビュンデン州における言語権の問題を扱った、R・ヴィレッタの、四百ページをこえる大冊『言語法の基礎』(一九七八年刊)と、さらに大きな展望のもとに著わされたハインツ・クロスの六百ページにのぼる大冊『二〇世紀民族政策の基本問題――権利と権力の間にたつ言語共同体』(一九六九年刊)などがあるだろう。

公用語の問題は、こうした研究の蓄積をふまえなければ論じられないというものではない。しかし、懇談会の思いつきは、公用語論の国際的研究のレベルに照らして失笑を買うにちがいない。世界の決して少なくはない大学の法学部では、比較言語法という領域が開拓されてきているからである。

さて、日本における公用語論の特徴とはどんなものだろうか。まず、日本のどこにも、英語を母語とする言語共同体(日本国民の住民グループ)が存在しない。

したがって、日本国民が相互にこの公用語を用いて話しあう機会もないのに、公務につく人はこの公用語を駆使できなければならない。そう考えると、この「第二公用語」なるものの正体は、外むけ公用語、つまり、国際公用語と名づけるべきものであることが明らかになってくる。

それにあえて第二の公用語、つまり、国内公用語の地位を与えるところに新味があるのだが、そのことから政府、財界、学界など、各業界の指導層が、いかに英語の必要性を痛感し、自らの無能をかこっているかという図があらわれてくる。

しかしだからといって、なぜ、国民のすべてを、そこに巻き込まねばならないのだろうか。こういうことを考える人たちは、たぶん早くからアメリカに留学し、軍事、外交、商業、技術のすべてにわたって、アメリカと英語なしには世界も日本もないと、身にしみて痛感した人たちであって、その熱い願いが全国民に対するありがたいおぼしめしとなって現れたのであろう。

冷静に考えてみると、国際むきに必要な言語ということになれば、英語にかぎらない。ロシア語、中国語などの有力言語の修得に、政府はもっと力を入れるべきであろう。

このような、英語という外国語をわざわざ国内むけの公用語として課する考えかたには、日本の指導層の、貧しい教養と、せまい世界認識が反映されている。国内に英語の話される地域を一つとして持たない日本のような国が、近隣諸国の言語への興味や関心を封じるかのように、すすんで国民のすべてに、日常はかかわりのない英語を課するという発想は、最も国際的ではなく、偏狭な文化観と無教養を露呈したものとして、国際的な軽蔑の対象となるであろう以前に、深く恥ずべきである。

（『言語』２０００年８月　大修館書店）

ヨーロッパ人と中国語

一八世紀のヨーロッパに中国語がどんなことばであるかが知られていくにつれて、その文法構造は一つのなぞとして、知識人たちの関心を強くとらえるに至った。それは、このような、まるで「文法のない貧しい」言語に、なぜあれほどの高い文明を築くことができたのであろうかという驚きのせいであった。「高度な精神活動は、精密な文法構造をそなえた言語によってはじめて可能になる」という通念が一般的だったので、このなぞは解けないまま残り続けている。

こうしたいわば伝統となった観点とは別に、チェコの言語学者V・スカリチカは次のようなおもしろい観察を行っている。すなわち、ヨーロッパ語は、特別な語源知識を持たないかぎり、その意味を説明することのできない地名に満ち満ちている、いなほとんどがそうであると。たとえばウィーン、パリ、ドーナウ、ナポリ等々のように。シュワルツワルト（黒い森）のように、意味が透けて見えるたぐいは、むしろ例外である。レニングラード（レーニンの都）のような新しいのは、もともと意味を持たせて作ったのであるから、意味がわかるのは当然であるが。

ところが中国語の地名は、ベイジン、チンダオ、ホアンホなど、それぞれ「北の都」「青い島」「黄色い河」のように、「原則としてすっきりとわかる意味を伴っていると、スカリチカは指摘する。

ふつうのヨーロッパ人は、こう言われるとすっかり感心してしまうかもしれないが、もし漢字というものの性質を知っていれば驚きでも何でもなくなるだろう。中国語はすべて漢字で書かれ、その「ひとつひとつの」漢字にはすべて意味があるのだから。しかしそのことにあらためて驚いてみることが、漢字を当然とする私たちには必要ではなかろうか。

(『中国語』2001年7月 内山書店)

【二〇一八年の添え書き】

ヨーロッパ人の中国語に対する驚きについては、『国家語をこえて』(ちくま学芸文庫)に収めた「西洋人はシナ語をどう見てきたか」で述べておいた。その続きを書きたいと思いながら、まだ果たしていない。とりわけフンボルトが「文法が不充分な言語ほど、人々をして自ら考える必要を強く求める」という意味のことを言っていることについて。

人と「ことば」

今日、こんなに英語が強くなった背景について、ちょっと考えてみましょう。

ぼくがモンゴル語学科の学生だったころは、モンゴル語のいい辞書はドイツ語かフランス語かロシア語のものだったから、それくらいのことばは使えるようにと勉強したんです。ところがヒトラーとスターリンのおかげで、迫害を受けた学者たちがアメリカに亡命して英語で書くようになったから、今は英語さえ知っていればという時代になってしまいました。大切な論文はほとんど英語に翻訳されて読めるからです。

英語がいかに強い言語かということは否定できません。例えば、学術論文を日本語で書いたとして、外国のだれが読んでくれるでしょうか。今では日本語は日本国内でしか通じない、内輪のことばになってしまいました。

もしあなたが韓国［人］の親で、子どもをノーベル賞をとるような科学者にしようと思ったら、どこに留学させますか。アメリカでしょう。英語で研究する国に行けばそのことばを勉強してすぐ世界に研究成果を発表できます。それに比べれば日本語はあまり未来のないことばなんです。

これからの地球規模で動く時代に、親が日本語をしゃべっているのは犯罪かもしれない。子どもの幸福を考えたら、アメリカにでも移住したらどうですか。少数民族の歴史が一つの典型ですね。「親の、こんな狭いことばをしゃべっていてはだめですよ。ロシア語や英語のような大言語を話して、世界の舞台で活躍しなさい」と言っているうちに自分のことばがなくなってしまう。

親は子どもの運命を縛ってはいけないという観点に立つなら、自由に飛べる翼を与えなくてはいけない、それは英語だと、ぼくがひともうけしようと思ったらそう宣伝しますね。日本語を守れというのは、世界的な視野から言うと心の狭い人たちだということになる。早く日本語を見捨てなさいと言わなくちゃいけない。

という考え方がひとつありませんか。ぼくの本心ではないけれど。

いや、だけど日本語は自分たちの国の大事な言語だから、日本では英語など知らなくても立派にやっていけるというのも、それはそれで当然の考え方です。

次の問題は、どういうふうに英語をやってほしいかということです。英語を多少かじった程度で満足な人と、アメリカ人と同じようにしゃべれる人と、親は［自分の子どもを］どちらに育てようとしているのか。

今のお母さんたちの焦《あせ》りは英語第二公用語論と同じ発想から出ているのだと思います。しかし公用語というのは、すべての公務員が使わなければいけないと法律で定めたことばのことです。市役所の職員も郵便局員も、日本語と同じように英語を使えなければ採用されないことになる。国会議員は言うまでもない。そのレベルで考えるなら、英語を日常語として駆使できる人間ということになります。しかしそれは日本に暮らしていてはできないんです。大体ことばは十二歳までないと身につかない。

ことばは勉強だけでは身につきません。習慣なんですよ。習慣だから、日常的にそのことばで話す相手が必要なんです。本当に英語教育をしようと思ったら、「自分の家の中でも」日本語で話すのを控えて英語でやる。金があって外国に知り合いのある親は進んで子どもを留学させるでしょう。

みんなが少なくとも英語だけはしゃべれるようにしようというのが日本の政府の方針。そこでぼくは言います、それはすばらしいですね、どうぞおやりください、毎年十万人ずつぐらいは子どもをアメリカに送り出しましょう、日本語がまだ身につかないうちに。そうすれば日本の繁栄は約束されますよと。

そうでなくて、多少英語を解るようにしようというのは、おけいこごとみたい。おけいこごとは、してもいいし、しなくてもいい。その言語をやらなければ生きていけないというのじゃなくて、それをやることで少しでも出世に有利になる。

小学校から英語を強制して教えた場合、中には、日本語なんかだめだ、これからは英語だと目覚める子どもがいるかもしれない。でも大多数の子どもたちはますます英語がいやになるでしょう。日常的に使う場がないのだから。

だからぼくは最初から、こういう案はナンセンスだと思っているんです。

ぼくなら、何か好きなことばを一つ勉強しなさいと、まず子どもたちにそう言いたいですね。英語を知らなければ困るからというのは、これは現実。ところが現実を無視するのが子どもの能力の一つです。「大人がみんな英語をやれと言ってるけど、あれは嘘《うそ》っぱちなんだよ、いやだったらやらなくてもいいんだ、ロシア語やったり朝鮮語やったりフランス語やったり、自分の好きなことばをやれば」って、ぼくが教師なら言いますね。もし日本語がとことん好きだったら小学校から「徒然草《つれづれぐさ》」でも読めばいい。古典語は一種の外国語なんだよ。漢字が好きだったら、漢字たくさん覚えて漢文を読みなさいと。それが個性ある教育というものです。

それでも一つぐらいは外国語を知っていたほうがいい。というのは、日本語だけやっていたら日本語が何であるか解らないからです。ぼくはあるときから、一人の女だけ見てたら女は解らないと思った。子どものとき、友達のお母さん見てショック受けたんです、美しくてやさしいお母さん、いますからね。いいなあ、すごいなあ、女ってと思った。そういう所から人間の認識が始まるでしょう？

長くやっていても、日本語にもまだまだ解らないところがある。一つのことばだけでも生涯を賭ける値打ちがあるものです。

ことばが大切かって？　人はある点で、ことばだけで生きてるんだと思います。びくびくしないでいろんなことばをやってみればいいと思う。ことばの勉強でむだということはありません。子どもって好奇心のかたまりだから。今いっぱいテレビにアラビア文字が出てくるでしょう。ああ、面白い字だな、どう読むんだろうと教えるチャンスじゃないですか。

英語教育を進めようとしている役所の人たちはあまりわかっていない。すばらしい日本人であって、英語も同じようにうまくしゃべれるような人というのを、頭で考えるのは勝手ですよ。でも、そんなうまい話はめったにない。

そういう考えに振り回されているのはバカバカしいことで、それはお母さんたちがバカバカしいからです。お母さんたちの考え方が本当にしっかりしていない。間違った信念も困るけれど、教育って信念ですよ。「日本語で大丈夫なんだ」とお母さんが思うならそうする。また異なった言葉でしゃべれば解放感があるという考えもある。でもそこで出てくるのが英語だけというのが日本の貧しさですね。

ぼくはね、例えば小学校でもっとダンスを教えたらいいんじゃないかと思ったりする。体を動かせば外国語もうまくなる。意外だったんだけど、ドイツの子どもは歌がまともに歌える子、思ったほど多くないんです。学校の教課の中に音楽がないから。ドイツが音楽の国だというのは昔の話。日本の公教育の素晴らしいところはね、「今では」みんな歌が歌えるじゃないですか。すごいですよ、日本の音楽教育の平均水準の高さっていうのは。そういう勉強の一つとして外国語もやればいいんです。選択でね。

美術も大事です。家庭科もね。必要なものを作ったり、上手に暮らしたりって、子どもにとって一番大事なことだと思う。そういう生活技術の一つとして外国語教育を考える。だけどことばは趣味だけでは身につかないから、訓練が必要になります。

日本ではせめて中国語、朝鮮語、できればロシア語の音や文字ぐらいは小学校のときから触れさせる。教える必要はないんです、中学に行ったら勉強しますから。で、そういうことは国語の時間でやったらどうでしょうか。

今度のことは英語の先生に反対が多い。英語がいかに大変かということは英語の先生が一番よく知っているから。国語の先生は反論しにくい。だけど、国語の教師の仕事は実はとても大事で、日本のことを教えながら世界のことを教えるのが国語教育なんです。国語の教師が子どもに、世界には日本語だけじゃなくて、いろんなことばがあるんだよと教える。谷川俊太郎さんたちの作った『にほんご』（福音館書店刊）という教科書には、そんな考え方が表れている。

いろいろ外国語をやると、今度は日本語が面白くなってくる。国語教師は子どもを外国語に取られると思わないで、どんどん外国語を与えるといい。だけど英語「だけ」与えてはいけない。これだけが人類の言語だというのは、すごく悪い思想ですね。

ぼくがフィンランド語を学びにフィンランドに行ったとき、出迎えてくれたのはフィンランド・モンゴル友好協会の人でした。フィンランドは五百何十万かの少ない人口で、それで世界中と外交をしている。外務省に専門家をすべて雇っている余裕がないから、日本語協会とかモンゴル協会とか、民間の団体にお金をあげて民間が外交を助ける。日本全体がそういうふうになってもいいなあとぼくは思っています。北海道ではロシア語に触れる小中学校を作るとか、それで北海道の特色が出ると思う。ロシアとの外交は、かなりの部分を北海道にまかせる。そういうことができないのは、勉強しなかった人が政治家になっているからですよ。日本中が勉強しない国なんです。大学までもがおけいこごとどまりになっているのは残念です。

（『母の友』２００２年２月　福音館書店）

《講演録要旨》

英語教育の目的と方法

——受難の時代の英語教師——

英語の知識がこれほどまでに大衆化し、しかも英語教師の実用技能の不足がこれほどまでに歎かれる時代は、英語の教師とりわけ大学で教育だけでなく研究にもたずさわる英語教師にとっては、受難の時代ではないだろうか。今こそ私は、自分が英語の教師でなくてよかったとつくづく思うのである。私のこうした傍観者的な言いかたは、名誉ある本学会での講演の趣旨に反するかもしれないけれども、しかし皆さんの多くが、「むつかしい時代になった」という感慨を抱かれるのもまた真実に近いのではなかろうか。

「禁じられた敵性語」としての英語の時代と、その禁が解かれたあとの時代を多少知っている私には、当時の英語に対する灼けるようなあこがれの時代が思い出される。英語教育界には、Michigan (direct) method, oral approach［ミシガン大学で開発された、たとえば英語の文を説明するのに、日本語を介さず、英語を直接用いて、そのままで理解させるようにする教授法］などの用語が飛びかい、中学の教師たちまでが進んでこうした魔法の教授術を求めて渡米した。

そのころに比べれば、今は工夫をこらし、洗練された教材がちまたにあふれている。しかし明らかになったことは、教授法や教材がいかに進歩したとて、ことばを学ぶ主体がその気にならなければどうにもならないということである。困ったことに、技能としての英語の知識が求められれば求められるほど、英語の研究が魅力を失い、英語の学習は学生の自発性に基づくよりは、強制になりやすいのではないか――というおそれを私は抱いている。英語教師は水を飲みたくない馬を川まで連れて行って、無理やり水を飲ませるという役割を引きうけねばならないのだろうか。

私はここで、日本の英語の教師を少し安心させるかもしれないエピソードを申しあげたい。私の総計三年ほどにわたるドイツの滞在から次のことがわかった。ドイツ人のすくなくとも知識人は、まったく羨ましいほど英語を自由に使いこなす。学術のレベルでも、英語はかれらの母語に近いほどに慣れ親しまれていると。しかし社会言語学者の Ulrich《ウルリッヒ》 Ammon《アンモン》 によれば、ドイツの大学の英語・英米文学の専門家であっても、格調高い英語を書こうとすれば、どうしても母語話者のチェックを受けることが不可欠であると。そのための高額な費用を節約するために、ドイツの英語学者は、妻には、英国育ちの女を求める傾向があると指摘している。女としてのできぐあいにはいくぶん我慢するとしてもである。この話は、日本人の私たちにとってはかなり教訓的である。

英語にかぎらず、もともと外国語（いな時には母語）の教育は、創造的、発見的であることはむつかしく、ほとんど強圧的、規範的になりやすいという性質をもっている。このような教科がどうして子どもにかぎらず、成年に近い学生たちの知的好奇心に訴えることができるだろうか。

それにまた、今日の大学教育における英語のシェアは他の言語教育をますます圧迫している。このような状況の中で英語教育は、企業や国家の要求に服従するだけの奴隷にとどまることなく、どうすれば学問としての尊厳をまもることができ、人類文化の多面的な発展に寄与できるのだろうか。高度な技能は言うまでもなく、学問の重要な構成要素である。しかし技能は決して、それ自体で孤立して形成されるものではない。とりわけ個別言語の教育にあってはこの点が重要であることを念頭に置きながら、考えるところを述べたいと思う。

すべての人にとって英語を知っていることが当然とされるほどまでに、その知識が大衆化した今日は、英語教師にとって良き時代というよりは、むしろ受難の時代である。とりわけ大学で英語を教える教師にとっては。

一般に外国語の教育は、まずは動機づけのない知識を強制するだけに終始し、創造的・

発見的ではない。それは典型的な「記憶学科」に属する。記憶を強いる代表的な学科は歴史、地理であるが、そこには物語がある。物語は想像力を刺激し、学習者自身が発展させる余地が残されている。つまり、人間理解と世界の認識という自発的活動と、直接、間接にむすびついている。別のことばで言えば、「内容」がある。

それに対して言語そのものは形式であって「無内容」であるから、学校の教科の中では最も抽象的にならざるを得ない。抽象的であっても、「理」によって一貫している数学とは異なる。

そこで教師は、言語そのものという形式だけを教えるのではなく、そこにさまざまな内容を盛り込んで学生を引きつけようとするが、それは言語教育の本質には属さず、単なる戦術にすぎない。

英語という言語そのものが関心の対象になるためには、言語それじたいが物語性を帯びるような工夫がなければならない。そのためには英語が孤立してではなく、ヨーロッパ諸語と、時には中国語との対照においてその特性を見ることが有益であろう。事実それら、英語以外の外国語の教授にあたっては、語源的説明にも文法的説明にも英語の知識が大幅に利用されているではないか。

かっても、またいまも、英語の教師が英語以外の外国語の知識を援用することは、英語の教育にとって余計であり、むしろ阻害するものと受けとられるとすれば、それは誤りであろう。英語の教師が英語以外の外国語に目を向けないように禁欲するとしても、学生はいわゆる第二外国語を学ぶことによってある程度その知識を身につけ、ときにはそれらの言語に英語以上の関心を抱いていることもあろう。

とりわけ、英語はますます大学における外国語教育を独占しようという勢いであるから、それが世界の多言語状態を理解するための窓になることが期待される。

物語性を生みだす第二の方法は、英語の歴史的知識を教えることに躊躇しないことである。私自身は記述言語学を学ぶことによって、共時的潔癖主義をまもってきたけれども、それは誤りであったと反省している。英語の形態論の全体を通じて、屈折原理と類推作用がいかにその歴史をいろどってきたかという知識は、中学生にとってすら、きわめて興味ぶかいものであることを、私自身の経験によって知っている。

以上は、大会当日の私の講演のために、準備はしたが口にするのをはばかったことどもをも加えて、いま一度整理しなおしたものである。

（『JACET通信』２００４年11月No.１４６pp.10-11
「２００４年９月４日 第43回JACET全国大会基調講演より」大学英語教育学会）

母語という秘密

人間の根源的な能力の一つに、ことばを話すということがある。そのことばを話す際に用いられる生理的な機構は、どの人種のもとでも同じである。同じ器官を使って行われるのは確かだが、だれも、どのようにしてことばを獲得したかはおぼえていない。その過程はまったく無意識のうちに進むから、ちょうど、どのようにして歩行の技術を身につけたかと問われても答えようがないのと同様に、ことばの獲得は自然で、無自覚のうちに行われてしまったのである。この点で、ことばは生理の一部でさえあるかのようだ。

ところが、おどろくべきことは、こうして獲得された結果のことばは、獲得された場所や条件がちがうと、まったく別のものであって、お互いに「通じない」のである。こうした通じないことばどうしの関係を指すのに、「外国語」という用語が用いられる。ことばの壁を破って「外国語」に到達するのが極めて困難なわけは、すでに自分がまったく自然に、発音だの文法だのを考えずに、無意識に話すことのできる「母語」を身につけてしまっているからである。

「母語」ということばで何を指しているか、それを説明するために、ちょっと古くさい感じはするが、古典的イメージをもち出してみよう。

赤ん坊が生まれ落ちると、すぐに耳にするのは母のことばである。母のことばは同時に乳房から入ってくる乳とともにある。この最初に出合ったことばは、子どもが十二歳くらいになると、もう他のことばを寄せつけないくらいに、その子を枠のなかに閉じこめてしまっている。このあてがわれた枠、くせ、なまりは、死ぬまでその子――人間から、すっかり拭い去ることはできない。このようなことばを、言語学では「母語」と呼ぶ。

ちかごろでは、かならずしも母が子どもを育てず、父や、ときにはまったく血のつながっていない人が育てることもあるだろうけれども、それをとりあえず母のイメージで代表させることにする。「ちょっと古くさい感じ」とことわったのはそのせいである。

ところで、この「母語」に似たことばで、「母国語」というのがあるが、「母語」は国を含んでいないという点で、それとはまったくちがう。ことばは「母国」とは無関係なのだ。例えば、アイヌ語で育てられるアイヌ人の子どもはほとんど居なくなっているが、もし母親がアイヌ語で育てたら、その子のことば、「母語＝アイヌ語」は、アイヌ国家というものがない以上、アイヌ語は、どうしても「母国語」ではあり得ないのである。

さて、ここまでは前置きであって、言いたい大切なのは次のことである。子どもにとって母語は、選択の余地がない。それはちょうど、子どもに母を選ぶ権利がないのと同様である。とすると人間は、生まれると同時に、何語を母語とするかは決定づけられている。例えば私は、あまり世界に通用しない日本語を母語にしているが、もし英語圏で生まれていたら、どんなに広い活躍の舞台をもつことができたであろうかと想像してみる。いや、日本語はまだしもいいほうだ。とりわけ、あまり才能のない作家でも、もし英語で書いていたら見向きもされなかったかもしれないが、日本語があればこそ、お前さんだって作家づらして暮らしてやっていけるんだよ、ということもある。だけど、学問となるとそうはいかないのだ(しかしまあ、こんな八つ当たりは、自らの品位を落とすことになるからやめておこう)。

さて、以上のことから、私は二つのことを言いたいのである。まず一つは、ことばは人間にとってかけがえのない財宝だと賞揚されるが、ことばほど人間の間に差別を作りだす不公平なものはない、ということだ。フランス革命は「自由、平等、友愛」を説いたけれども、ことばにだけは自由を与えなかった。フランス語のできない人は、革命当時、国民の三分の二もいたが、この人たちは、自分たちの「母語を自由に使う」自由は保障されなかったのである。

第二の問題。言語学者のこれまでの調査によると、世界には六千の異なる言語、すなわち異なる母語があることが明らかになっている。そのなかの半数は、今世紀中には消滅する、と研究者たちは警告している。日本語は「消滅に運命づけられていない」としても、日本の大学で、特に自然科学では、日本語が用いられなくなることは予想できる。

だからこそ、もう幼稚園から英語を身につけさせよう、英語だけで教える学校に通わせよう、と親はやっきになっている。子どもの将来を考えると、こうした進歩的な親を責めることはできない。

私は、生涯のかなりの部分をことばの学問のために費やしてきた。そして、ここに記すことのできたのはその一部分でしかないが、いまあらためて、「人間にとってことばとは何か」という難問の前に立ちつくしている。

(『Anjali あんじゃり』2005年12月10号 親鸞仏教センター〈真宗大谷派〉編 親鸞仏教センター〈真宗大谷派〉)

グローバル化にのぞむ少数言語のストラテジー

今日、世界にはおよそ六千もの［いや最近では七千ものという人もいる］異なる言語が話されているという。そうして今世紀中には、そのほぼ半数、三千の言語が消滅するだろうと警告が発せられてから、すでに十年がたった。

この六千という大ざっぱな数字は、一九五〇年頃には、二千七百九十六というもっともらしい正確さでフランス科学アカデミーが発表した。だいじなことは、この半世紀の間に、世界の言語の数が倍増したことだ。

その［倍増した］理由の一つは、ニューギニアだのアフリカだのの奥地にまで言語学者がわけ入って、いまだ登録されていない未知の言語が「発見された」ことがあげられる。何しろニューギニアだけでも千の言語がひしめいていて、まだ学会には報告されていない言語が百くらいはあるという推定がある。

しかし学問にとっては、こうした経験的な問題はそれほど深刻ではなく、もっと本質的で原理論上の問題がある。それは、何をもって、一つの独立の言語として認知できるかという問題である。

　戦後の日本で、琉球語は日本語の方言ではなく独立の言語であると、ある言語学者が見解を述べたとき、かれがはげしく批判されたのを私はおぼえている。それはまさに、沖縄の本土復帰運動がたかまっていた頃だったから、その運動に水を差し、アメリカの占領状態の容認につながると非難されたのである。これほど政治的ではなくても、一九七〇年代に急速にたかまったクレオール語研究は、言語の数を増やすのに大いに貢献した。それまでは、英語だのフランス語だのが、単にくずれてできた、できそこないの土語《パルレ》だと見なされていたのに、独自の構造をそなえた自立した言語だという認識が生まれたからである。この認識を生んだのは、歴史的観点を排して、ひたすら共時の構造に目をこらした構造主義と記述言語学である。つまり、何が言語であるかという観点の変化が言語の数を増大させたのである。つまり、言語の数は、数える視点のちがいによって変わる相対的なものだということを認識しておかねばならない。

　次に、こうした六千にものぼる言語の多様性をまもるべきだという呼びかけは、明らかに、生物種の多様性が急速に失われていくことに危機を感じるエコロジー運動をモデルにしていて、その根底には言語を生物になぞらえる言語学の古い思想のなごりが横たわっている。この思想にいかに根強い人気があるかは、たとえば言語評論家や作家が都合のいいときだけに好んでくり返す、あの、「ことばは生き物だから」人間が勝手に介入するのはまちがっているという言いぐさの中にあらわれている。

しかし言語は決して生き物ではない。少なくとも、それは自らの生命を自分自身で展開する生き物ではない。何よりもその言語の話し手に依存していて、話し手がその言語を話すのをやめてしまえば、それで消滅してしまう。話し手というのは個人であって、しかも言語共同体という形をとる。その共同体の話し手がある方言をすてて、より社会的に有力で便利な方言や言語に移るのは、その話し手集団の意志によるものであって、この過程は言語じたいにそなわった自然の展開ではない。この意志によって「国語」というかたちで言語的統合がなされるには、政治・経済の圧力がはたらく。

このことを見ると、人間はかならずしも、言語の多様性を望まないのみならず、我々の時代をちょっとさかのぼれば、ことばが一つでないことを歎《なげ》いたという時代がずっと続いていたのである。いな、これはある特定の時代のものではなく、すでに旧約聖書の時代からそうであった。バベルの塔の伝説によれば、ことばはもと一つであったのだが、人間の不遜に怒った神が、人間にくだした罰、呪いの結果としてことばは多様になったのである。エスペラント語もまた、この言語の多様性を克服するために提出された、一つの回答であった。

正統マルクシズムも、言語の多様性が不要のものであり、既存の有名ないくつかの「文明語」に統一されて行くのを進歩と考えたのだが、それに対してスターリンは、「社会主義革命は言語の数を減少させずに増加させている」（一九二九年）と述べて、言語の数の増大を、社会主義の成果だとたたえたのは、この正統からの興味ある逸脱を示している。

言語学者も、決して多様性をたたえたりはしなかった。第一次世界大戦後のヨーロッパの言語状況について、鋭い関心をもって発言した、フランスを代表するスラヴ語学者、アントワーヌ・メイエのたちばは、こうした問題を考える際に、常に思い出してみるねうちがある。すなわち、ソビエト連邦の誕生によって、その構成共和国の一つ白ロシア（今日のベラルーシ）のために、もともとロシア語の単なる土語でしかなかったものを独立の言語に仕立て直したのは、その話す人自身を、小さな言語の中に閉じ込めてしまうことになり、かれらのためにかえって不利益になると説いたのである。とりわけ、従来ロシア語で発表されていた論文がベラルーシ語になることによって、この言語の外に出て行くことが困難になったと。

私はメイエのこの考えに、すべて賛成というわけではないけれども、考えてみなければならない点があると思う。同様の問題を私の専門の領域にずらして言えば、より深刻な次のようなことがある。

独立モンゴル国の地続きの北に、ロシア領ブリヤート＝モンゴル共和国というのがあった。いまは、この名の後半部はとり去られて、単にブリヤートと言わなければならない。一九五八年、モスクワの［共産］党中央が、国名、民族名、言語名のすべてに「モンゴル」の名を用いることを禁じたからである。そうして、ブリヤート語はモンゴル語とは別の言語だという理論を作るために、言語学者と民族学者が総動員された。それに異をとなえるものは生きては行けなかったのである。

じつはロシア革命がシベリアに及んだとき、ブリヤートの指導的知識人たちは、ブリヤート人とモンゴル人が共通に用いることのできる統一文章語とそのアルファベートを考案し、一九四〇年頃までに、かなりの成功をおさめていた。しかし、この事業にたずさわった人たちは一九三七年に逮捕され、処刑されてしまった。このようにして、一つの言語が分断され勢力を弱められて消滅へむかう例は少なくない。今日ブリヤート共和国の人口は約百万、うち二十パーセントがブリヤート［人］であるが、そのうちの半数くらいの若い世代は、もうロシア語しか使えないのである。これは divide et impera（分割して統治せよ）というあの古典的帝国主義言語政策の見事な実現である。経過から見ると、「ブリヤート語を絶滅から守れ」という、一見非のうちどころのないスローガンは、その母体言語とも言うべきモンゴル語に吸収されるのを防いで絶滅から救うという方向へ運んで行くならば、そのモンゴル語からの隔絶こそがブリヤート語を急速な絶滅へ導くことになる。結果はロシア語の圧倒的な勝利である。

私は多言語の共存への熱い願いをもっている。しかし、「六千の言語がある、それはいずれも人類のかけがえのない遺産である。絶滅から救おう」というナイーヴな呼びかけは、そのままでは何ら実効あるストラテジーを生み出すことができない。

六千の言語は決して昆虫図鑑のように、対等に並列しているのではなく、社会現象としての言語のヒエラルキーをもっている。じつは生物のアナロジーによってではなく、言語独自のエコロジカル・ヒエラルキーのようなものを考える必要が起きている。しかしいまのところ、言語学者も、したがって言語学も無力のままである。

（『ｍｙｂ』２００６年３月　みやび出版）

日本語学と言語学

《講演録》

日本語学と言語学は、いずれもその研究の対象は「言語」であることにちがいはありません。しかし前者にとっての対象である「日本語」は「自明の所与」であると考えられているのに、後者にとって「言語」は決して自明のものではありません。絶え間なく「発見」されなければならない何かです。しかもこの学問は、日本に導入されてからわずか百年しかたっていない外来学問です。このことをたがいに理解しあうことによって、この二つの学問がより深まるようにというのが、私の講演の目的です。

西洋の古典世界では、言語は論理と一つであり、言語から直接論理が引き出せるから、逆に言語は当然のこととして論理に依存し、自立しないという関係にある。だから言語は自立できないから、時に不要のものです。それのみか、言語が論理をゆがめていることさえ考えられたのです。そうなると言語は不要どころかじゃまものになる。ゆがんだ鏡のようなものだから。

ところがルネサンスを機に、言語は教養階級の専有から解放され、堕落して人民のものになった。人民の、すなわちナショナル文法もしくはエトノス文法が続々と現れ、乱立するようになって、言語はますます多様になり、論理から離れて行く。そこから諸言語は論理の支配に服さない、あるいはむしろそれと対立する独自の対象として自立せざるを得なくなった。そうするとおのずから、そんな「言語」とはいったい何かという問いが起きる。別のことばで言うと、言語は「自明のもの」ではなく、新たに「発見される」べきものとなったのです。こうした発見のための格闘が、ありありと浮かんでくるのをソシュールの言語学に見ることができます。しかしこの自立は、独力ではかなわずデュルケムの社会学を使わざるを得なかった。このように言語はそれ自体として自立させることが極めて困難なものであり、決して自明のものではありません。だから、「言語」の定義は常に仮のもので、絶え間なく発見されるべきものです。こう考えてくると、「言語の多様性」と最近誰もが口にする合いことばは、じつは深刻な含みをもっています。キリスト教世界では、言語は神が創って人間に与えたものと無意識のうちに考える伝統があるから、それに従えばこの多様性はまちがっていることになる。神にもとづく正しいものは一つであるべきだから、そのような多様はまちがっているか、単に見かけのものにすぎないとするかでなければ、りくつに合わない。論理は神であるか、あるいは自然に還元されなければ困ったことになるからです。

そこで言語をかぎりなく論理に近づけた普遍文法というものが一七世紀になって現れる。ソシュールから半世紀たった後にチョムスキーがやったのはこの普遍文法に回帰して、言語という固有世界を不要にすることだったのです。

日本に言語学が移植・導入されてからほぼ百年がたちます。その導入のしかたは、どうやら近代国家が当然そなえるべき備品、あるいは、学問という国有財産の一項目としてだったように見えます。こうした備品は、時代が変化するとともに、世界の風潮、流行にあわせて入れ替えなければならない。私が学生時代から日本の言語学とそれにたずさわる人々の動きをずっと眺めていると、そんな風に動いてきたように思われてなりません。これは私だけの感想ではなくて、もっとおだやかな表現で、柳田國男が言っていました。内的発展というものがなく、流行に敏感で器用ですばしっこい人が、外からとってきては入れ替えるだけが言語学だと思っている人が多い。特に「国語学」といわれていた時代の日本語学者にそういう人が多かった。そして、その見方はまちがっていなかったし、当然だと思われます。

人類の置かれている状況は大きく変わりつつあります。言語学はそれを悲劇的に体現しつつあり学問の一つでありますが、日本語学もいつまでもその対象を自明のものと考えていられるわけではありません。「国語学」が「日本語学」となったとき、国有財産の備品目録の名前が変っただけでなく、ことばと文化と国家とを考える人々の意識が大きく変わってきたことの現れだと考えられます。

日本語学とても、事実の確認と規範の設定と学習・教育技術の向上を考えるだけではすまない時代がはじまっています。すくなくとも、その対象を「当然かつ自明の所与」とし続けることができなくなったとき、言語学の経験が多少役立つようになるかも知れないと思います。

(『日本語学会2006年秋季大会予稿集』2006年11月11日 日本語学会)
原題「講演2 日本語学と言語学」

『エスペラント―異端の言語』（岩波新書）についての著者の弁明

一　この本の由来について

二〇〇六年のはじめ、私は自分の書きたい本の相談で、かねてからの知り合いの編集者と約束して、岩波書店を訪れた。ところがそこに突然、早坂ノゾミさんという、お会いしたことのない別の編集者が同席され、来年はエスペラント誕生百二十周年だから、それにあわせて岩波新書を出したいという話を切り出された。私の考えていた話はそっちのけになってしまい、さしせまったエスペラントの方に話題が集中してしまった。私とても、その企画を進んで加勢したいという気持ちになったことは言うまでもない。

早坂さんが大へんな意気込みだったことはよくわかる。というのは、新書という出版形態は、少なくとも二万部以上の発行部数が予定されていて（そうでなければ採算がとれないと聞いている）、そのために内容のみならず売れ行きのレベルをも維持しなければならない。この企画は他の出版社だったら議論の余地なく却下されるはずのものであり、事実、他社でエスペラントをテーマに新書を出したところはどこもない。いずれにせよ、あと半世紀中に、いな、一世紀の間でも起き得ない奇蹟《きせき》だと言ってもいいからだ。

早坂さんの構想はこうだった：はじめのページから順を追って読んでいけば最後には、かなり内容のある文章が読め、また自分でも書けるようになる一冊をと。

それに対して私はこう答えた：そのような入門書、学習書はすでにすぐれたものが何種類もあるので、岩波新書が屋上屋を重ねるような挙に出る必要はない。いま必要なのは、エスペラントのりんかくを簡単に描いた上で、それが哲学、文化論、言語論などの分野で注目され、広い議論の場に持ち出されることだ。つまりエスペラントが単なる技術的な知識としてではなく、人類の未来を語る際の、欠かせない教養として示すことが必要なんだと。

このように構想された一冊は、エスペランチスト自身にはしろうとっぽい本に見えるかもしれないけれども、この言語を知らない人の間にひろめて行く上では大いに役立つだろうというのが私の考えであった。

二　どんな人に読んでもらいたいか

私は経験からよく知っている。エスペラントに巧みで、もはやツウになっている人には、ツウでない人たちの気持ちがだんだんわからなくなっていることを。ツウの専門家であっても、気持ちはいつもシロウトに向かって開かれていないと、その運動は孤立して、自らますますせまく閉じる方向に転落していくことになる。だからその本がツウから見て多少レベルが低く見えようとも、開かれていて、他の方面の分野と風が通っていなければならない。私がエスペラントとの関わりで最も関係が深いと感じている学問は言語学であるが、ほかでもないこの言語学がエスペラントに最も不快感と時には敵意を示している。それは何故《なぜ》かという点を解明することがこの際私にとっても欠かせないしごとであり、その理由が明らかになれば、それはエスペラントのみならず、言語学にとっても有益であろう。［こう考えながら、私は自らすすんで、この本を書くつもりになっていた。］

とすれば、これからエスペラントを少しはのぞいてみようという人たち――これは最も期待できる層である――に、しろうとによって書かれたこの本が、かえって親しみやすくはないか、そしてエスペラントの普及や宣伝に役立つかもしれないと考えた。どうもそのせいでか、エスペラントのプロ、達人、リーダーたちからはこの本についてこれという感想が聞けなかったのは残念だったがやむをえない。

これは意外であったけれども、よく理解のゆくことである。一般に専門家はしろうとの書いたものには価値なしとして無視する傾向があるからだ。

三　それでも尚《なお》プロのエスペランチストに読んでほしかったところ

エスペラントを実際にのぞいて見ることをせず、そのまえから、そんな、個人が作ったことばをやるのは無意味だときめている人は言語学者に多い。言語は、いつ誰《だれ》が作ったのかわからないところにありがたさが宿るのだと。その感覚は私も共有するところが無くはないので、なぜそうなのか、自分自身の解剖にとりかからねばならない。

そこで第一章ではそのことを中心に書いた。つまり「言語は自然か人工（人為）か」というテーマになるはずであり、いわゆる「言語神授説」をふりかえってみる作業である。私がそのあたりを延々と書くものだから、その部分の原稿を見た早坂さんは、本題のエスペラントに入らないのでイライラされたのが手にとるようによく見えた。すると私もそれにムッとなって、「ぼくはもうこの本書くのやめます」というような一幕もあった。

私はそれでもこりずに第三章でまた言語の基本問題にもどった。こうしたテーマは、その三年前に書いた『ことばとは何か――言語学という冒険』（ちくま新書［今は講談社学術文庫の一冊に入っていて、大学の入学試験問題にも時に使われる］）で展開した論点を引き継ぎ、さらに深めたものである。

四　エスペランチストと言語マニア

私としてはこうして力をこめて書いたところにはほとんど意見が寄せられず、かえって周縁的な説明のために持ち出した一つ一つの事例の方に多くの意見やそれは間違いだとの指摘が寄せられるのに少しがっかりしたし、またそれを受けとった早坂さんは、相当にハラハラされたらしい。一例をあげよう。

ザメンホフが生まれた町の名を私はビャルイストクと記した。そうではなくてビャウィストクとあるべきだという指摘である。何しろエスペラントは世界をおおう言語であるからエスペランチストの中には多言語につうじた物知りの人が多い。日本でもポーランド語の知識がだんだん広まってくるにつれて[l]に対する[ɫ]のオトをウで写す人が増えてきた。特に歴史家に多い。だからかつてはウラジスラフだったのが、ウワディスワフなどと書かれるようになった。私はそれに賛成しない。その理由は次のとおりだ。

ポーランド［語］のlは[l]—[ɫ]という対になった対立をなしている。前者は「軟いl」後者は「硬いl」と呼ばれる。軟いlは舌の前面が硬口蓋《がい》に広く接するのに、硬い方は舌の前面がくぼんで後部がuの時のように高い位置に持ちあがる。英語では軟いlを明るいと感じてこれをclear lと呼び、硬い方をdark lと呼ぶ。たとえば、英語のlittleでは、最初のlはclearで、最後のlはdarkであり、聴覚的にはかなりちがった音になる。だからといって、これを「リトウ」と仮名書きにする人がいるだろうか。

ポーランド語と同じスラブ語であるロシア語にも、この硬／軟の対立はあって、ドイツ語のHegelの語末のlは軟かく聞こえるから、軟かさを示す記号[ь]をつけてГегель とするのである。

というような説明をしていたら、これはエスペラントの説明をはるか越えてしまうのであるが、エスペラントについての読者は実に博識であるから、さまざまな質問に答える準備をしておかなければならない。他の言語の概説書の著者が全く経験しなくてすむ苦労である。たとえば、ドイツ語文法の著者が、ヘーゲルのルが、ロシア語ではなぜゲーゲリでなければならないかというような質問に遭遇したことがあるだろうか。

五　エスペラントでは体系（sistemo）と規範（normo）が一致する！

この本を書いている途中で、前からうすうす感じていたことが、一篇《いっぺん》の学術論文にしてもいいほどはっきりしてきた。それは議論の多い上の二つの概念が、エスペラントを題材にすることによってよく理解され、またそのことによって、これぞエスペラントだという特徴があざやかに浮かび上がってくることだ。それはソシュール以来の構造主義言語学で身動きならなくなった「体系」（sistemo）に「規範」（normo）の概念を加える試みで、これを提案したのはルーマニアの言語学者エウジェニオ・コセリウ（Eugenio COSERIU 1921-2002）である。

一例をあげれば、英語では take-took-taken というパラダイム［変化表］は、体系としてならば他の多くの動詞の場合と同様、take-taked-taked であってもいいし、またそれでよく理解し得る。ということは、それが体系に合っているからである。それにもかかわらず、文法はそれを誤りとし、教科書が定めた特別な形を求める。これをコセリウは規範と呼んだ。あらゆる自然（民族）言語は体系的にできているが、必ずこのように体系をこえた規範を含んでいる。——これが言語、特に外国語を学ぶときの困難を作りだすことはよく知られている。

この概念を用いれば「エスペラントにおいては体系そのものが規範であり、体系と規範が一致して言語である」と明快この上なく表現することができる。この定式を音声面に持ち出せばもっと興味ふかく説明できるけれど、あまり欲張らないでおこう。コセリウはエスペラントぎらいというううわさを聞いていたから、私は彼の前では一度もエスペラントにふれる話題を持ち出さなかったけれども、今考えてみると、ぜひ生前のかれにこの話をしてあげればよかったと思う。かれの提出した概念がいかに効力を発揮するかを。明快な論理は、その発明主の偏見をこえてはるかにすすむものだというみごとな例である。

しかし、問題は、このことが文化といかにかかわるかという点である。もしかしたら、文化というものは、体系としての言語のなかに絶え間なく、体系からはずれた規範を生み出して行くものではないかという問題である。大いに考える価値がありそうだが、あまり踏み込むと気分が悪くなるのでここで打ち切ることにする。

六　エスペラント辞典はどうあるべきか

私が、今回の本をいかに、くろうとのエスペランチストのせまいサークルでなく、ひろい教養層の手にとどけようとしたか、それはひとえに言語というものは、その使用に参加する人を増やさねば成り立たないという点にあるからだ。

私はエスペランチスト、とりわけそのツウがかえってエスペラントの広がりをおさえているような気がしてならないからである。

私は［二〇〇八年］六月一四日の集まりで、日本人の各家庭にエスペラントの入門書と辞書があるようにしたいと述べた。エスペラントはそれを実際に使えないとしても、世界の諸言語に通路を開く窓になり得るからである。

しかし、今回、日本エスペラント学会が総力を結集して編んだと言われる辞典は、エスペラントの常識を身につけた上でないと引けないようになっている。私は tagmezo が引けなくて、mezoから引くというのには驚いた。この辞典はエスペラントに慣れ切っていて、もはや辞書なんか必要としない人のためのものだ。scivolaをvoliで引けという。しろうとには、引いても出るんだろうかと不安になる。

これは英語で言えばunderstandを引こうと思ったらstandで引けというのと同じである。私はエスペラントをやりたい人に、いい辞書が出たからあれを買いなさいとはとても言えない。残念なことだ。一九八六年、UNESCOとUEA［世界エスペラント協会］が共催で行ったパリでのシンポジウムで同席したインドのKubuchandaniが、エスペラント運動がゴルフクラブのようになっているよといやみを言ったのを、苦々しく思いながらも真実が含まれていると思った。

以上、六月一四日の私の話に、いくばくかをつけ加えてここにまとめました。このような話をする機会を与えてくださったJEI［ヨエイ、Japan Esperanto-Instituto ヤパーナ・エスペラント・インスティトゥートの略称］の皆様に心から感謝します。

（『エスペラント La Revuo Orienta』２００８年11月　一般財団法人日本エスペラント協会）

自然と人工の間のことば

ことばは人間の活動のすべての分野にしみとおっている。だからことばが現れたり活動したりしている局面を、あますところなく見ようとすれば、言語心理学、言語哲学、言語民族学、言語社会学、さらにもっともっと、魅惑的な言語美学など、他の諸学とかけ合わせたような名前の研究分野を数かぎりなく作らなければならなくなる。しかしそれらから得られた知見を網羅したからとて、「ことばとは何か」という問いに、なっとくの行く答えを引き出すことはできない。

幸か不幸か、——いな、たぶん不幸なことだが、日本語には単数と複数を区別する文法カテゴリーがないから、人は「ことば」と言ったばあい、それを複数としてか、それとも単一のものとして念頭に置いているのかはっきりしない。

しかし、「ことばとは何か」と問うたばあいの「ことば」とは、特に説明がなければ人類普遍のことば、あえて言えばことばを使う能力のようなものを念頭に置いているだろう。この点では、ことばについて深い洞察を残した、古代ギリシャの哲学者たちだって同様であった。ことばとはかれらにとって、かれらの用いるギリシャ語だけがそうであって、そうではないバルバロイ＝夷狄《いてき》が口から発しているオトはことば以前の、鳥のさえずりにも似た何かだった。今進行しつつある英語グローバリゼーションが極に達すれば、ふたたびギリシャの昔にもどって、「ことば」といえば英語だけを指す時代がやってくるかもしれない。

このような時代には、ことばの学問は、論理学と哲学の中にすっぽり吸収されてしまい、あとは文字と発音の技術だけということになる。そうなった時、ことばそのものについての独立の学問は必要がなくなるであろう。

言語学が独立の学問として立ち現れるには、人類のことばが一つでなく、さまざまな民族が、それぞれ、やはり「ことば」をしゃべっていて、そのことばで、独自の文化を築いているのだと気づかねばならなかった。

このような時代が本格的に現れたのは、一八世紀から一九世紀になるころのことであり、それまでは「ことば」とは認められなかった「ことば」を「国語」としてかかげる諸国家が現れたからである。そうした背景があって、比較言語学が生まれたヨーロッパでは、諸言語が単に多様であるだけでなく、発生を同じくしていて、相互に親縁な系譜関係で結ばれているという見通しが得られた。

「親縁」だの「系譜」だのという用語からただちに連想されるように、これらは生物学の概念の転用である。諸言語への関心がにわかにたかまっていた一九世紀の中ごろ、諸学を先頭にたってリードしたのは生物学、とりわけ生物進化論であった。生物進化論をモデルにして、諸言語は、ある単一の祖語から規則的に変化をとげて、今のような多様なすがたをとるに至ったのであろうと仮定された。

その変化は、言語それじたいにそなわった、ある内的な法則によって演じられるものだとされたから、言語は、変化するための、みずからの生命をそなえているということになる。ここから言語は人間から独立し、人間に依存しない有機体（生きもの）であるという説が生まれることになった。この「言語＝生きもの」説は、今日もなお、ことばの問題についてはひとかどの見識をそなえていると自らたのむ、作家、言語評論家などの脳みそを占領して、猛威をふるっている。いわく、「ことばは生きものである。だから人間が外から手を加えるべきではない」としたり顔して説教し、あらゆる言語改革の提案を打ち返す武器にしている。かれらは小耳にはさんだ比較言語学の知識を、できるだけ自分の都合のよいように卑俗化してくりかえしているだけなのだ。

言うまでもなく、ことばが生きているように見えるのは、それを話す人間がいるときだけだ。そのことばを話しわかりあう人間の集団＝言語共同体が消滅すればことばも消滅するのであって、ことばだけが独立して生きつづけることはあり得ない。さらに、ことばが「生きている」状態とは、それが使われることによって「乱れる」ときである。いつも同じように話されて「乱れない」、したがって変化しないものはことばではない。このことを、コセリウという言語学者は、「変化はことばの本質に属する」と言ったのである。

考えてみれば、「ことば＝生きもの」説は、「ことば＝自然」説の言いかえである。

このような、ことばは人間とは別の独自の存在であるという説は、キリスト教圏では一八世紀の初めまでは主流をなしていた。神がことばを創って与えたとする、いわゆる「言語神授説」がそれで、一七七二年に若いヘルダーが「言語起源論」を書いてそれをくつがえした。

「ことばは自然である」という観念が、いかに深く人間の心性にとりついているかは、「エスペラント」のような、いわゆる「人工語」が提示されたときに、多くの人が訴える異和感、不快感のことを考えてみるとわかる。この異和感は、ことばという自然に手を加えるどころか、新しく「製造された」からという点にある。この感覚は決して無視できるものではなく、そこには、人間がことばに期待する何か本質的なものがひそんでいるような気がするからである。

言語は自然に属するという立場から、最終的に離脱する道を見出したのはF・ド・ソシュールである。かれは、自らの学問の形成期を、生物学のしっぽのついたドイツの言語学の中で過ごしながらも、スイスに帰ると、翻然として、「社会学的」と言われる言語観へとすすんだ。導きの糸となったのはデュルケームの方法であった。

では、ソシュールは、言語を自然や神様から人間の手にとりもどしてくれたかといえばそうではない。こんどは言語共同体という社会にゆだねてしまったからである。かれにおける「社会」とは、個人の自発性をおさえ込む、ひとえに否定的な力を加える装置となっていて、その役割は自然と同じ効果を発揮することになる。

この「言語共同体」という概念は、いろいろなことを考えさせてくれる。たとえば、人間はことばを手に入れることによって自由になるというが、問題は、それがどんなことばかである。人は決して「ことば一般」を与えられるのではなく、与えられるのはある特定のことばである。そして私が日本語を使っているのは自分の意志によって選んだのではない。気がついた時には、もうそれから逃れられなくなっている。与えられた母語のできがどんなに悪いと気づいても、それを拒むわけにはいかない。かつて上田万年が言ったように、自分のことばをとりかえることができないのは、母をとりかえることができないのと同様である。ことばには、このように窮極の不合理が内蔵されているから、母語を使う権利が基本的人権の一つに含まれるのであり、またその権利が侵されないようにする工夫が求められるのである。この問題は、少数の話し手しかもたない言語が話されなくなり、急速に消滅への道をたどって行くという問題とも関係している。少数者の言語をまもるという運動は、ある面で、生物学的エコロジーの考え方から影響を受けている。ここでもまた、言語を主体として考えるならば、事態の本質を見誤るおそれがある。問題は話し手個人の運命に深くかかわっている。

あれやこれやを考えてみると、ことばは窮極の不合理をやどしている。そしてその不合理は、ことばが多様であるという、ことばの本質に根ざしている。現代言語学の話題の中心になったチョムスキーがなし得た最大の功績は、この多様性を、一つの普遍のことばに還元する手続きを作ったことであると私は見る。ただしそれをなし得たのは、理論という紙の上においてのみである。だから、それは私には、言語についての新しい神学のように思えてしまうのだが。

言語学は、わくわくするようないくつもの思想的な冒険からなりたっている。今回、講談社学術文庫に加えられた、「言語学という冒険」を副題とする私の一冊（『ことばとは何か』）は、言語という目に見えない魔物の正体にさらに近づこうとして、年来の思いを注ぎ込み、やっと書きあげた卒業論文のような思いの産物である。

（『本』2009年5月号　講談社）

辞書に近代語の語源を

現代日本語（国語）辞典で、語源にふれているものはほとんど無いか、全く無いと言っていい。それは何よりもスペースの倹約という技術上の要求もあるかもしれないが、もっと本質的には、意味を構造主義的に記述しようという学問的な方針によるものだろう。記述は共時的《サンクロニク》でなければならないというソシュールの意を体するなら、語源を扱うのは、体系性を破るけがらわしいわざなのである。

そうでなくとも、辞書学、語彙学は、ことば学の中でも、最も体系的になりにくく、頭よりも腕づくの仕事だと思われているから、学問的だと見せようとすれば、語源を扱うのは論外だということになる。

そうすることによって、たしかに意味の記述は、いよいよ体系的で精緻で、かつてのように同語反復におちいらないですんでいる。こころみに、「左」という基礎語彙はどう説明されているだろうか。

南を向いたとき、東にあたる方。(『広辞苑』〔第四版〕)

この説明は、たとえば『言海』の『人ノ身ノ、南へ向ヒテ東ニ當ル方」という説明の伝統を引いたものと思われるが、これじたいはなかなかよくできている。たとえばモンゴル人はゲル(包《パオ》)の入口をいつも南に向けて設けるから、「南」は「前」と同じ語で表わされ、「東」は「左」と同じ語で示されるという事実も参考になる。

この伝統的な説明は、意味記述の清新さを誇っているらしい『新明解国語辞典』だとこうなる。

アナログ式時計の文字盤に向かった時に、七時から十一時までの表示のある側。

ここからさきに、さらに手のこんだ説明があるけれども、それは割愛して、なぜ文字盤など持ち出したのかといえば、もし「南を向いたとき」と言ってしまえば、その「南」の説明をしなければならなくなるからであろう。

では、「南」はどう説明されているかといえば、この急進的な『新明解』ですら、東に向かった時右の方向の称。

としているから、ここでは「東」の定義を前提としている。それでは、「東とは……」と、またもや説明が必要になる。

科学では、定義すべきものを、定義されないもので説明してはならない。そこで、ここに持ち出された「文字盤」は、定義不要と考えられたのであろう。

こうした血のにじむような工夫をこらした「左」の説明に対して、以上あげたものよりはさらに最も新しい二〇〇五年の杉本つとむ『語源海』（東京書籍）の無造作ぶりはきわだっている。

食事のとき、茶碗をもつ手のほうをさす。

まず、世の中の人すべてが右ききとはかぎらないじゃないか、これでは「サベツ的」だと糾弾を受けるおそれすらある。

こうした例外はあるにせよ、それぞれの辞書がどんなに工夫をこらしているかがわかる。しかし、そうした苦労は、むくわれるのだろうか。つまり、国語辞典を引く人のうちのどれだけが、わざわざ「左」だの「南」だのを引くだろうか。もしかして一生引かないかもしれないではないか。

さて、急進的な『新明解』から、ふたたび旧式な『広辞苑』にもどろう。そこには、「左」は「端・へりの意のハタ・ヘタが転じた語か」と推定語源がつけられている。

かつて三省堂の『コンサイス外来語辞典』の編集に加わった際、私はいくつかの項目にあえて「?」をつけ、不確定であることを示したところ出版［者］側は、辞書は規範的なものであるから「?」はつけないでほしいと注意した。これは、今の学校教育の態度と一致している。教科書の記述には、いっさい不確定な部分があってはならない。知識は与えられるものであり、それに対して疑問を抱いて、考えこんだりすることを前もって封じているからである。

この点からみると、大野晋さんの『岩波古語辞典』は、何という大胆さと奔放さに満ちていることだろうか。

大野さんはこう書いている。「ヒダリは太陽の輝く南を前面として、南面して東の方にあたるので、ヒ（日）ダ（出）リ（方向）の意か」としている。この「か」は前述の『広辞苑』の「か」よりもずっと大胆なものである。

生前大野さんには、私はずい分いやみなことを書いたけれども、このような大胆さには、私はひそかに拍手を送っていたのであるが、大野さんにはたぶんとどかなかったであろうから、残念で申しわけなく思う次第である。

さて、ここまでは、以下私が言いたいことの長い前おきである。

今日辞書を引く人は、一九六〇年代以降、辞書学者が求めたような記述的意味や、始原にさかのぼる語源ではなく、もっと切実な「現代語源」とでもいうべきものを必要としている。この点でフランス語の『プティ・ロベール』や、ドイツ語の『ヘルマン・パウル』第九版（一九九二年）には見習う点がある。たとえば「言語学《ランギスティク》」という語がいつ頃誕生し、どのように用いられたかの説明がある。これによって、言語学は特定の時代の産物であることが示唆される。

こういうことを書いたのは、昨年［二〇〇九年］出した『ノモンハン戦争 モンゴルと満洲国』で、私はこの二つの国はいずれも「傀儡」国家だと特徴づけた。この語はおそらく西洋の政治用語を翻訳して作られた、極めて人工的な作品であるから、いつ、誰が、どのような必要から用いたかの説明がほしいところだ。これについては、前述の仏独語の辞書も、また頼りにしている『小学館ランダムハウス英和』も何も教えてくれない。

それからまた最近、オバマの演説で、なつかしい、「日米は運命共同体」だということばを聞いたのでどきっとした。なぜどきっとしたかといえば、かつて中曽根［康弘］が、日米の関係をこう表現したからである。オバマは中曽根の言い方をなぞったのか、それとも、別のところから持ってきたのだろうか、大変気になるところである。オバマは、日米関係という点では、中曽根を継承しているのだろうか。

しかしはっきりしているのは、この語は二人のそれぞれの発明ではない。一九世紀の終わりから二〇世紀の初頭にかけて、言語と民族の関係がしきりに論じられた際に、ドイツ語圏でしばしば用いられたことがはっきりしているが、ここで具体的な指摘へと進むのはひかえる。

言いたいのは次のようなことだ。辞書の編さん者たちは、あまりにも禁欲的な「共時主義《サンクロニズム》」、「記述主義《デスクリプティヴィズム》」に閉じ込もって、理論的、原則的であろうとしたために、読者・利用者をもその中に閉じ込めることになり、その結果は、辞書をあらためて引く用のない、つまらないものにしてしまったことだ。

辞書は規範的であるのはやむをえないとして、もっと挑戦的で解放的な面をもたないと、それを引く意味も、魅力もない道具になってしまうのではないかとおそれる。辞書が進化すべきときなのだ。

（『ｍｙｂ』２０１０年春　みやび出版）

原題「リレーエッセイ・辞書のはなし①辞書に近代語の語源を」

言語からみたジェンダーの問題《講演録》

一

オトコとオンナという生物的区別を英語では'sex'と言います。言語はこのような、いわば「自然の」区別に対応する区別を文法の中に、そのまますなおに反映することもあれば、そうでないばあいもあり、またそのような区別もたてにくいのに、むりやり区別してしまうことがあります。

ドイツ語を例にとりましょう。Vater（ファーター：父）は男性でMutter（ムッター：母）が女性なのは、特におぼえなくても、すぐにわかります。それは、この区別が「自然性」の区別にもとづいているからです。ところがMaus（マウス：ねずみ）は女性でHase（ハーゼ：うさぎ）が男性となるとこれはむつかしい。おぼえてなくてはならない。

また、「手」と「足」とは、どちらがオトコでどちらがオンナでしょうか。Hand（ハント：手）がオンナでFuss（フース：足）がオトコです。ドイツ語にはこのほかに中性というのがあって、Kind（キント：こども）が、まだオトコ、オンナに分かれる前の段階だから、これは中性として扱うというのはわかります。しかし、Löffel（レッフェル：スプーン）はオトコ、Gabel（ガーベル：フォーク）はオンナなのに、Messer（メッサー：ナイフ）が中性というのはよくわかりません。

それなのに、この性の区別をきっちりとおぼえていなければならないわけは、それによって冠詞も形容詞も別々の変化をするからです。つまり、この性の区別を知っておかなければ、簡単な会話にも不自由するからです。ロシア語ではその上、動詞の変化にも影響が出てきます。「お父さんがこどもをなぐった」というのと、「お母さんがこどもをなぐった」というのでは、「なぐった」という動詞が別の形をとるのです。

このような、「文法における」性の原理は、「インド・ヨーロッパ諸語」に属する言語の全体をつらぬいています。ただ英語は、この区別をすててしまったために、文法はすこぶる簡単になっています。いま文法の「区別をすてる」と言いましたが、別の表現をすると、「規則を乱し」破壊してしまったのです。乱れを起こすのは、たいてい子どもです。だから子どもがこうした「乱れ」を起こしたとき、おとなたちは、こどもをどんなに叱りつけたでしょう。とりわけ英語で「おまえ」も「あなた」も同じyouですませるようにしてしまったときなどは。だけど英語が今日のようになれたのは、この「乱し、破壊する」力が大きかったおかげです。私の好みの言いかたにしたがえば、ことばを発展させる力とは、乱す力なのです。「乱れ」の話はここできりあげて、性のはなしにもどります。

二

文法すなわち、言語がたてる性の区別は、自然に存在する性とは別の原理にもとづいているということがこれであきらかになります。このことから、文法学者は、sexということばではとらえきれない、「生物学をこえた」別の原理、すなわち、言語の原理にたった区別の用語が必要だと思うにいたります。その結果生まれたのが、'gender'という用語なのです。その用語「ジェンダー」が生理的区別を超えた領域へとおよんで来た次第は皆様の御存知のとおりです。

三

ことばの土台である文法からはじまった類別が、言語表現の全体にまでおよんでいる言語、たとえばドイツ語、ロシア語と、それを文法から追い出してしまった英語とでは、フェミニズム運動がとる方式や作戦も大きくちがってきます。

たとえば英語ではchairman（議長）に-manという、もとはオトコだけを指す単語が入っているのはけしからん、オンナだってなることがあるんだというので、まずはオンナを表すchairwomanが生れ、次いでオトコ、オンナ両方を含み得る単語を作ってchairpersonと言うようになったはなしはよく知れわたっています。こうなったのは一九六〇年頃かららしく、フェミニスト運動のたかまりを示しています。こうなると、－manで終わる単語はすべて追放し、－personで入れかえなければならなくなる。私が英語の習いはじめにおぼえたmailman（郵便屋さん）もmailpersonでなければならなくなりました。私の生きている間に、英語がこんなに変ったので驚いています。

日本語にもこの波にのって、「看護婦」さんは「看護師」さんと、性の区別のない表現に移りつつあることは、日々経験するところです。日本語にはもともと「性」は文法カテゴリーに組み込まれていないので、語彙的手続きによって、性別を絶滅させる方向に向かうのは英語と同様です。

四

ところが、性の区別が文法全体をつらぬいているドイツ語とロシア語ではどうでしょう。そこでは絶滅させるのではなく、区別をますますきわだたせる方向にすすんで行くのです。それは英語でいえば、chairmanに対して、chairwomanを作った段階にあたります。

たとえば、学長はRektor（レクトア）という男性形しかなかったので、Rektorin（レクトーリン）と女性形をつくりました。ドイツでは、学長も新聞広告で募集することがあるので、そのばあい「［一人の］学長、あるいは女学長を求む」としないと、「オンナを追い出した」とおこられるおそれがあります。

三十年ほど昔の日本の記憶ですが、「社長のかたわらには美人の女秘書がひかえていた」とあるとき新聞が書いたら、この「女秘書」はずいぶん人をおこらせました。なんで「秘書」のまえにわざわざ「女」をつけるのかと。「美人」とともに「女」を特別あつかい、サベツしたという意味でしょう。

しかしドイツ語では「秘書」を単にSekretär（ゼクレテール）と書いたら、皆がフンガイします。それは男性形であって、女用にはSekretärin（ゼクレテーリン：女秘書）という女性形を使わないといけないのです。ロシア語では名詞の女性形は、社会主義時代にはあらゆる領域に及んだ結果、тракторист（トラクトリスト：トラクター運転手）に対して、трактористка（トラクトリストカ：女トラクター運転手）という形さえ産み出しました。

五

以上で、「ことばとジェンダー」を考えるばあいに、性差を消し去る方向ときわだたせる方向と二つの方向があることを述べました。さて日本語では、ひたすら消し去る方向をよしとして進んできましたけれども、「きわだたせる」方向も考えてみたらいいと思います。そのとき、なぜ「きわだたせる方向が日本では始まらないのか」という問題が出てきておもしろいと思います。それは、日本文化に特有の「個性を消し去った上での平等主義」イデオロギーと深くからまりあった結果であることは明らかで、大いに議論の必要なところです。

六

この世に存在するもののすべて、いな、存在すらしないのに人間が想像によって、存在すると思い描いたすべてのものを、オトコ、オンナに分けて考えるのは、古代、存在のすべてが生きていると考えられたからです。しかし生あるものにはかならず「不生」、すなわち死の状態が想定されます。古代インド人のサンスクリット語には、「生きて動く水」と、「死んで動かない水」とを区別して、両者は別の名を与えて区別しました。

こういう研究をしたのはフランスのアントワーヌ・メイエ（一八六六―一九三六）という人です。ここではちょっとメイエの話に耳をかたむけましょう。

たとえばラテン語で例を見れば ignis（火）はオトコで aqua（水）はオンナです。これはインド・ヨーロッパ諸語を話していた古代諸民族の神話世界を反映しています。そこではつまり、水も火も、性を帯びた生きものとして受けとられていたのです。

ところが、より新しい時代になると、神話世界から脱出して、モノを神ではなく、モノとして見る、より唯物的、客観的な自然把握の態度が出てくる。そうすると、モノはもはやオトコ、オンナの区別をすてて、文法的に中性ととらえる段階が現われる。ギリシャ語では pyr（火）も hydōr（水）も中性になっている。またドイツ語でも Feuer（フォイアー：火）、Wasser（ヴァッサー：水）のいずれも中性になっているのは、これらの言語では、古代インドや古代ローマにあった神話的世界からの脱出と物質化が行われたせいだというのがメイエの大筋での考え方です。

メイエのこの研究は、今からおよそ一世紀近くも前のものであり、私がこのフランス語の論文を読んだのは、およそ五十年前の学生時代のことで、それ以後この分野の研究で、どのような進展があったたか、お話することはできません。しかし一九三〇年代のソ連で、V．アバエフという言語学者が、言語は近代化にともない、どんどん脱イデオロギー化して、いっそう技術的な面が強く現れるであろうと考えたことと、メイエの言語研究との間には何か平行関係があるように思われます。

以上の論議は人類言語の発展にかかわることであり、いまの「ジェンダー問題」に直接役立たないじゃないかと考えるむきもありましょうが、「ジェンダー問題」もまた人類史の重要な一面に属するものですから、以上の私がお話したことが、かならず、本質的な面で貢献するはずだと思います。

七

最後にここで世界の言語問題からすれば、いささか普遍性にとぼしいのですが、漢字を使わない世界の他の言語の人には全く通用しない漢字における性の扱いという興味深い問題を考えてみましょう。

オンナへんは、「妨害」、「妄想」、「奸計」、「嫌疑」、「嫉妬」など、かんばしからぬ意味で多用されています。また「娯」「宴」などは、オトコから見ると、なんでこのような場面がオンナに独占されていて、オトコが出てはいけないのかとむくれてしまいます。そうして「女秘書」ではひどくおこるオンナたちが、なぜ、こんな漢字を放置しているのか、私には釈然としないのであります。

この問題を考えるばあいの立場ははっきり二つに分かれます。一つは開催趣旨に引用されているように、「漢字それ自身に差別の意味はなく符号に過ぎない」として、現状をそのまま受け入れてしまう立場です。ここで「符号」ということばを「習慣」といいかえてみましょう。「符号」とはある概念を、これこれの「ことば」、「これこれの文字で表すという」習慣のことです。だから、言語とは「習慣」の体系であり、このような習慣のことをデュルケムやソシュールは、「社会的事実」という用語で、社会学のなかに定着させました。それは、個人の外にあって個人を超え、そうして個人に対して絶対的支配力を及ぼす「力」のことを表わします。それは個人の精神も支配下におきます。だから、決して「符号に」「すぎない」と言えるほど軽いものではないのです。こうした、個人の意識をしばる言語にむかって変革をせまる運動は、およそ変革運動のなかでも最も困難な課題の前に立っており、ソシュールもこのことから「言語には革命は生じえない」と言っているくらいです。それをあえてやろうという第二の立場は、いつも良識ある世間から子どもじみた思いつきとしてせせら笑われます。

しかし、ここがだいじなところなのですが、それにもかかわらず、すべての言語は習慣を破り、古いイデオロギーを捨て去って、文法すらも作りかえてきた歴史をもっています。いな、変わらなかった言語はこの地上には一つもないのです。しかし漢字は変わらなかったというよりも変わらないものとして守られてきた長い歴史があります。それは変わらなかったというよりは、変わることを好まず、許さないぞ、という人間の意識のたまものです。この「意識」がどこからやってくるかを考えて行くと、社会と文化を成り立たせている根源の問題につき当たることになります。

参考文献

田中克彦　２００１年　『差別語からはいる言語学入門』、東京：明石書店。２０１２年ちくま学芸文庫。

Meillet, Antoine 1958. “La catégorie du genre et les conception indo-européennes”, *Linguistique historique et linguistique générale*, Paris: Champion, pp.211-229.

（『アジア太平洋研究　研究紀要』２０１１年11月No.36　成蹊大学アジア太平洋研究センター）

日本語と漢字

英語という外圧

いま日本語は英語の圧力によっておびやかされていると多くの日本人が感じている。心ある親たちは競ってこどもたちを小さいうちから英語の塾などに通わせて、新しい時代にそなえさせようとしている。いな、もはや個人のそういう努力だけでは追いつかなくなっていて、いまや公教育によって人工的につくりだした英語の小世界の中で、こどもたちに英語耳をさずけようとして、小学校から英語を教えることにしている。最終的にはこのようにして、耳だけでなく、ココロも英語ごころ、いな、英語だましいに仕立てあげようとしているかのようにさえ見える。

それに対しては、日本語の基礎もかたまらないうちに、外国語浸しにするのは言語能力の発達にとって有害だという批判がある。こうした早期バイリンガル教育が、こどもたちにとっていいか悪いかという議論は、言語学における古典的テーマの一つであるが、私はそれには答えられない。たとえそれがいいからと言われても、多くの日本人が、もう一度、英語を話す外国人と結婚をやりなおして、バイリンガル家庭を作るというわけにはいかないからである。

ちょっと寄り道になるが、私はまたこういう話も思い出す。ある時期、ドイツの若い学徒たちが、英語国の女たちと結婚したがったということを。というのは、英語で書いた論文をただで見てもらえるからであって、女としてはちょっとまずいと思うところがあるとしても、学問的な栄達のためにはそんなことはがまんするねうちがあるかもしれないからである。私はこの話をおそろしいことだと思って聞いた。というのは、ドイツ人はたいていびっくりするくらい英語がうまいのに、そうまでしなければならないとしたら、日本人はどうしたらいいのだろうかと。

また古い話にもどると、帝政時代のロシアの貴族たちが、当時ロシア語は人間のしゃべることばじゃないと考えていたから、フランス女の家庭教師を招いて、こどもが生まれるとすぐにフランス語で日常的に育てたというが、そういうまねができるほど、すべての日本人が金持ちというわけでもない。

このような例を見ると、外国語、このばあい英語の教育の問題は、階級問題としても扱えるテーマである。そして私自身は、金持ち階級に属していないのだから、日本が何が何でも英語が大いばりできる国になってはこまる。やはり、日本語を思いっきり応援しなければならない立場にいるのである。

日本語共同体をにぎやかに

そうなると、次は、この日本語なるものが、英語に対抗できる力をもっているのかどうか、もし、対抗力が十分でないとしたら、どうしたらいいかという問題になる。これは英語の圧力という外からの問題ではなく、日本語そのものの、いわばうちわの問題である。

英語さえできれば金がもうかる、職も得られるという、この状況は、私の力では変えることができない、私のしごと、専門の範囲ではそういう外界のことはどうにもならないから、いまは、日本語そのものをどうしたらいいかという問題にとどまらざるを得ない。といっても、日本語もまた私の一存ではどうにもならない。日本語は、それで作品を書いて利益を得ている作家と、言論出版、ジャーナリズムが結託して作っている権力組織、さらに何よりも国語教育業界に支配されているからである。

その組織がいかに強固であろうと、日本もまた国際労働市場の中に組み込まれていて、いまや、日本語を母語としない、日本人以外の労働力をあてにしないではやって行けない状況がおいおい到来しつつある。どんなに多数の外国人が押し寄せて来ようと、日本国民みずからは、それら外国人のことばをすいすいとおぼえるような才覚をさずかっていないから、コミュニケーションはやはり日本語でやることになる。この日本人の不器用さが、かえって日本語人口を増やし、日本語の勢力を強くする助けになる。

この二十年来、さかんに議論されていることは、二一世紀中に、今話されている、世界じゅうで七千ほどあるという言語のうち、半分は消えさるという予測である。日本語は消えないとしても、こんなに日本中が浮き足立って英語の勉強へと殺到すると、やはり不安な気持がいっそう高まるのは自然なことである。

このような時代だから、外国人であって、日本語をどの程度であれ、学んでくれるという人がいれば、それは日本語勢力に加わってくれる、心強い援軍だと思わなければならない。いまだんだん明らかになっていることは、どんな言語でも、外国人がすすんで学んでくれないような言語は力が弱くなってほろびるということである。英語を見よ！　英語は本国を離れ、植民地に出て、さらに有力な独立国にまで、大衆的に学ばれる言語になっているではないか。

「国語」ではなく「日本語」を

日本ではひと昔まえまでは、「日本語」という言い方は、どこか新らしがりやの軽薄な人間の言い方であって、まともな人は「国語」と呼ぶものだというような感覚があった。

学校の教科ではいまも「国語」と呼んでいるかもしれないが、このいい方の中に、日本語は日本人だけのものだという偏狭な考え方があらわれている。

旧式の「国語学者」たちは、日本語には、日本人のたましいが宿っており、これは異族にはわからないものだと言っていた。それはそうだとしても、だからといって、異族に使ってもらえないような言語では、もはや生き残りは期待できない。もともと言語の役割は、異族であれ同族であれ、人間と人間との間に気持をつたえあうところにあるのだから、その役割を果せないような言語は、もはや言語ではないということになってしまう。

とにかく、その草むした国語学者たちが、いま墓からぬっと現れて、いまの日本語の状況を見てどう思うだろうか、何よりもまず、多くの外国人が日本語を使って暮していることには驚くだろう。

日本語が使えるという偉大な事実の前には、それが何じんだろうがかまわない。もとの日本人だってかなわないようなうまい日本語を使う外国人・異族はめずらしくない。そこで私は、この人たちのことを「日本語人」と呼ぶことにして、だいぶん前から使っている。

これら新しく日本語共同体に参加した日本語人の特徴は、単なる「日本人」とはちがって、日本語以外の「母語」をもっている。これらの母語は、日本語を使う際にも、当然、潜在的な影響力をもって、日本語にもその独得の色づけを加える。もともと排外的な心性の持ち主は、それを好まないかもしれないが、これからの日本人はむしろその言語的背景に関心をもつよう訓練しなければならない。そのことによって、日本語は鍛えられ、豊かになるきっかけを持つのである。事実近代日本語は、外国語の言語作品を翻訳することによって、新しい表現を持つことになったのではないか。

「日本人」ではなくて「日本語人」に

日本語人が誕生する動機はさまざまである。生活のため、やむなく日本語を身につけた人もあれば、好んで、こころざしを持って日本語を学んだ人もいるだろう。

動機はさまざまであれ、とにかく日本語人共同体はいっそうふくらんで大きくなってほしい。といって、私はそのために金をばらまくわけにはいかない。そのかわり、私にできることは、なるべく多くの外国人が、日本語人になりやすいような条件を考えることだ。

考えておかねばならないのは、これら新「日本語人」が、日本語以外の言語を自由に駆使できる能力をそなえているという事実であり、そのことは決して欠点であるどころか利点である。だから、原「日本語人」としては、日本語以外に何か、異族の言語を知っておかないと彼らと対等にはならない。そういう意味では、英語でもなんでも、ちょっとかじっておくのは悪いことではない。いやかじっておいた方がいい。

そうするとはじめて、日本語がいかに単純でいいことばかがわかり、それにもかかわらず、いかに使いにくいように工夫してあるかがよくわかる。ゲーテも言っているように、「外国語を知らないものは自分のことばもよくは知らないのだ」という教訓はやはり真実をふくんでおり、役に立つのだ。

いまや使いにくいことばは、学びにくいことばは、国際競争の場で負けなのだ。どんなことばも、それを身につけるには一生かけても足りないくらいの時間と金がかかる。それでも、この言語を学ぼうと決意して選ばれただけでもその言語にとってはしあわせである。

母語のほかに何か外国語をやってみると、自分の言語、私たちのばあい日本語がどんなことばか、どんな利点と欠点をもっているかがはっきりとわかってくる。そしてこの経験は日本語の向上のために役立てなければならない。そういう努力をしないままに、その欠点をかえってほめそやしてみたり、または、日本語は亡びるなどと言って喜こんだりしているだけでは、何のために外国語を学んだのか、その苦労が生きてこないではないか。

自立した日本語をめざして

いまここでは「日本語を学びやすく」という大ざっぱな言い方をもう少し正確に言いな

おしておかねばならない。たとえば私はドイツ語は英語よりもむつかしいと思う。それは文法――主として形態論の部分のカテゴリーがより豊富で複雑に分岐しているので、同じことを言おうとしても英語の数倍の努力がいると思うからである。だからといって、ドイツ語の文法をやさしく単純に作りかえることなどはできない。それはもはや別の言語を新しくつくることになるからである。エスペラントは、まさにそのような発想から生まれた［作られた］のである。

言語そのものは学びやすく作りかえることはできないけれども、その言語を表記する文字は、より学びやすいように変えられるし、かえなければならない。ふるいものをそのままにしておいたらその言語にとって多大の損失になるからである。げんにドイツ語は、もうあれ以上簡単にはできないというほどよくできた正書法を持っていながら、二〇〇〇年にはさらに改良した。それはß（エスツェット）の字をやめて、できるところはss（エスエス）に統一したのである。この改革に、尊敬すべき多くの作家たちが反対した。ガストン・パリスが述べているように、作家は常に文字に対して保守的だから、かれらに口出しをさせてはならないのである。

もう二百年も前に、日本の蘭学者たちがはじめてオランダ語を学んだときに、「十歳までにはすべての文字を身につけられる言語と生涯かけても知りつくすことのできない文字で書かれた言語」との差をなげいた。

それ以来、絶え間なくこの問題が持ち出され、議論され、そして結局は、何事もなかったようにもとにもどる。結局、ほとんど進歩がないのである。だから私もこの議論をするのは気がすすまない。

私は戦争とともに国民学校（今の小学校）生徒となり、国語教育をうけ、敗戦とともにいろいろと文字改革があり、今日に至った。そのかん、いぬ（犬）とゐど（井戸）の区別をしなくてよくなり、體でなくて体と書いてすむようになった。もうもとにもどりたくないのに、そうしないと日本語の品位がたもてないとさえ言い出しそうな作家や文化人が現れ、いまはその亡霊のみならず、比較的若い文化人の中にそのような人が再生産されている。

こういう傾向があらわれたのは一九七五年頃からで、そのつど、私はその傾向を担った人たちを批判してきた。しかし傾向というものはやがて大きな潮流となって現れるものだが、その潮流を持ちあげ担うのは、もはや文筆家個々人というよりは、文筆家の巣くうジャーナリズム、とりわけ新聞である。

七五年当時、私は好景気に水ぶくれした反動的時代がもたらした、一種の「漢字水ぶくれ」現象だと思っていた。日本の経済が隆盛であれば、どんなに日本語をやるのが厄介でも、外国人は学んでくれるからだと思っていた。つまり、豊かさがもたらす保守反動のふんいきだと思っていた。しかしそれは私の、きわめて浅薄な観察にもとづく判断だということに最近気がついた。

漢字の牢獄は住みよいか

いまは七五年頃の好況とは対照的に、不況、しかも危機的状況にある。とりわけ出版界のみならず、新聞すらも読者が減りつづけ、この不況の重要な一部をなしている。

こうした状況の中で、作家たちは、使える漢字が足りないと泣きごとを言いはじめた。いったい、読むことはできるが、自分で書くことができず、キカイに書いてもらわなければならないような漢字をえんりょなく使えるようにすることが、日本語のちからを高め、日本の言語文化を豊かにすることになるのだろうか。

作家にやってもらいたいことは、漢字にたよらなくてもやって行ける日本語をつくる、その見本を示してもらうことのはずなのだが、これはいったいどういうことなのだろうか。

作家たちの漢字好きは、もしかしたら、日本語の流通域をどんどんせばめていることにならないだろうか——とこう考えてくると、漢字を増やせというもの書きたちと、それに調子をあわせた一部の新聞の要求は、行きづまった彼らが危機に直面した際に見せる自己防衛だと思われる。

一九七五年の日本語論ブームは好況に思いあがった気分から現れた現象だったが、こんどのは、英語第二公用語論に追いつめられ、また日本の文学が特別保護区の防柵をとりはずされ、冷たい外気にさらされたときの防禦本能によるものではないだろうか。

日本では漢字は権威と学識の象徴としての役割を演じつづけてきた。その権威はまた天皇制言語作品とミリタリズムとも融けあっている。

こうした漢字復権の気分をささえているのが、「漢字文化圏」論である。漢字文化圏論は、一面では漢字の権威のみならず実利面をもささえ、じつは世界のごく一部だけに限定された、漢字の国際性を強調する役割をもっている。

しかし東アジアの歴史を深くさぐってみると、漢字文化圏は、たえまなく衰え、縮んで行くプロセスをたどって行っていることに気づいておかねばならない。歴史上漢字文化圏と直接接してきた、突厥、契丹、女真、西夏、モンゴルなどの諸民族は、例外なく漢字を拒否し、自らの文字を作って漢化されないように抵抗したし、二〇世紀になると朝鮮族は、一五世紀に起源をもつハングル文字によって、ひたすら、脱漢字文化の困難な道を歩みつつある。そして日本の知識人は、心底では、朝鮮人のこの言語革命を憎み、できることなら失敗することを願っているらしい様子が感じられる。日本語の創造の現場にいる人たちが、このような心情を抱くことすら恥ずべきである。

漢字文化圏からの離脱の道

いったい文芸家たちは、どれだけ漢字があれば満足するのだろうか。おそらく、いっさいの制限のないことを望むだろう。というのは、原理として漢字の数は無限でなければならないからである。それは概念を表わす以上、新しいテクノロジーが新しい概念を発見するたびに新しい文字を作らねばならなくなるというのが、漢字の本性にひそむ要求だからである。

人類は歴史の相当に長い期間を、そうした無限にある概念と生成する意味に、それぞれ新しい文字を考案してあてがい、それをすべておぼえるという文字の牢獄の中に住みつづけてきた。ところが、言語の研究がすすんで、音素という概念の発見へとたどりつき、三十前後もあれば、どんな言語でも書き表わすことのできる音素文字によって、この文字の牢獄からの脱出を果した。日本ではその脱出口が一〇世紀には確立されたのである。

フィリピンやインドネシアから、こころざしをもって看護や介護の作業に参加したいという人たちを待ちうけていたのは、日本語という、こころにしみる、やさしいことばではなくて、漢字という、記憶力の浪費と無限の負担を強いる牢獄であった。

あのなつかしい字、あの味わいある字も使えるようになったと、牢獄の居心地をうたいあげるもの書きや、それと結んで一杯きげんになっている新聞作りの人たちは、いったい、日本語の未来にどのような展望をもっているのだろうか。

私にとって日本語と漢字というテーマは、できることならさけたい、手ごわい問題であるが、どうも、この一、二年のできごとを見ていると、日本語は、この問題で、これまでとは異なった新しい試練を受けているという思いが強い。そこでやはり、私の考えていることをとりあえずまとめておいた方がいいと考えたのが本稿の執筆の動機である。

この一文は、漢字にひそむ本質的な問題に切り込む手前で終ってしまったうらみがある。それについては近く予定している一冊で論じてみたい。

（『国文学　解釈と鑑賞』２０１１年１月　至文堂編　ぎょうせい）

【二〇一八年の追って書き】

この近く予定している一冊とは、『漢字が日本語をほろぼす』（角川ＳＳＣ新書二〇一一年）と、その新版『言語学者が語る漢字文明論』（講談社学術文庫二〇一七年）のことである。

ローマ字運動の理想と現実

日本にローマ字運動が生まれてから百二十年以上がたった。日本語の書きことばをローマ字でつづろうという運動である。

あらゆる運動には、一方には運動を生んだ現実と、他方には運動が思いえがく理想とがある。現実とはその運動が生まれた背景のことである。

運動の中でも、ことばについての、ことばをあらためようという運動は、他の社会運動とくらべて、おそらく最も困難なものの一つである。まず、それはひとりだけではじめられない。なぜなら、ことばは一人だけでかってに使うことはできないから、ことばによって伝達できる伝達共同体、ぐたいてきには、言語共同体というものの存在が前提になっているからである。

その言語共同体というものはきわめて保守的であって、こどもはまだ自由だが、おとなでもとびぬけて革新的な人が、変わった言い方をしたとき、まわりから無視されたり、制裁をくわえられるのを覚悟しなければならない。自由であるこどもは、何か変わった、おもしろい言い方をしようとこころみながら、日々成長するのだが、おとながそれを目ざとく見つけて、そんな言い方をしてはいけませんと罰を加えるのである。言語においては革新的なことはすべてまちがいとされるからだ。

このことを言語学者のF・ド・ソシュールは、「言語はすべての社会制度のうちで独断専行に左右されることのもっともすくないものである。それは社会大衆の生活と一体をなす——そしてかれらは、ほんらい無気力なものである」という。「この顕著な事実は、革命の生じえぬことを示してあまりがある」(小林英夫訳『一般言語学講義』一〇四ページ)と説く。

厳密にいうと、ここに言われている「言語」とは「文字」のことではない。だから、このソシュールの言うところをそのまま文字のレベルにうつして言うことは、ソシュールの意図そのものにそむくことになるのだが、しかし日本では、ことばは口でしゃべり、耳で聞くよりも、「目で見るもの」として教育されてきたから、じっさいには、言語と文字は、一体とは言わないまでも、ほとんど同じとして見られている。この伝統を育て、それをますます固くしたのは、漢字・漢語の素養を強調してやまない作家たちであった。

さて、日本でローマ字運動がうまれたころは、日本語の近代的な書きことばの成立期、すなわち「言文一致運動」の時代とも一致していた。読み書き人口が今日より相対的にすくなく、また書く習慣もすくなかったから、書きかた——漢字、送りがな、かなづかいなどの規範——の定着度は今日よりもはるかにゆるかった。だから、ローマ字で日本語を書きあらわそうという運動が、地歩を得る余地はまだまだあったのである。つまり、当時のローマ字運動は、理想主義であるとともに、はるかに現実的な背景があった。言いかえれば、ローマ字運動が、漢字、かなもじと対等にきそいあえる現実があったのである。

そのころとくらべるならば、今日のローマ字運動は、より多く理想主義によって支えられる、「老人マイノリティー」ともいうべき層の運動になっていると言ったら、まちがいだろうか。

今日では、「漢字かなまじり」の日本語こそが最も好もしいという主張がどうやら、主流になっているように思われる。それは教育が普及して、国民のほとんどが、今のような漢字かなまじりになじんだだけではなく、漢字をよく知らなくても、キーを押せば自動的に漢字を書いてくれる道具が出現したからである。この道具＝キカイたるや、困ったことに漢字で書いてほしくないところまで、かってに漢字にとりかえるようになっているところからすると、もはや漢字教育・漢字指示という「命令的機能」まで負っていると言ってもいい。私の書く文章も、とくべつに注文をつけないと、キカイがどんどん漢字に変えてしまう。困ったことに、そのうえ、出版にあたる編集者は、今やこのような漢字書きキカイのドレイに化してしまっているのである。

あらゆる運動は理想主義的でなければ、そもそも運動をやる意味はないけれども、しかし、現実という背景なしには存在もしないし続かない。で、ローマ字運動が生まれた百二十年前と今とでは、その現実という背景は大きく変わった。長い歴史をもつ運動はうっかりすると「ふりかえり的＝回顧的」になり、過去の歴史のはんすうにふけるという傾向をおびやすい。それは学者のしごと、しかも、あまり独創性のない、少しあたまのしなびた学者のしごととしてはわるくはないだろう。

しかし運動というかぎり、それは、いきいきとかがやいていなければならない。「いきいきとかがやく」といえば、二年ほど前、私は、シベリア、バイカル湖のほとりから、モンゴルの首都ウランバートルまで、十二時間の長距離バスに乗りあわせた一人のモンゴル人少女のことを思い出す。

少女はなにやらコピーした数枚のテキストとにらめっこしていた。草原をひた走るバスの中のことである。彼女はそのうち、私に、「アナタハ　ニホンジンデスカ」と問いかけてきた。そうだと言うと、これを読んでみてくださいと、手にしている日本語の教本のコピーをさし出した。まだ初級用で、ふりがなのついた漢字がいくつかあった。彼女はまったくの独学で、夢見る日本へのあこがれだけが、その独習を支えているようだった。

私はそのテキストを見て、日本には、漢字をつかわないで、ローマ字だけで書く運動もあるんだよと教えてあげたが、あまりなっとくしないようだった。漢字の入っているのが「ほんもの」の日本語だというようなイメージが彼女のあたまにはあったからだと思う。

私は五十年近くも前、はじめてドイツの大学に留学したときのことを思い出す。日本語を学ぶドイツ人の学生にとって、日本は東のはての、どこか伝説めいたメルヘンチックな国で、そのことばもなぞに満ちていなければならなかった。奇妙な漢字があればあるほど、かれらの夢はふくらむのであったらしい。その日本語は、話す日本語よりも、見るための日本語、いわばギリシア語やラテン語のような、ひたすら研究用の日本語だった。日本もまた、その研究を「国語学」と言っていた時代で、それがますますこの神秘のことばをにじ色の雲がつつんでいたのであろう。

しかし、あれから半世紀もたって、日本語の現実は大きく変わったのである。日本語をとりかこむ環境に、「新しい現実」が立ち現れてきた。その「新しい現実」とは、日本語はもはや異国情緒や趣味のためのものではなく、なんらかの具体的な目的をもって取り組みたい、なまのことばとしての日本語である。そのなまの日本語に、じかにふれる機会を与えることができるのがローマ字日本語であることについては、ここであらためて議論する必要もない。

しかし、ここで困った現実があることを指摘しておかなければならない。それは、ローマ字日本語が話しことばに道を開いても、現実には漢字かなまじりが支配していることである。この「漢字かなまじり日本語」という現実は、一般の公的文書、新聞からはじまって学術文献にいたるすべての分野を占有している。この分野になんとかしてチャンスを見つけ、すこしでもローマ字日本語がしみとおっていくようなしかけを考えたり、「漢字かなまじり」とローマ字日本語との間に、なんとかして橋をかけるような工夫をしなければならない。

ローマ字書き日本語が、日本語にとって決して補助的な文字ではなく、むしろ主体にならなくてはならないのは、北海道の、とりわけアイヌ語起源の地名表記などのばあいであることを、私は繰り返して書いてきた。ふしぎな漢字があててある南の島々などの名前を、やまとことばのローマ字をふりあてて、それを国際的にひろめるならば、とりわけ漢字を専用とする国家との領土紛争にあたって役に立つことがあるかもしれない。

ヨーロッパで地名研究がさかんになったのは、その土地にあたえられたエスニック(民族的)な名、すなわち固有の言語による名づけが潜在的な所有権を主張できたからである。

ローマ字表記は単に文字表記の技術の問題にとどまらず、政治的な意味、すなわちエスニックなアイデンティティーの主張につながることも、ローマ字運動が宣伝しなければならない一つの重点項目である。

以上、私のあたまの中には一つのものである考えの、いろいろな断面をばらばらに並べてみた。これをもっとまとまりよく示したいけれど、今は時間がない。この三月をめざして出すつもりの、日本語と漢字の問題をあつかった本の中では、ここで並べたことどもが、もっと立体的に、見通しよく述べられるように骨折っている最中である。

（2010.11.15 記す）

（『Rômazi no Nippon』2011 n 1gt 1nt,dai 655 gô　公益財団法人日本のローマ字社）

【二〇一八年の追って書き】

この三月を目ざして出すつもりの、日本語と漢字をあつかった本とは、『漢字が日本語をほろぼす』（角川ＳＳＣ新書二〇一一年）と、その新版『言語学者が語る漢字文明論』（講談社学術文庫二〇一七年）のことである。

《講演録》

言語学はエスペラントをどう扱ったか

――大島義夫の忘れてはならない功績

言語学者は総じてエスペラントには冷やかである。いな、さらに進んで、はっきりと反対だという人さえいる。なぜか。背景には、ことばは神が創って人間に与えたものだという、創世記にはじまる西洋文化の伝統があるからだ。言語は人間が勝手につくってはならない神聖なものだと。

近代科学としての言語学がエスペラントにとったそのような態度を見れば、この学問がはらむ根源的な矛盾がわかるし、また、そのような偏見の枠を破りながら成長してきたエスペラント運動の歴史を見れば、この言語の意義も一層よく理解されるであろう。そこで、言語学がエスペラントにどうのぞんだか、その態度を四つに分けて考えてみたい。

(一)

一八六五年、パリ言語学会の機関誌は、言語の起源と人工語案に関する論文は掲載しないと決定した。それは、さきに述べた神学的な理由からではなく、あまりにも多くの人工語案が寄せられたため、また、論証不可能な言語起源論の熱中にまかせてしまうと、「まじめな」論文のためのスペースが圧迫されてしまうからであった。おどろくべきは、エスペラント誕生［一八八七年］から二十二年も前すでに、人工語の提案はこれほどさかんだったことである。

（二）

一八五九年にダーウィンが『種の起源』で発表した生物進化の法則は、言語の系統樹説と結びついて言語学に著しい影響を与えた。すなわち、言語もまた、生物と同様に進化の法則に従って分岐し、系統をつくっていくという考え方である。

（三）

まさにこのような時代のまっただ中で、エスペラントが発表された。それは当時言語学の正統理論である、言語有機体＝自然説とも、系統＝純血主義ともそりがあわなかった。つまり「いろいろな言語をとりまぜて作った」という点で、「純血」「自然」であるべき「言語の本性」からはずれていたからである。「人工語」ということばがすでに「自然語」と対立して強い侮蔑の感情を含んでいた。この感情は近代国家を求めるナショナリズムとかたく結びついていた。

（四）

ところが二〇世紀に入ると、「言語＝純血」とする考え方に対する批判が現れた。現実の言語は、いくつもの異なる言語と出会って接触し、相互に影響を与えながら形成されてきたとする、シューハルト（H. Schuchardt）のような言語学者が現れ、青年文法学派の言語純血観を批判した。これが今日のクレオール研究の出発点となった。

一方、一九一七年に誕生したソ連邦では、百六十もの異なる多言語を擁する国家である点と、また世界の労働者が団結を強める上でも、民族をこえた、脱国家の国際語を必要としていた。その役割を演ずるべくエスペラントを導入し、普及する上で、ユダヤ人エスペランチストの果した役割は大きかった。かれらは当時のソ連邦にエスペラントの堅固な領土を見出した。

一九五〇年になって、スターリンにこっぴどく批判され、根こそぎ葬られることになったが、マル（N. J. Marr 一八六四—一九三四）の言語混交発展説は一九二〇年代末からソ連で国教的な地位を占めていた。エスペランチストはこのマルの支持のもとに活躍できた。一九二八年に、ラトヴィア出身のエスペランチスト、ドレーゼン（E. K. Drezen）が

『統一言語のために』を出版したときに、マルはそれに序文を寄せた。この序文の中でマルは、言語は「自然からのいただきもの」ではなく、そのすべてが「人間とその社会性」によって作られたものだとし、多くの言語を参照しながら工夫されたエスペラントを評価した。こうしてソ連邦での完全な認知を得たエスペラントの発展はめざましいものであった。

（五）

一方、ソ連邦以外でも、一九世紀の言語学の「純血言語＝生物」モデルから脱して、より実用的な言語の社会的な側面から注目する人たちが現れた。かれらはもはやエスペラントを「人工語」などとは呼ばず、「国際補助語」と、その役割をはっきりと表現した。そうするともはや、エスペラントの「人工性」に対する反対ではなく、エスペラントのできはいいかどうか、これをさらに改良する余地はないのかという、「ことばとしてのできぐあい」を批判する立場が生まれた。たとえば有名な言語学者、フェルディナン・ド・ソシュールの弟、ルネも、エスペラントに熱中し、一九二九年にNov-Esperantoを考えた。

デンマークの尊敬すべき言語学者で英語学者、オットー・イェスペルセンは一九二八年に、エスペラントをより簡単に改良したNovialを提案した。すなわち、エスペラントが生まれた前後の時代には数多くの人工語が名乗りを上げたのだが、二〇世紀に入ると、確立したエスペラントを土台にした上で、さらに改良の余地はないか、もっと簡単にできないかという議論が持ちあがったのである。

ここに、一種の社会言語学的な重大な問題が発生する。あらゆる政治・文化運動がそうであるように、運動体にとってその基本となる信条はゆるがしてはならないものであり、それは修正主義（reviziismo）と呼ばれる。この語は、正統マルクシズムに対するベルンシュタインらの手なおし、改良を論難した際に登場した。外からの攻撃ではなくて、内部からの手直しを求める修正主義は、たとい好意あるものにしても、どの運動にとっても最も危険なものである。

それは当然のことだろう。エスペラントの文法はドイツ語やロシア語から見れば、はるかにやさしくできてはいるが、アジアの諸言語から見ればそうとは言えない。さらなる改良、修正（revizio）案が出てくるのは自然である。これはエスペラント学が避けることのできない問題であると指摘するにとどめておこう。

さて、今日、日本のエスペラント運動史というよりは理論史の上でお話ししようと思うのは、大島義夫（一九〇五―一九九二）のことである。敗戦の翌年一九四六年に、はやばやとブイコフスキー編『ソヴェート言語学』を翻訳刊行した。この本には今見ても重要な論文が二つ含まれている。いずれもアバエフの『音韻変化の法則』（一九三三）と『イデオロギーと技術としての言語』（一九三四）だ。とりわけ前者は、さきに述べたシューハルトなどの研究を念頭に置きながら、青年文法学派の自然法則まがいの音韻法則を批判した内容で、当時の日本の正統主義的言語学に受け入れられるはずのものではなかった。もう一つの論文も、さらに興味ぶかいものだが、ここでは省略する。

ソ連崩壊と同時に、ロシアでもこの期の言語研究はまったく無視されてきたが、私は、世界でおそらく日本語だけが翻訳しているアバエフのこの論文はロシアでも復刊すべきであるとロシアの同僚［科学アカデミー言語学研究所々長をしているV・M・アルパートフ］にはたらきかけた結果、二〇〇六年に、これら二つの論文を含むV. I. Abaev《アバエフ》（一九〇〇―二〇〇一）の論文集がモスクワで刊行された。これらの論文は、ことばが人間にとってどんなものかという認識を大きく変えたエスペラント思想と決して無縁のものではない。それが大島さんによっていちはやく日本語で紹介されたことを私たちは誇りに感じないわけにはいかない。

かつて私の手もとにあった『エスペラント運動人名辞典』には、大島さんの名がのっておらず不満に思っていたところ、新版（二〇一三）には大島さんのこともくわしく紹介されているのでそれを参照していただきたい。

（『エスペラント La Revuo Orienta』２０１５年11月　一般財団法人日本エスペラント協会）

第二部
ソビエト・スターリン言語学

科学論としてのソビエト言語学論争

一

言語学が、言語の担い手である特定の民族、集団、あるいは国家のわくをこえて、歴史の外に仮設された普遍への信仰と願望に駆られている今日の状況のもとでは、いったいこの学問に、表題にかかげたような仕方で、国籍を冠して称《よ》ぶことが、どこまで適切かどうか、あるいはまた、それが便宜以外に何か本質的な意味を持ち得るかどうかと問うてみるだけの価値はあるだろう。そうすることによって、言語に対する、現代言語学の関わりかたがあらわになるからである。

「ソビエト」言語学を問題として取りあげるにあたって、上に述べたようなまわり道が特に必要となるわけは、ことが、ほかならぬ「ソビエト」と「言語学」という、いわくのある関係だからである。いまはともかく、一九五〇年以前のソビエトにおける言語学は、閑人の手なぐさみに類する細工仕事や、海外流行の諸学説の気のきいた翻案といったていどの作業ではすまされない意義を担っていたのである。ひるがえって、一九七〇年代のソビエト言語学に目をうつすならば、そのほとんどの領域において、おそらく、国籍を離れてもなおりっぱに存在し得るほどの、強力な国際化、すなわちソビエト体制のクロノロジイに沿ったことばで言えば、「自由化」が進行しているのである。このばあいの自由化とは、ソビエト社会に固有の言語的現実が要求する課題と原則を放棄するか、あるいは国際的な、単一の普遍化言語学——たとえそれが見せかけだけのものにせよ——に、自らの原則を従属させることによって得られたのである。このようにして獲得されたソビエト言語学の現状は、ソビエトの大多数の言語学者の願望にかなっており、国外の人士もまた好意的に見ているのである。たしかにソビエト言語学は、過去のいまわしいイデオロギーの桎梏から解き放たれて、今こそ色ぬきの、国際的な学界の中で市民権を得ているのであるから、ソビエト言語学の現状に対する手ばなしのオプティミスティクな礼讃は全く時流にあっているのである。

すべての科学は、それが単にむき出しの技術でないかぎり——模倣という伝統をも含めて——伝統から自由ではない。革命がもたらしたソビエト政権は、科学のあらゆる分野にわたって総点検を行い、「ブルジョア科学」のイデオロギー的残滓を一掃し、革命の理想にふさわしい科学へと再編成する必要にせまられた。「革命的国家は、また革命的社会科学を所有しなければならない」(Абаев, 1965: 22) からである。そこで言語学は他の諸科学と同様、あるいはそれ以上に、理論面でのたてなおしを緊急としたのであった。人類に対して永遠の探求を要求してやまない言語の性質そのものの中に、すでに理論的闘争を苛烈にするたねが宿されていた。すなわち、言語は、社会・人文現象の基幹を成しつつ、イデオロギー的構築にかかわりながらも、同時に没イデオロギー的な技術としての側面を主要な存在理由としているからである。この意味で言語を扱う科学の中には技術の方法とイデオロギーの方法との相克が最も集約的に現れざるを得ないという事情がある。

他方では、百を越える異なった言語と、それを母語とする被抑圧民族、民族集団を擁するロシアが革命の舞台であったという一つの条件が、ソビエト言語学に他にはみられない独得の任務を負わせることになったのである。各民族の政治的・文化的自決と統合の基準は、それぞれの多くはまだ文字化の経験すらない民族語の諸方言のうちから、いずれに文章語（標準語）の地位を与えるかという裁断と不可分の関係にあった。言語学は、多民族国家としてのソビエトが逃れることのできない、絶えず存在し続けるであろう民族問題から派生する課題をも引き受けざるを得ない立場にあった。

このように、ソビエト言語学は、すでにその出発の当初から、民族と人種という「言語外的」要因に手を汚さずに、超然としているわけには行かなかったのである。民族の次元の問題を、階級の問題としてどうとらえなおすかという、ほとんど未踏のテーマをも、ソビエト言語学は避けることができなかった。事実、後にナチズムによって現実となった人種主義の脅威に対しても、言語学は、本来その任でなかったかもしれないにもかかわらず、主役を演じなければならなかったのである（Звегинцев, 1962: 98）。悪名高いマルの言語理論は、このような状況の中で打ち出され、言語学史上類を見ない、劇的で異常な一時期を現出させたのである。

　マルの言語理論は、その構築の過程で、さまざまな着想が追補され、つぎはぎの相貌をとるに至ったが、基本的には次の二点に構想の主眼があったと言えるであろう。すなわち第一に、人種主義に論拠を与えるかもしれない、言語学からのあらゆる言質をつみとること——ここから、印欧語比較言語学がもたらした一切の成果を仮構として否定する必要が生じた。すなわち、それぞれの Ursprache《ウアシュプラーヘ》［原祖語］にさかのぼる多元的な言語の系統という図式、すなわち系統論的言語起源論に対し、ヤフェティード理論という形で、単一な起源と一元的な発展段階の図式を対置することであった。人種的な血統を思わせる、並列的に考えられた言語の類型的差異は、Schleicher《シュライヒャー》を思わせるやり方で、生産関係の発展段階の上に位置づけられた、言語に一元的な発展の図式を与えることから生ずる当然の要請は、言語をイデオロギーに属する現象として上部構造の中に位置づけることであった。これによって言語学は、マルクス主義の文化理論に、一貫した図式的明快さを附与するものとして、画期的な役割を演ずることになった。この命題は、ソビエト・イデオロギーの期待を全身で受けとめて展開された、マルの最も重要な作業の一つであり、言語学の歴史の上に、消えることのない意義をとどめている。しかしながら、そのままではあくまでスローガンにとどまるしかないこの命題を、スターリンが行なったように、通俗的な早のみこみを誘導しやすい素材を用いて攻撃するのはいともたやすいわざであったのに対し、その理論的構成の方は、あまりにも貧弱であった。このようなばあい、安全な解決の方途とは、他の社会理論全般との整合をはかりつつ、問題をひとえに図式の上で解決するにとどめることであったはずである。ちょうど記述言語学が、言語の本質を記述という図式に置きかえ、記述の結果を実体そのものと同一視することによって、その一貫性を保ち得たように。ところがソビエト言語学の不幸は、この観念論的な図式に、経験科学としてのよそおいを附与しようと思い立ったときにはじまった。経験的資料の量的な集積それ自体は、言語の本質を語るうえで必ずしも決定的ではないし、逆に、説得的な思弁の展開にとって、経験的資料が阻止因子にならないですむのは、思弁がそれをよく手なづけ得たばあいだけである。

この点からすれば、当時のソビエト言語学が、実証の方途によっては到達できないところの、人類と言語の誕生の時代を好んでとりあげたのは、分別ある選択であったと言うべきである。だからといって、この期のソビエト言語学だけが実証性のない空論をもてあそんでいたという非難はできない。もともと実証の手のとどかない領域に分け入ることを可能にするものは理論をおいて他に求められないのに反し、近代の言語学はといえば、経験的資料をモデルに服従させることに主力を注いでいるからである。

古典期ソビエト時代の言語学に対する評価は、まだこれからの作業として残されている。マルの理論そのものは、すでにかれの死によって、本質的には発展も検証もされることなく、いわば凍結されたままの教理として残された。だがマルの周辺には、その陣営のなかからも、いっそう深い考察と理論的構成の試みが、マルを克服して現れる可能性は充分にあったことを推測せしめる。マルの言語学が「アラクチェエフ的な」「スターリンが好んで引いた、帝政ロシアの頭のかたい悪官僚」行政手段による圧力をもって強行され、防衛されたと非難することが「自由派」の常套ならば、それに対する破産宣告もまた、スターリンの決裁をあおぐという、これまた、学問外的な行政上の力によってしか得られなかったというところに問題がある。自由派が古典派、守旧派に比して、より道徳的に高いとは決して言えない。

二

マル一派の支配した、ソビエト言語学の「暗黒時代」に終わりを告げる解放者として立ち現れたのが、マル言語学に国教的地位を与えたスターリン自身であったことは、ソビエトの政治史的背景の中にすえてみるとき、尽きせぬ興味をそそられるのである。プラウダ紙上に数次にわたって発表され、後に『マルクス主義と言語学の諸問題』と題してまとめられたスターリンの発言は、マル一派の辛苦に満ちた、革命的言語学の営々たる構築を一瞬にして吹き消したのであるが、この論文の迫力は、言語をイデオロギーの座から技術の面に引きずりおろした、その否定の面にあったのである。哲学、心理学、文芸学など、およそ言語に関係のあるすべての領域で、この論文のより深い理解と普及のためにシンポジウムが催されたが、そこに見るべき成果がなかったのは、この論文が、マル一派のたてた、真に困難な問題をすべてとりさげて、なんら理論面での積極的な意味をもちえなかったことの当然の結果であった。諸学のイデオロギー的解放、すなわち脱イデオロギー化の福音書とも言うべきこの論文を、万雷の拍手をもってむかえた東ドイツには、その後二十年を経て、詳細な［G・ヘルビッヒの］『近代言語学史』が現れた。我々外国人には奇妙に思えるのだが、この『学史』はスターリンの論文にも、またそれに次いで東ドイツで起きた一連の顕著なできごとにも一語もふれていない。黙殺もまた評価の一方法ではあるが、東ドイツの言語学者が行なったあの空さわぎを『近代言語学史』にとどめなかった東ドイツの言語学者は、またいつの日にか空さわぎを演じて、しかもそれを決して『近代言語学史』にとどめないことも起こりうるかもしれない。

スターリン論文の趣旨がいかに消極的なものであったにせよ、一九五〇年代のはじめにおいて、この論文が担った役割を過小評価してはならない。そのことは、当時のソビエトの言語学者たちが、スターリン論文からのおびただしい引用を護符としてふりかざしながら、マルの亡霊を一掃することに明け暮れていたあの時代を想起すれば足りる。これがソビエト言語学における脱イデオロギー過程の前段階であるとすれば、本番は一九五六年、フルシチョフがスターリンから神性を剥ぎとった第二〇回党大会以降に起き、この解放過程は、奔流のように、一気に進行することになったのである。すでに兆してはいたが、スターリンが欠かせぬ引用文献であった時代は、一九五〇―一九五六年という、この六年間をもって幕を閉じたのであった。こうして、スターリンの立論の中ではほとんど必然的な意味をもち得なかったにもかかわらず、しばしば引用されるところの「社会の外に言語はない。言語とその発展法則は社会と民族の歴史と密接に関係づけてはじめて明らかになる」(Сталин, 1953: 22) という空文句も、ここでは形骸すらも失ってしまったのである。一九五六年におけるソビエト言語学のこの決定的転換は、これによってソビエト言語学にフォルマリズムの復権と、構造主義への接近の自由を保障したのであるが、この転換の動機をスターリン批判という外的事件に帰するのではなく、翻訳機械の開発という技術上の必要性にその動機を見ようという解釈には説得力がある（Ivić, 1971: 107）。

この期のソビエト言語学には、学問的閉鎖から解放された直後に経験される、はげしい渇望を癒やすがごとく、ほとんど、世界のあらゆる潮流への接近と、原則ぬきの摂取の努力がどこでも見出される。七〇年代の現在、なお進行しているこの傾向は、この点では決してひけをとらないわが日本言語学をすら讃嘆せしめるばかりの隆盛に到達した(1)。たしかに今日のソビエト言語学は、暗黒の支配からの解放によってもたらされたというその事実だけで讃美すべき当然の理由があるように思われるかもしれない。だが問題は、回復された自由な活動が、どのような動機によって支えられ、何に向けられているかは、依然、どうでもよいことではない。ソビエト言語学に「国際言語学会ソビエト支部」であることを期待するのでないかぎり、この種の解放賛歌には、無邪気に唱和できないのである。

三

構造主義、記述言語学、生成文法論は言わずもがな、どの点からみても非マルクス主義的な仮定に立つと筆者には思われる「言語年代学」すらが、こぞってせきを切ったようにソビエト言語学を浸し、埋めつくしてしまった。渇望と憧憬に満ちた、国外言語学の翻訳と紹介は、その批判的検討という、おもてむきの名目を充分に活用しながら、数十年の間に生じた「おくれ」を一気に取りもどそうかとするがごとくに押しすすめられた。それがどのような経過をたどって行われたかはイデオロギーと技術の双方に両足をかける学問の変身の一つのばあいとして、ぜひ詳細な文献整理の裏づけをした上で歴史の上にとどめておかなければならない。それがすくなくともたてまえとしては知的な楽しみやプレイではないソビエトの学問においては殊にそうである。だが、いまは手許にあるわずかな出版物だけによって素描の手がかりにとどめざるを得ない。

解放された言語学のさきがけの一つは、一九五四年頃から、モスクワ大学の「一般言語学および比較・歴史言語学」講座が刊行しはじめた小冊子シリーズであった。そのまえがきで編集者のズヴェギンツェフ（Звегинцев）は次のように、その刊行目的を明らかにしている。

「〔言語学の基本問題に関する小冊子のシリーズを刊行するという〕この決定は、こうした要望がきわめて大きいにもかかわらず、言語に関するマルクス・レーニン主義的教理の上に構築されたところの、一般言語学教程用に不可欠な参考書を、ソビエトの大学はまだ所有するに至っていないという状況から要請されている。」

(Ахманова, 1954: 3)

このまえがきは、スターリン論文の出版がつい前年であったにもかかわらず、スターリンの名を省いて「マルクス・レーニン主義」としている点でまず一つの飛躍を示しており、次に、マルクス主義にもとづく、まとまった言語理論の体系がまだ誕生するに至っていないことをも公然と告白している点で注目される。(ついでながら、この文章を書いた人物は、その二十年後には、「マルクス・レーニン主義」の教理などには全くといっていいほどこだわりのない立場で著作をものすることができるようになったのである(Звегинцев, 1973)。このことはとりもなおさず、ソビエト言語学は、過去のいきがかりを捨て、すべてを御破算にしてふたたびふりだしにもどったことを明らかにしており、さらに重要なことは、革命から一九五〇年に至る三分の一世紀にわたるソビエト言語学が、後世への継承すべき遺産を何一つ残さなかったというかれらにとっての忌わしい認識をも、間接的に確認しているのである。

さて、このシリーズには、上に述べた、編集者のまえがきを掲載している『音韻論』(一九五四)、『言語的構造主義の基本的動向』(一九五五)、などに続いて『言語学における美学的観念論（K．フォスラーとその学派）』（一九五六）が登場する。自由化過程の初期の段階でフォスラーが登場することは、極めてソビエト的な選択を示していて興味深い。

ソビエトにおける言語学と、国境外で行われている言語学との間に、事実上の差異がなくなったとき——唯一の相違点は、ソビエトのそれが国外のそれに比して「おくれ」をとっているという点だけである——、従来の「ブルジョア言語学」に代わって用いられることになった呼称は「国外言語学」であった。階級性ぬきのニュートラルな言語学がよみがえった以上、区別はこのように空間的な相違によらざるを得ないのは当然である。さて、この「国外言語学」［зарубежная лингвистика］として紹介されたものの内容には、少なくとも二つの異質な好みのあることが見分けられる。その第一は、音韻論、構造主義、記述言語学など、いずれも戦後あるいは同時代の動向に関するものであり、内容から言えば、古典的なソビエト言語学の伝統とは異質の分野に属するものであった。構造主義とマルクス主義との関係というきわどい問題は、むしろ西欧で論じられることはあっても、ソ連では、それはもっぱら言語資料分析の技術以上のものとしては機能しなかった。スターリン自身が認めているような、言語の「幾何学的側面」（Сталин, 1953: 24）にかかわるような新しい記述と分析技術の受容史は、本稿の関心ではない。

「国外言語学」として紹介される、有力な第二の傾向は、近代言語学の好みから言えば、一時代以前の精神史に属するものであって、言語資料の形式主義的な処理方法にではなく、内容面の把握に、体系としての言語の限定にではなく、社会および文化の脈絡との間に媒介を求めることに関心を抱く流派である。

第一の傾向が、おおむね技術の面にかかわる、日本もその例外ではないところの、非個性的翻案言語学の一変種であって、その受容地がたまたまソビエト言語学界であったというにすぎないのに対し、第二の傾向は、ソビエト言語学の古典期のテーマとも微妙にふれあい、厳密科学にゆだねることのできない、イデオロギーとしての言語学を包みこみながら、人類と社会の一般理論を視野に入れる性質のものである。この傾向への関心は、必ずしも劇的なかたちをとって一挙に現れたというわけではないが、ソビエトで行われる文化に関する諸科学の骨格をゆるがし、克服されるべき危険なテーマとして前途に立ちはだかるであろう。

四

三分の一世紀におよぶソビエト言語学の空白を埋めるべく行われた作業の手はじめが、言語学史な展望であった。それが現状の把握に不可欠であったという意味では、ソビエト言語学のとった道は妥当であった。ソビエトならずとも、「言語学者は、少なくともさしあたりは、言語の研究ではなく、言語学の研究という課題の前に立たされている」(Heeschen, 1972: 8)というのが、今日、多かれ少なかれ、どこにおいても見出される状況だからである。

言語学史展望という点で、ソビエト言語学が、いかに重厚かつ良質の仕事を残したかはその一端を見ただけでわかる。言語学史は古典と目される著作からの手あたりしだいのよせ集めではなく、精神史を描くことにほかならないからである。たとえばズヴェギンツェフの『19−20世紀言語学 Chrestomatie』(一九五六)を見よう(2)。本集には、比較言語学の確立から構造主義の出現に至るまでの、ロシアを含む、さまざまな傾向を帯びた著作が盛られており、その選択には、単なる羅列ではない、深い思慮がはたらいている。とりわけ「Junggrammatiker に対する批判者」という一章を設けて、シューハルト(H. Schuchardt)、フォスラー、ボンファンテ(G. Bonfante)を登場させているところではその背景に「比較・歴史的方法」(ソビエトでは印欧語比較言語学の方法をこのように呼ぶ)の方法論的基礎をめぐる論争が、全ソビエト期を通じて、絶えず重要なテーマであったという事情を想起する必要があろう。すなわち、スターリンは「マルのそれこそ観念論的な四要素による分析よりはまし」であり、「(たとえばスラブ民族の諸言語の)親縁関係の研究が、言語の発展法則を研究するうえで、言語学に大きな利益をもたらす」(Сталин,

1953: 34) ものだと述べて、比較・歴史的文法の名誉回復に保障を与えたのであったが、マルはそれを観念論として斥《しりぞ》けることに、ほとんどその理論的活動のすべてをかけたのであった。一九世紀言語学の最大の遺産たる比較言語学の方法は、さまざまなアンチテーゼを触発した点において、言語学史一般の上で大きな意味をもっているが、上に述べたような背景にすえてみるとき、比較言語学は、単なる方法を超えたイデオロギーと見なされていたことが理解される。マルが行った試みはそれに対する唯物論のたちばからする克服であったが、いま、観念論の側から試みられた挑戦もやはりソビエト言語学の視野に入ることができたのであった。

一九五六年の日付けをもつ、もう一つのすぐれた紹介は、やはりズヴェギンツェフが編集した『一般言語学と印欧語言語学』であって、この表題は本書の大半を占める主要論文、ピザーニ (V. Pisani) の *Allgemeine und vergleichende Sprachwissenschaft-Indogermanistik*, 1953. [一般言語学および比較言語学・印欧学] にちなんでいる。こうした言語学史に関する論著の翻訳を通じて、「観念論」的傾向に対する全面拒否的警戒心は徐々にときほぐされた。前に述べたモスクワ大学における言語学の教材として編まれた『言語学における美学的観念論 (K. フォスラーとその学派)』(一九五六) にその最も象徴的な例をみる。

ソビエトの科学にとって、邪教の権化にほかならない、「戦闘的観念論者」フォスラーが、「自由化」の比較的早い時期に、選ばれて登場して来た理由には、いくつかの要因が予想される、フォスラーの、方法はともかく、その意図するところには、ソビエト言語学もまた共感を見出す理由があったのである。

まず第一は、ソビエト言語学において伝統的に議論の対象であったJunggrammatiker〔青年文法学派〕への批判者としての面である。音韻法則をかかげて、言語変化の中に法則を見出したその代償として、言語の非物質的部分の多くが脱け落ちた。音韻法則の中に封鎖された言語と、人間的諸活動との間を媒介する契機は、フォスラーにあってはその固有の概念における「文体」であった。こうして、言語を時代精神の脈絡の中に回復させるという試みへの共感と対をなす裏面は、フォスラーの旗じるしにかかげられたIdealismus〔観念主義〕の主張に対する嫌悪感である。そもそも、言語の本質に単なる交信の道具をこえてイデオロギー的な側面を認めた瞬間、ソビエト言語学は、観念論者がたてた問題と、かれらの示した軌道の上をみずから分け入って行かざるを得ないという危険にさらされる。言語の物質的基礎というわくを出ないかぎり、イデオロギーをすくいあげることはできないからである。しかも、ソビエト言語学の古典的課題からするならば、内容（これは物質ではない）こそが言語の主要面をなしているのである。一九五〇年のスターリン発言があらわれる直前のメシチャニノフ（И. И. Мещанинов）の論文を要約してコセリウは、

「マルクス主義言語学」の特徴の一つとしていみじくも ,inhaltbezogen‘［文法の形式面にとどまらず、意味内容にかかわる］を数えた（Coseriu, 1950: 12）。

ソビエト言語学は言語を「社会と民族の歴史との密接な関係において」観察すべきであるというスローガンを繰り返し主張しながらも、フォスラーが行なったほどの大胆さと徹底性をもって（たとえば Frankreichs Kultur im Spiegel seiner Sprachentwicklung［言語発展の鏡に写し出されたフランス文化］に示されたような）実行に移したことはまだないのである。かくて Idealist［観念主義者］フォスラーは、ソビエト言語学にとって危険な共鳴者となる。

五

ソビエト言語学は、フォスラーよりもずっと近づき易く、それゆえにもっと危険な共感をヴァイスゲルバー（L. Weisgerber）にみた。フォスラーにおいて主軸をなす「文体」概念に附着しているところの言語の創造の主役は、個人にではなく、ここでは社会（Sprachgemeinschaft）に帰せられている。ヴァイスゲルバーにおいてこそ、ソビエト言語学が絶えず求めつづけてきた、「言語と社会」のあの伝統的なモチーフが、一つのまとまった理論に構成されていたのである。梶を失ったソビエト言語学にとって、その空白を埋めるための努力の中で、ヴァイスゲルバーが視野に入らぬはずはなかった。ヴァイスゲルバーに対するある面での共感は、すでに一九五九年、『内容面における文法的意味』の中に表明された（Шендельс, 1959）。同じ著者は、また、より一般的な『言語学と他の諸科学との関係』と題する小冊子の中でもヴァイスゲルバーをフンボルトの現代的後継者として紹介した（Шендельс, 1962: 8-9）が、グフマンの『L. ヴァイスゲルバーの言語理論』によって、はじめてその全体像が明らかにされたと言えよう。

著者は、この論文の冒頭で、国外における現代言語学の潮流を大きく二種に分かち、（一）内容面を無視し、形式化の方向をめざすもの、（二）言語を当該民族の文化の総体に関連づけ、その内容面に主要な関心を寄せてはいるが、しかし観念論哲学の概念に立脚した言語研究とを指摘した（Гухман, 1961: 123）（傍点引用者）。

内容面に言語研究の主要課題を置くか、形式化の方法が関心であるのかという分類は、この期においては重要な指標になりえた。形式化の方法は、今日に比べて、まだそれほど高い飛翔を敢行していなかったのである。けれども、そして、かんじんの内容面に関する言語学的研究の伝統は、当時ソビエトにおいて皆無にひとしかった。そのような状況でヴァイスゲルバーの掲げた課題と展望は、「しかし」以下の部分さえ除かれればソビエトの問題関心と充分一致し得るものであった。すでにコセリウが ,inhaltbezogen' と特徴づけているように、あたかもこの双生児的親近性を妨げるほとんど唯一の理由は、観念論であるかどうかという、スローガンにすぎないたてまえでしかなくなるのである。しかもこの領域に関するかぎり、「観念論」は決して旗色が悪くはない。

この一九六一年の論文集では、ウフィムツェワ（A. A. Уфимцева）が「Bedeutungsfeld［意味野］の理論」でTrier《トリーア》の紹介に大きな紙幅をさいているほかに、レフコフスカヤ（K. A. Левковская）が「国外における若干の言語理論と語の概念」でヴァイスゲルバーを取りあげ、いわゆる新フンボルト学派に多方面から照射があてられた。

近代言語学において、新しい方向が提唱されるとき、奇妙なことだが、その提唱者たちは、ひとえに眼前の経験的事実と対決しているかのようなかたちをとるばあいですらじつは過去の文法学や言語観に依拠しながら自説の根拠づけを行う習慣がある。それはパーニニや、ポール・ロワイヤル文法であったり、デカルトやフンボルトであったりする。そして、最後のフンボルトこそは、さまざまな、時には全く逆方向にさえ発展させ得る種子を宿しながら持ち出されることが多い。この点、ヴァイスゲルバーが、ソビエトで種々の批判に出合いながらも、牽引力をもちつづけているのは、それが、フンボルトの提示した問題の二〇世紀における展開として示されているからである。ヴァイスゲルバーはこうして、一方においてフンボルトの権威づけにまもられながらソビエトへの安全な入口を見出すと共に、他方ではフンボルトとの相異点を示すこともソビエト言語学は忘れていない。フンボルトはいつの時代にあっても神聖であるべきであって、常に注意深く汚れからまもっておくことがソビエト言語学にとっては必要なのである。ロシアあるいはソビエトにおけるフンボルト崇拝の源流がどこに発するかは、別に究められなければならないテーマではあるが、ソビエト言語学に突如訪れた空白の時代に、はばかることなく侵入した内容無視の記述言語学の猛威から古典派が防衛されるには、何をおいてもフンボルトの防壁が必要であり、そのためには時にJ．グリムも援用されたのである。

このようにヴァイスゲルバーがフンボルトの二〇世紀における展開とされながらも、ソビエトにおいて、こだわりなしに受け入れられないのは、ドイツの分割という政治的事態に呼応して附加されたいくつかの論点のせいである。„Der Mensch im Akkusativ"［対格でとらえた人間］に見られる反コミュニズムの性格、ショーヴィニスティクな結論に容易に導き得るMuttersprache［母語］の概念（Гухман, 1961: 129）、認識過程をWorten der Weltの概念とすりかえることによって生じる言語と思惟との同一視（Гухман, 1961: 134-135）など、ソビエトが承認しがたいいくつかの点を除いて、ソビエト古典派にとっては、図式言語学に比べるならばずっと濃い親近性をもって見られるのである。その親近性は、ソビエトで言う「モデルニズム」の滲透によって、いよいよ深められることになったのである。新フンボルト学派の観念論とたたかうよりも、空虚な近代主義とたたかう方が、急を要するテーマになってきたのである(3)。圧倒的な「形式主義」への熱中のなかで、ソビエト古典派、あるいは内容派、社会学派、歴史主義派とでも称すべき一派が、ソビエト固有の言語学の課題をいま一度想起させ、ソビエト言語学の遺産に対する正当な評価を求めて論陣を張ったのはこのような状況のもとにおいてであり、こうした一連の状況を作り出したそもそもの出発点が、一九五〇年のスターリンによる脱イデオロギー言語学の宣言にあったことはたしかである。

六

論争のきっかけは、『言語学の諸問題』誌一九六五年第二号に投じられたフィリン（Ф. М. Филин）および同三号にあらわれたアバエフ（В. И. Абаев）という、二人の古典派、社会科学派の旗手が作りだした。アバエフの「近代主義」告発の語調はするどく、受けて立った近代派の一人は、「アバエフよりもフィリンの方に、ずっとつつしみの調子が勝っている」（Кузнецов, 1965: 62）と評した。たしかに、フィリンの方には、ソビエト言語学には「己れの顔がない」という悲観的判断に対して、固有の「マルクス・レーニン主義的」言語学確立の道を説くという、防衛的姿勢が見られる。構造主義に対しても、そこに見られる「体系」の概念そのものを斥けるのではなく、重要なことは、それを完全な均衡をもった状態としてではなく、発展の契機としての矛盾を含むものと見なすことである（Филин, 1965: 21）と、構造主義への理解をも示した。また、伝統的言語学はナマの第一次資料を扱う下位学問であり、それに対して、近代言語学は数学的一般化という手続きを行なう上位の学問であるという見解に抗し、数学的処理によって代替することのできない、言語学固有の領域を擁護した。

このような物やわらかな防禦的あるいは弁明的姿勢に比べれば、続く第三号に登場したアバエフの「言語科学の非人間化としての言語学的近代主義」は表題そのものが極めて挑戦的であるだけでなく、マルの業績の一部と、一九五〇年以前にさかのぼるソビエト言語学の成果に高い評価を与え、その精神にかえって、言語の科学を擬似数学と自然科学から、人文・社会科学の手に取りもどさねばならないと呼びかけたのであった。『諸問題』誌の編集部は、この論文の掲載にはためらいを感じたらしく、「若干の問題の提起とその解決法については、編集委員会としてはどうしても同意しかねる点がある」旨のことわりを附して掲載するという処置をとった(4)。

ソビエト言語学の古典期の草創時代に参加した、これら古典言語学者たちに共通して見られる一つの本能は、言語現象の数学的処理への不信と、人文・社会科学の対象としての言語の擁護である。それは「ハイデッガーの哲学をヘーゲル哲学の上に、シュペングラーやトインビーの歴史観をマルクスの歴史観の上に、ソシュールの言語観をフンボルトの言語観の上に置くべき客観的根拠は何もない」(Абаев, 1965: 25) という、かたくなな守旧的表現をとってあらわれた。アバエフのこのような挑戦的表現は、それに見合うだけの強い論難をこめた反撃をひき起こすことになった。その代表的な例を、翌年の『諸問題』誌に掲載されたクヅネツォフ (Λ. C. Кузнецов) の「ふたたび人間主義 (гуманизм) と非人間主義について」に見る。クズネツォフは、「ひとえに学問的な論文だけを掲載」すべき『言語学の諸問題』誌で、「純学問的というよりは、むしろモラルに関する」テーマについて論じなければならなくなった事態を歎く。

言語学史上の個々の学説に対する評価のしかた、たとえばモデルニズム、形式主義などという、そもそもの論議を引き起こした用語の吟味などに拘泥しても必ずしも両者の対立点を明瞭にさせるのには役立たない。それにもかかわらず、この論争は守旧=伝統派と国際=近代派という、見かけの上では好みの対立の彼方に、言語学の歴史を貫ぬく基本的なモチーフに関する対立が、現ソビエト体制における歴史的所与への姿勢の相違として、すなわち諸民族とその言語を、言いかえれば、言語学的要因と言語の体系とを統一的にとりあげる視野をもつかもたぬかという相違としてあらわれている。

一九六五―六六年におけるソビエト言語学の論争は、その背景にある程度立ち入った理解を要するとはいえ、言語の研究にたずさわる者にとってひとしく関心を引かれる問題である。したがってそれは「暗黒時代」からの脱出を試みつつあるソビエト言語学にのみ固有のテーマではない。ただソビエトにおいては、他に見られない大きな緊張感のもとにそれが行なわれたというのが特徴である。論争の非妥協的な形もまた、争点を鮮明にするのに好都合であったため、国外からも注目され、たとえばスターリンのばあいは無視したヘルビヒの『近代言語学史』も、このばあいに関しては広い記述の場を与えた。ここでは、論争の意味が守旧派の最後のあがきとしてとらえられているのは、ヘルビヒの自らの立場の表明である(5)。それに比べればプルーハ(Průcha, 1972)のそれは簡潔ではあるが、ずっと冷静な態度を保っている。

守旧派の近代派への抵抗は、ヘルビヒの言のように一九六五年をもって終息したのではなかった。近くはズヴェキンツェフの論文集に対して行われたブダゴフの書評(Будагов, 1974)にそれが現れた。「他人のさまざまな著書からの敷きうつし」であるこの著書が主張するところは「ソビエト言語学の成果の全面的否認」であり、そこに言う諸科学のインテグレーションとは「フィロロギーと歴史学への冷笑」であるときめつけている。ブダゴフの次の一句は、一九七四年における守旧派の心情をよく示していると言えよう。いわ

く、

「体系化という外的技術の愛好家は、これこそ大きな才能を要するところの、内的体系化を行うための天賦には恵まれていないのであろう。」(Будагов, 1974: 131)

アバエフの一九三四年における「イデオロギーとしての言語と技術としての言語」は、言語をもっぱら上部構造とする見解が支配していたマル時代に、すでに、言語にはこの二面が併存することを正しく指摘し、それを言語の進化の理論の上に位置づけている。この進化の図式は、ルソーの「情念の言語から理性の言語へ」という図式と奇妙に対応していることは、特に注意を引かれる。ルソーの「情念から理性へ」はアバエフ流に表現すればデセマンティザーツィヤ、すなわち脱イデオロギー化、技術化ということになる。だがここでは、両者の平行関係を確証することが目標ではない。一九五〇年以前にさかのぼる、古典期のソビエト言語学は、いまだ完成品として所有するに至らぬ教条と既成言語学との間で苦悩しながら、見ばえのしないやり方で永遠の問題と取り組もうとしていたのである。

若手、近代派の流行言語学のなかで、アバエフはいまもなお三〇年代につかんだモチーフを手ばなさない。

「言語はモノに名を与える必要から生じたのではなく、モノを、自己の集団に関係づけ、それに己れの《烙印》を押す必要から生じた。命名は、一種のイデオロギー的《所有》行為であった。」(Абаев, 1970: 235)

これはヴァイスゲルバーのくり返し説くところに酷似している。

言語は人間的活動の所産であるかぎりにおいて、やはりイデオロギーであるとする守旧派の立論はともかく、一歩をゆずって、交信の手段たる言語の構造に普遍性を認めるとしても、「言語学」そのものは普遍ではない。ところが技術の物神化の信奉者たちは、その技術のイデオロギー的基礎、目的などには考え及ぼうともしないのである。

言語がイデオロギーから離脱するとき、民族も言語のもとを去って行く。ソビエト言語学古典派の提出した問題は、いずれはそこにもどって行かざるを得ない、永遠の問題でもあった。

（注）

（1）たとえば、『言語』［大修館書店］一九七二年九月号二四ページに見る佐藤純一氏の発言。

（2）本書はイヴィチがしばしば言及しているところからみて、スラヴ語圏ではよく利用されている著作であろう。それはArens［アーレンス］にも比肩できるところの、すくなくとも、我が国では企て得ないような内容をそなえている。

（3）筆者のヴァイスゲルバーへの関心は、先ずこのグーフマンの論文によって芽生えた。そして、ヴァイスゲルバーがまだボン大学で講義を行っていた一九六四年当時、かれを取りまく研究者や学生たちの間でこの論文は、当然のことながら話題にのぼっていた。ヴァイスゲルバーが、「自由陣営」内で冷やかな扱いを受けていたのとは対照的に、かえってソビエトで敬意を払われていたという意外な事態への驚きを、かれらは率直に表明するとともに、ソビエト学界がとったこのような態度は、アメリカ記述言語学のメカニスティクな言語学に対する対抗手として選び出されたのであろうという評価をつけ加えることを忘れなかった。

（4）刊行中のソビエト大百科辞典第三版がアバエフの名を記載していることから見て、その名望は国家的に承認されていると思われる。ただその功績は、オセット語の実証的研究には今なお認められているとしても、言語理論家としては若い世代からの支持を受けているとは思われない。

（5） ヘルビヒの著書に引用された多数にのぼるソビエトの文献は、一つのことを読者に印象づけるのに役立っている。すなわち、そこではマルクス主義のドグマの横行にもかかわらず、欧米言語学の受容がいかに進んでいるかということを。このやり方は、ソビエト言語学における近代派の擁護と、そこで獲得された近代派の地歩を確固たるものにするための援護射撃とを意図している。またその訳書について一言するならば、ソビエトにおけるこの論争について述べた部分では、重要な脚注が断りなしに省いてある。これは、訳者がこの部分に関する叙述を軽視したことを物語っている。

参考文献

Абаев, В. И.（1934）: Язык как идеология и язык как техника. In : Язык и мышление II, Ленинград.

——（1965）: Лингвистический модернизм как дегуманизация наука о языке. In : Вопросы языкознания No.3.

——（1970）: Отражение работы сознания в лексико-семантической системе языка.

In: Ленинизм и теоретические проблемы языкознания, Москва. Ахманова, О. С. (1954) : Фонологня, Москва.

Будагов, Р. А. (1975) : В. А. Звегинцев, Языки лингвистическая теория, Москва 1973. (Рецензия) In : Вопросы языкознания, No. 1.

Coseriu, Eugenio (1949) : Sprachwissenschaft und Marxismus. In: SPRACHE— Strukturen und Funktionen, Tübingen 1971.

Филин, Ф. П. (1965) : Заметки о состоянии и перспективах советского языкознания. In: Вопросы языкознания,.No 2.

Гухман, М. М. (1961) : Лингистическая теория Л. Вейсгербера. In : Вопросы теории языка в современной зарубежной лингвистике, Москва.

Heeschen, Claus (1972) : Grundfragen der Linguistik, Stuttgart.

Helbig, Gerhard (1970) : Geschichte der neueren Sprachwissenschaft, Leipzig.

Ivić, Milka (1971) : Wege der Sprachwissenschaft, München.

Кузнецов, П. С. (1966) : Еще о гуманизме и дегуманизации. In : Вопросы языкознания, No. 4.

Левковская, К. А. (1961) : Зарубжные языковедческие теории и понятие слова. In :

Вопросы теории языка в современной зарубежной лингвистике, Москва.
Průcha, Jan (1972) : Some Trends in Present-day Soviet Linguistics. In : Linguistics 88.
Сталин, И. В. (1953) : Марксизм и вопросы языкознания, Москва.
Шендельс, Е. И. (1959) : О грамматических значениях в плане содержания In:Академия общественных наук при ЦК КПСС, Принципы научного анализа языка, Москва.
——(1962) : Связы языкознания с другим науками, Москва.
УФимцева, А.А. (1961) : Теории «семантического поля». In: Вопросы теории языка в современной зарубежной лингвистике, Москва.
Звегинцев, Б. А. (hrsg.) (1956) : Хрестоматия по истории языкознания XIX—XX веков, Москва.
——(hrsg.) (1956) : Общее и индоевропейское языкознание, Москва.
——(1956) : Эстетический идеализм в языкознании (К. Фосслер и его школа), Москва.
——(1962) : Очерки по общему языкознанию, Москва.
——(1973) : Язык и лингвистическая теория, Москва.

（余白をかりて）

本稿一九六－一九八ページにおいて、「ロシアあるいはソビエトにおけるフンボルト崇拝の源流はどこに発するか」というテーマをたてておいた。フンボルトの Über die Verschiedenheit……が、一九世紀半ばに、すでにロシア語で読まれていたことは、現代ソビエトの著作が、その訳書に言及していることからも明らかである。たとえば、A. A. Peформатский, Введение в языкознание, Москва 1955 は、その三四一ページに、Р. А. Будагов, человек и его язык, Москва 1974 は五六ページにそれぞれ訳名を掲げている。後者による訳書名は В. фон Гумбольдт, О различий организмов человеческого языка и о влиянии этого различия на умственное развитии человеческого рода. Перевод П, Билярского, СПб, 1859. 前者の訳名では末尾の二語が человечества となっている。もちろん後者の方が Menschengeschlechts により忠実に対応する。なお、Звегинцев（1956）に含まれている部分訳の表題では、организмов ではなく строения に、умственное ではなく духовное に言い改められている。

ロシアの思想史にくらい筆者にも、フンボルトの露訳の現れた一八五九年というこの日付けから、この著作が、たとえばスラヴ主義者たちには決してひととおりではない影響を与えたのではないかと想像してみたい気持を起こさせるのである。

（『言語における思想性と技術性』１９７５年　エネルゲイア刊行会編　朝日出版社）

民族にとって言語とはなにか

ことばはうつろか

近代科学の成果を示す代表的な例として、言語学はよく引き合いに出される。たしかに言語学は、言語の本質にやどりながら、あまり気づかれることのなかった側面を次々と明るみに出すことによって、言語の認識を深める上で大いに貢献して来た。しかし日本ではしばしばそうであるように、理論は理論として、かりもののままの姿で入ってくる一方で、すぐに利用できるでき合いの技術への信仰があつい。これら二つの領域から脱けおちた、そして、日本人の言語認識にとってより重要な問題は科学の対象としてまともにすくい上げられることがない。それは日本人と日本の科学にとっての損失である。

たとえば近代的言語学に流派を超えて認められる特徴は、言語を「それ自体として」の純粋な体系に抽象することによって、自律的な科学になろうとしている点である。「それ自体としての言語」は、時と場所の限定を受けない。一本のテープに録音された日本語は、なるほど地球上のどこに送られても日本語であって、どこでもこのテープを寸分たがわずまねすることによってそこに日本語の話し手を作り出すことができる。このかぎりでは、ことばは技術であり、その内容は記号を連ねて音声や文字を表わす技術である。人はあたかも道具をとり入れるようなあんばいに外国語を身につける。そして、必要とあらばこの道具はとり替えもきくものと考えられている。山、川、水、草などはマウンテン、リバー、ウォーター、グラスと一対一でレッテルを貼りかえればすむように、名づけられる実物はあらかじめ自然の中に分類されて固定してあり、ことばは、それを一つ一つ記号で指し示すだけの行為なのだと。もっと言えば変わらないのは実体であって、ことばだけは都合次第でとりかえられるのであると。日本語では議論のなかで、よく、「それはことばの上だけの問題だ」などと言われる。ことばはことばづら、うわべ、つくりごと、虚像であって、実体の代用品、かりの符号にすぎない。実体をおおいかくすこのようなことばは、人間にとってむしろじゃまものであり、せいぜい必要悪という程度のものでしかない。じつはことばあってこそ実体は人間の精神活動の中に入ってしまうのであるが、ことばをうつろと考える日本人にとって、近代言語学のたちばには少なくともこの点でよくなじむところがある。

多言語の不幸

ところで現在この地球上には、こうした実体にとって代用品でしかないうつろなことばが、少なく見積っても三千くらいはある。いま人類の大多数は、まさにこの言語の多様のせいで不便をかこち、せめてこの壁をいくらかでも薄くしようとして外国語を勉強したり、自国語をひろめようとしている。ことばが、もし仮の符号にすぎないならば、それにこだわるのはおろかなわざであって、どれでもいいから最も通用力の強い言語にしたがうべきであり、とるに足らない小言語はさっさとやめてほしいということになろう。ひろめるべき言語は、それ一つだけ身につけておけば、幾通りにも役立つようなマスターキー的大言語ということになろう。かつてはフランス語がその地位を主張し、次いで英語がそれにかわった。

言語を一つにするための具体的な方策にいろいろなちがいはあっても、言語の多様は人類にとっての不幸であるとふつうは考えられている。この不幸の起源に最もうまい説明を与えたのが、旧約聖書にあらわれるバベルの塔の伝説である。それによると神の罰を受ける以前の人間は、ただ一つの言語をしゃべっていたのである。とするならば、言語の多様は神の御心である以上、人間はそれに逆らってはならず、二度とことばを一つにしようなどと企ててはならないはずである。だがそれにもかかわらず、全人類に一つのことばをと考えた人たちは少なくなかった。国際語の理念と運動の歴史がそのことを示している。

大言語国際主義

言語統一運動には二つの方向が区別される。一つは既存の言語の一つを選んで、あらゆる民族がそれを身につけるべく努力する方法である。その選ばれた言語となり得る資格があると考えられているのは、多数の話し手人口と国際的（政治的文化的）に権威のある大言語が普通であって、たとえばアイヌ語を以て世界共通語にしようなどという提案は、まず受け入れられる見通しはなさそうである。もともと言語の統一とは、多数決を最高の原理とする無慈悲な理念にもとづいている。もっとも、国際語の資格を競うのに、話し手の数という単純な数量の次元だけに単純化はできない。その言語の地域的なひろがり、学習の便宜、言語が帯びる威信の問題がある。たとえば中国語は数億の話し手をもつ大言語であるにもかかわらず、その話される地域が局限されていて、漢字の学習の困難さが人々を遠ざけてしまう。中国自身が、漢字との格闘のさ中にあるのだから。とはいえ、話し手人口は国際語の資格にとってやはり決定的である。

このように話をすすめてくると、国際語への選び出しが、何か客観的な基準にもとづいて冷静に決め得るかのような錯覚を人は持つかもしれない。だがドイツ語の例を見よう。

この言語はかつて近代科学や学術の用語として重んじられ、その知識を身につけていることは高い教養のしるしとして誇るべきものであった。しかし第二次大戦後、国連はその公用語からドイツ語をしめ出す決定を行った。その意図は、ナチズムのドイツに対する制裁にあったのだが、ドイツ語の話し手がすべてナチズムの支持者ではないし、りくつの上では、ドイツ語そのものに戦争責任はないはずである。しかしこのりくつにならないところにこそ、言語に対する人々の態度がよく現れている。

公的な場における言語の使用の禁止の反面は、特定言語に限って使用を認め、特に公用語の特権的地位を与えるばあいである。このような言語ごとに異なる扱いが、その話し手の利害にいかに大きな関係があるかは言うまでもない。最近になって国際会議において日本語の使用が認められないことから、日本の参加者が受ける不利益が強く痛感されはじめたらしく、日教組の槙枝委員長［一九七六年当時］も、日本語を国際会議の用語に採用せよと要求しはじめた。言語の戦争責任ということが、本当に問題になり得るのであるとすれば、制裁を受けて小さくなっているドイツ語に比べて、日本語はいじけてなくて結構だということになるが、しかし道徳的には、日本語に国際用語の地位を求めるものは、やはり朝鮮語、タイ語、インドネシア語等々についてもその要求を認める用意がなければならない。それにもかかわらず、とりわけ日本語にはそれだけの卓越した地位がふさわしいと思うとすれば、海外における日本の経済的地位の高まりがその自信の根にありそうである。

小言語と国際語

大言語が大言語になり得たのは、小さな劣勢の言語の話し手に、かれらの母語をすてて大言語につくように、直接間接にしむけられたからにほかならない。言語の「自然な」統合過程とは、多かれ少なかれ自然でない要素を含む。この図式に従った言語の統合をよしとする者は、民族の伝統や権利をまもれと無条件に主張してはならないし、母語に執着することは進歩に逆行する反動的な行為である、と知らなければならない。なぜなら、「民族」という概念の根幹には「固有の言語」があるからである。

かつて朝鮮半島が独立を失って日本の一部とされた時、朝鮮人も「皇民」の一員で、日本人でなければならないとされた。かくて朝鮮民族は固有の国家、領土だけでなく、日本式姓名を名のることによって個人の名すら失った。三分の一世紀にわたるこうした日本支配の下にありながら、朝鮮人が民族としての実体を失わなかった最大の理由の一つは、かれらが自らの言語を手放さなかったことによる。民族としての他のどのような特徴を失ったとしても、固有の言語の記憶さえあれば、いつかはそこに芽が吹き出すということに気づいているからこそ、民族主義者はことばにこだわるのである。日本人はことばを奪うものの側に立つかぎり、このことをよく感得していたが、奪われる側に立つ不幸を経験しなかったため、言語に対する認識にゆがみが出てくるのもやむをえないことであった。

大言語を利することなく、小言語をはずかしめることなく、中立的な統一言語を求める、言語統一の第二の道が、自ら大言語への昇進の道に見切りをつけた東ヨーロッパ諸民族の間から現れたのは偶然ではない。その試みの一つエスペラント語は「国際人工語」と呼ばれるが、人間は、既存の材料に全く依存せずして新言語を作り出すわけには行かない。我々が今日用いている分厚い辞書に含まれている語彙のすべてを無から、即座に作ることはできない。ザメンホフはラテン、スラブ、ゲルマンの諸語からいろいろ有用な要素をとり出して、いずれの言語からも等距離にあるような言語を目ざしたのであるが、日本語や中国語の話し手を等しく計算の中に入れていたわけではない。しかしその精神は、東洋の話し手たちからも深い共感を得ることができた。

今日エスペラント語が支持者の崇高な努力にもかかわらず普及を阻まれているのは、自らの国家語の利益のために国家がそれに加える圧力といった外因だけで説明するのは問題の所在に目をつぶることになる。

一般に人が異なる言語を学ぶ動機は、その言語を知っていることが就職を有利にするといったような、あるいは価値のある著作に多数接することができるといったような実利にある。この点エスペラントは、いずれの点から見ても有利ではない。書かれた言語の威信のために、豊富な学術的、文学的著作の存在は決定的である。それぞれの言語は、自らの作家や学者の業績を貪欲に吸い上げる。国家が、こうした言語を操る職業の人間に示す深い配慮の根底には国家語の威信の問題がある。エスペラント的国際主義に立つならば、新しく創られる共通語は自ら何一つそのような威信をかけた作品を持たないのであるから、こうした言語作品の所有を誇示すること自体、極めて利己的行為ということになろう。

エスペランチストにとっては、崇高な、宗教的とまで言える献身・連帯の精神だけがほとんど唯一の支えである。エスペラント支持者は、目前の利益を追って大言語へとなびく体制追随主義者と比べて、どの点からみても道徳的にまさっている。だがエスペラントの敵は、じつは大言語だけでなく小言語であることもありうる。言語の伝達の道具という機能をこえたころから問題ははじまっている。

抵抗する小言語

朝鮮半島の住民が朝鮮民族として残るための最後のとりでが、かれらの母語、朝鮮語であるとさきほど述べておいた。かれらは、民族としての独立を貫き通すためには、朝鮮語はどんなことがあっても手離せない。たといエスペラントを補助語とするにせよ、それに将来を托するには不安が大きい割には、要する時間と努力はばく大である。少なくとも、かれらにとって急を要する何よりも大切なことは自らの母語の維持であって、国際間の媒介手段は、伝達力の大きい言語への依存の道をとる。言語的少数者は、常に母語への絶対的執着と、大言語への依存という、この両極の間を動揺せざるを得ない。かれらにとって言語は趣味や理念の問題ではない。エスペラント語を真剣に問題にし得るのは言語的少数者ではあっても、いくらか母語の維持が保証されている人たちのもとにおいてである。

このように世界の諸言語は、この全地球的規模への統合と、それを無視した自らの主張との間を絶えず動揺している。その動揺のはばを決定しているのは、自らの言語がその両極の間のどこに位置するかの認識のしかたである。日本語についてのこのような認識が、実は日本人の言語への関心の抱きかたや、言語研究にのぞむ態度を決定する。日本の学問は基本的に日本語によって規定されているとするならば、日本の学問の性向が、言語に対する日本人の態度によって規定されている面は大きいのである。

かくされた言語意識

日本人が自分のことばや、あれこれの民族のことばにどのような価値観を抱いているかは、高度に学問的なすがたをとったりして現れるのでは決してない。日本人の心理のいわば深層に横たわるものがあらわになるのは、最も非学問的な文脈においてである。

たとえば最近、在日朝鮮人の一人が、自分の名前は、自分のことばの発音で呼んでほしいと訴えたときの日本人の態度である。この人の名は漢字では崔昌華と書くが、チォエ［あるいはチェ］・チャンホアと発音する。この発音以外にこの人の名は存在しないはずであるが、日本人はサイショウカと漢字の日本語読みで通例すませている。チォエさんは日本語読みを改めないＮＨＫを人権侵害であると訴えた。この訴えは、外国語オンチの日本人が気づかぬままに通りすぎて来た問題を深くえぐり出していると私には思われた。

私は言語の科学にとりくんでいる一人の研究者であるから、いたわりや同情の気持を先行させては、この問題の本質を見誤まることになるであろうと、まず自分をいましめた。たいせつなのは、チォエさん個人のことではなく、外国語ではあるが漢字を使用する言語に対するときの日本人に特有の接しかたの問題である。西洋人の名を発音したり書いたりするとき、日本人は神経質なほど原音に忠実であろうとし、その正しい発音を知っていることが教養のあかしにさえなろうというのに。そこで「西洋人の名は大切だが、朝鮮人の名は注意しておぼえる必要はないと、ＮＨＫだけでなく、私をも含めて多くの日本人が思ってきたのではないか」と私が朝日新聞に書いたとき、私が受けとった反響は、ほとんど非難であった。意外であったのは、韓国に永く滞在していた朝鮮語の専門家で、私の永年の知人からのものだった。日本人の漢字名は、韓国では朝鮮語で読まれるのだからおあいこだし、ことばのとりかえだけで差別がなくなるわけではないという趣旨だった。あるいは朝日の天声人語氏も、日本では毛をモーと読み、中国では三木をサンムーと読むという例をもち出したおあいこ論であった。

とにかくチォエさんの訴えは、日本人が当然とする言語意識をさかなでした。「ゴチャゴチャ言わず朝鮮人は朝鮮に帰れ!」(東洋経済日報に紹介)、「吹き矢でトリカブトの根を打ち込むぞ。これを機会にお前らと軍事対決をやろうか」(朝日新聞に紹介)と日本人は大いに激高した。チォエさんは決してゴチャゴチャとは言っていないが、日本人はそれをゴチャゴチャと受けとったわけだし、朝鮮人がすべて朝鮮に帰ったとて問題はもとのままである。

私たちはこうした脅迫状の送り主の、口を単にふさぐだけでは進歩がない。善良な日本人の、これが標準的な言語認識だと認めるところから出発しよう。だが、当の朝鮮人がチォエさんの主張をどう受けとったかを知ることはもっと有意義である。この点で『月刊アジアの友』(アジア学生文化協会発行)一月号が転載した『朝鮮日報』の論評は興味ぶかい。同紙は、かつて中国や日本との外交の衝にあたった朝鮮の使節たちが、自分の名が中国音や日本音で読まれると、答えなかったり席を立ったりした歴史上の実例をあげ「ひとつの同じ呼称の韓国語の発音と外国語の発音に、とてつもない大きな差をつけた韓国人の伝統はかつ目すべきであり、それはまた、満身創痍となったわれわれの主体性が、何はともあれ残っているというその命脈かも知れない。」（傍点引用者）と述べている。
科学が発達しすぎたというのは誤解である。我々が敢えて気づこうとはしない、こうした意識や心情の正体を明るみに出し、これら脅迫状の主たちに気づいてもらうためには、科学はほとんど何もしていないも同然なのである。

（『国語の授業』1976年7月　児童言語研究会編　一光社）

【二〇一八年の感想】
この一文は今から四十二年前に書いたものである。私のこのような意見に対して、毎日新聞すらも、ドイツ語のウィルヘルムもフランス語ではギョームだ。ヨーロッパだってそれぞれ国によって異なる呼び方をしているんだと、パリ駐在の特派員の学識まで動員して、私をヘコませようとした。私は、そうかい、パリでやっていることならそんなにいいことかい、と自らつぶやいておしまいにした。こんなささいなことですら、ことばの問題は半世紀を要するのだ。

Leo Weisgerber《レオ・ヴァイスゲルバー》と社会言語学

――いかに私はWeisgerberを読むか――

スターリンの介入をもって終結した、一九五〇年のいわゆるソビエト言語学論争の後、ソビエト言語学界は、永年にわたる混迷から脱出し、空白を埋めるための手はじめとして、まず欧米のさまざまな古典、新古典の翻訳と、流行の諸説の紹介に熱中した。ことに、N. J. Marr《マル》一派が、Ursprache［原祖語］の概念と比較文法によるその再構の方法を否定していたあとだけに、「比較・歴史的方法」のみが、ほとんど唯一正統、公認の方法とされ、一挙にJunggrammatiker［青年文法学派］の時代へともどってしまった。一九六〇年にH. PaulのPrinzipienのロシア語訳があらわれたのは、こうした過程に接続している。他方、［ソ連における］ソシュールへの接近は、まだおずおずとしたものだった。それは何よりもソシュールが「反歴史的」であったからであり、Coursの翻訳はすでに一九三三年にあらわれていたのに、誰の手にもとどくようになった新版の出現には、じつに一九七七年まで待たねばならなかったのである。このような状況のなかで、一九六一年、科学アカデミー言語学研究所が世に送ったVoprosy teorii jazyka v sovremennoj zarubežnoj lingvistike（現代外国言語理論の諸問題）と題する一冊の論文集の意味は甚だ大きいものであった。そこに収められた欧米言語学に関する九篇のうち、五篇までが、いわゆる西ドイツ Neo-Humboldtianer に関するものであったが、なかでも A. A. Ufimceva《ウフィームツェワ》, Teorii « semantičeskogo polja » i vozmožnosti ich primenenija pri izučenii slovarnogo sostava jazyka（« Bedeutungsfeld »［意味野］の理論と、その語彙研究への適用の可能性）と、M. M. Guchman《グーフマン》, Lingvističeskaja teorija L. Vejsgerbera（L. Weisgerber の言語理論）の二つは、この論文集の中核をなすものであった。ちなみに、Bedeutungsfeld への関心は、形式よりは内容に、「音声学というカードの要塞」（V. I. Abajev《アバエフ》）よりは意味の分野を重視するソビエトの伝統に合致していたから、一九五七年にはすでに V. A Zvegincev《ズヴェギンツェフ》が、Semasiologija［意味論］という好著において適切な紹介を行ったのみならず、新しくは Ščur《シチュール》が一九七四年に Teorii polja v lingvistike［言語学における野の理論］という、独立の著書さえあらわした（シチュールのこの本には独訳があるかと記憶しているがさだかではない）。ところで、Bedeutungsfeld を扱えば、当然、それを包み込む、より大きな背景をなすヴァイスゲルバーが浮きあがってくる。グーフマンはそのヴァイスゲルバー理解のために前述の論文を書き、ソビエトの環境に導入する端緒をつかんだのである。

当時、ドイツ語の書物に親しむことのなかった私に、この言語思想家の存在を教え、その世界に引き込んで行ったのは――ゲルマニストの耳には奇妙に聞こえるかもしれないのだが――このソビエト風ヴァイスゲルバー論だった。šovinist［好戦的愛国主義者］でrevanšist［復讐主義者］だときめつけながら、グーフマンは、この人が、ドイツの伝統的な言語イデオロギーに忠実に、既存の言語学への批判の手を休めず、言語研究の最も危険な分野に向かって展望を拓きつつある探究者であることを読む者によくわかるように述べていた。私はこの人を読むためにやはりドイツ語はやらねばならないと考えた。

そうしているうちに、まったく思いがけないきっかけが私をヴァイスゲルバーのもとに導いて行った。一九六四―六六年、私はPorf. W. Heissig《ハイシヒ》の強い勧めにより、フンボルト財団奨学生としてボンに滞在した。ゲッティンゲンからボンに移って間もない氏は、この分野では西欧唯一最大の研究拠点、Seminar für Sprach- und Kulturwissenschaft Zentralasiensを組織した直後であり、そこではドイツ・モンゴル学の黄金時代が現出されていた。わが国のMongolistにはドイツの息のかかった人が少なくなく、かつてベルリンでMongolistikをやった村山七郎先生が、私を日本から出すために尽力されたし、また言語学の指導教官であった亀井孝先生が、ドイツ語のできない私の有利を計って種々画策された。過度の因縁話に陥ることを厭わなければ、これらの人たちがすべて私をヴァイスゲルバーのもとに行かせる導きの糸となったのである。さて、ボンに着いてたいへん驚いたことは、そこの言語学の主人は、ヴァイスゲルバーその人だということだった。私はハイシヒ先生には申しわけないが、本来ならばモンゴル研究に捧げるべき時間の多くを、ヴァイスゲルバー理解のために割いた。あるとき、研究室に出入りするスラヴィストに、私のヴァイスゲルバーの知識はソビエト経由であると告白したところ、かれもまたグーフマンの論文を知っていて、あれは、ソビエト言語学が、アメリカのメカニスティクな構造主義に対抗するためにヴァイスゲルバーを持ち出して来たのだという見解を述べた。私はかねてから同じことを考えていたので自信を得て、後に個人的にヴァイスゲルバーに会ったときにその話にふれたところ、氏もやはりこの論文のことを知っていた。しかし氏はむしろ、異なる学問的風土から、私と同じ考えに到達した人がいると、より多くWhorfのことを話題にした。同じことは、その前年に現れた独訳の解説にも書いてあるのだが、そんなことを私はちっともおもしろいとは思わなかったので、ヴァイスゲルバー先生、ソビエトにおいて自分が演じることになった役割については気がついていないなあと、かなり失望したことを憶えている。

グーフマンは、上述の論文において、現代の言語学には大別して二つの潮流があると述べる。一つは言語をひたすらimmanentな体系として、内容を捨象し形式化にむかう、構造主義のさまざまな流派、いま一つは、その言語の担い手である民族の文化との関連においてとりあげる、内容重視の言語学であり、ヴァイスゲルバーはこの流れに属すると。興味深いことに、E. Coseriu《コセリウ》は一九五〇年の Sprachwissenschaft und Marxismus［言語学とマルクス主義］で、ソビエト言語学の特徴を、やはり 'inhaltbezogen'《インハルトベツォーゲン》という表現でとらえている。たしかに「言語とその発展法則が理解されるのは、言語が社会史や人民の歴史と緊密にむすびつけて研究されるばあいだけである」（スターリン）というテーゼから出発するならば、戦後の欧米言語学のうち、ここに呼応するのはヴァイスゲルバーだけとなろう。

グーフマンが政治的に、「ヴァイスゲルバーの理論は学校教科のなかにも採用されて、若い世代にショーヴィニズイムとレヴァンシズムを注入するための手段と見なされつつある」と紋切型のコメントをつけながらも、それが「統一的な観点にたって、言語の本質、共同体におけるその位置、その機能と発展の法則、言語と民族史との、特にその民族の文化のさまざまな様式との相互関係を見ようとする」点に共感を示している。この共感の背景をさぐって行けば、一九世紀ロシアにおける W. v. Humboldt《フンボルト》の影響という興味深い事実につきあたる。すなわち、かれの Über die Verschiedenheiten［人類言語の多様性について］は、すでに一八五九年にロシア語に翻訳されて、たとえば A. A. Potebnja《ポテブニャー》の著作などから見るところでは、ロシア言語学そのものに肉化されて、その不可欠な遺産にすらなっている。ソビエト言語学の目からみるとき、ヴァイスゲルバーは、そのフンボルトを20世紀によみがえらせた人としてどうしても評価されねばならない。さらに、マル主義が破産宣告を受けた後のソビエト言語学が欧米言語学への果てしない模倣とイデオロギー的堕落に陥って行くとき、そこで果たすべき歯止めの役割は、ヴァイスゲルバーからも借りて来なければならなかったのだ。

私はグーフマンによるヴァイスゲルバーの紹介のしかたが基本的には誤っていないと認めるとしても、多くのヴァイスゲルバー祖述家、翻訳家が犯している誤りを、かれもまた犯していることを述べておきたい。それは、ヴァイスゲルバーが「フンボルトの体系をその複雑さと矛盾において分析することをせず」に、「ソシュールの概念」を援用した結果、かれの理論が「ごたまぜ」の様相を呈するに至ったとしている個所である。つまり「言語の社会的性格」の理解にあたって、ソシュールはヴァイスゲルバーに折衷的に利用されたというのである。しかし、ソシュールの「社会」は没歴史的であって、langue を歴史から切断するための装置であるのに対し、ヴァイスゲルバーにおいて Sprachgemeinschaft［言語共同体］は、言語とその話し手が出会う歴史的な場面として設定されている。「社会」は両者の理論構成において全く別の役割を担っていることを見逃してはならない。

歴史的言語共同体はソシュールによって、その理論構成の出発点から除外されたが、チョムスキーに至って、さらに極限にまで進められた、その観念論的な没歴史主義は、一九六〇年代を迎えると、「社会」を言語研究の視野のなかにあらためてすえなおすべく、Soziolinguistik［社会言語学］の挑戦を生むに至った。

今日の西ドイツの社会言語学の主流は、この新興の英米流社会言語学の後発変種として、わずかな例外を除き、ヴァイスゲルバーが構想した言語学の枠組みについては、ほとんど想起もせず顧慮もしていない。あたかも社会言語学が近代言語学の一つの絶頂から生じたように、ヴァイスゲルバーの体系もまた、辞書と文法が切りおとした言語領域をこそ学として組織するために生まれた。そのモチーフの展開を、たとえばHandbuch der Soziologie［社会学辞典］に執筆されたSPRACHEからDie vier Stufen…へとたどってみると、社会言語学のための地ならしは、すでにかれのもとでよく準備されていたことを認めないわけには行かない。ただその際、両者のあいだには興味深い対立点がみぞを作っていることにも気づいておく必要がある。すなわち、ヴァイスゲルバーにおいては、MutterspracheとSprachgemeinschaftという、本来は非政治的な概念が極めて政治的な問題に人を導いて行くのに対し、社会言語学は、逆に、政治的な側面から出発しても、到達点では非政治的な関係へと解体されてしまっている。

ヴァイスゲルバーの理論は、それができあいの分析装置を提供するものではないから、祖述や解説には適さず、その試みは多くのばあい失敗作のように見える。それにもかかわらず読む者に、思索のためのたしかな手がかりを与えているのは、それが、精密科学が精密になるために持てあまし、放棄した部分を、ことばそのものによってたぐり寄せ、言語化し、体系化する道すじを示してくれているからである。この意味でヴァイスゲルバーの思想は、言語そのものと同様、エルゴンではなく、エネルゲイアとして読まなければならないと思う。

一九七九―八〇年のうち九か月を再度ボンで過した。出発に先立って、千石さんから本誌一五号にヴァイスゲルバーの特集をやるので何か書いてみないかとおすすめを受けたのに果たせなかった。ボンでもJ. Knobloch《クノブロッホ》氏から、なぜあれに書かなかったかと問われて、それに参加できなかったことをあらためて残念に思った。こんど帰国後間もなく、また千石さんからのおすすめを受け、もしかして別の話題を期待されているのかもしれないという気もしたが、私の話は再びソビエト言語学とヴァイスゲルバーにもどってしまった。いずれも、言語学が好むと好まざるとにかかわらず、強力な政治の磁場にさらされたケースとして、尽きぬ関心を呼び起す。千石さんは第一回の私のドイツ滞在に際して、不慣れな私を種々導かれ、また私のおしゃべりの我慢強い聞き手になってくださった。そのことを思い出し、本稿は千石さんを前にしゃべっているつもりで書いた。ヴァイスゲルバーについて、私にはこれといってまとまった仕事がなく、ただ一度だけ、日本言語学会で口頭発表した要旨を『言語研究』に「L. Weisgerber における言語学の構想」としてのせたことがあるだけだ。しかし私の著書のなかでは至るところ、ヴァイスゲルバーが霊感を与えて、あれこれと議論のきっかけを作っている。だから、一九六一年にロシア語文献を通じて知ったこの人によって、自分の脚が立ったという私の思いはいまも変らないのである。なお本稿に関連するものとして、できはよくないが、エネルゲイア刊行会『言語における技術性と思想性』所収の「科学論としてのソビエト言語学論争」［本巻一七八ページ－二〇八ページ］をあげておきたい。

（『ドイツ語教育部会会報』1980年No.18　日本独文学会ドイツ語教育部会）

【二〇一八年における覚え書き】

本篇はドイツ語の専門家のために書かれた報告である。そこには当然ドイツ語やまた、ローマ字書きのロシア語が頻出してくる。編集者はそれにすべて日本語訳を入れろと要求したが、そのすべてに応じられたわけではない。

《読書ノート》

『ヒトラー演説』

（高田博行著／中公新書）

ヒトラーの名演説が、いかに多くの人々の心をとらえ、熱狂に引きこんだかは、映像や録音によってよく知られている。とりわけ、チャプリンが劇画的に演じた映画『独裁者』は、それを普及する上で大きな功績があった。

ドイツ国民にこれほどの感銘をあたえ、ついには世界大戦へと駆りたてたとすれば、この名演説と、それを受け入れた聴衆には、戦犯に等しい大罪があることになる。さらにこのドイツ人の罪は、ドイツ語そのものの罪だと論議はすすんで行った。

だからドイツでは、この問題にまじめに取り組む言語学者たちがいた。ヒトラーの演説の特徴を究明するためにいくつもの「ヒトラー用語辞典」さえ編まれた。こうした研究の一冊としてV・クレムペラーの『第三帝国の言語〈LTI〉』は、日本語にも翻訳されてひろく読まれた（法政大学出版局、一九七四年刊）。

今回ここに紹介する一冊は、ドイツ語史を専門にする日本の研究者の執念のたまものであり、ドイツでの研究の伝統を引きつぐものである。ただ、クレムペラー以降、この四十年の間に語彙の統計のためにはコンピューター技術のいちじるしい発展があった。すなわち、ヒトラー演説の中に現れる百五十万の語彙を抽出し、それらがナチ党の発生から消滅に至るまで、どのように変化したかを、細部にわたって明らかにすることができた。

日本の読者にとってむつかしいのは、ここにとりあげられたドイツ語の語彙のニュアンスを、翻訳によって知ることの限界であり、ドイツ語を知る読者には当然のことが、多くの説明を要することである。

こうした困難をのりこえるのはたやすいことではないが、いくつかの工夫がなされている。たとえば「ヒトラー用語」の転変を、六期に分けたナチ党の盛衰に対応させながら、それぞれの段階で特徴づけようとしたことである。この方法はかなり成功していて、読者はナチズムの言語を知ることによって、二〇世紀前半のドイツの政治的危機と悲劇の歴史をも学べるようになっているのである。

ドイツでは、なぜこのような研究が、言語学者たちによって行われねばならなかったのか、その背景を、私は次のように考える。それは、ドイツの敗北の直後、ドイツ語そのものが戦争犯罪者として告発される雰囲気があり、日本語もそれと並べられたからである（拙著『言語の思想』［岩波現代文庫］参照）。しかし日本では、ドイツほどに深刻に受けとめられなかったわけは、日本語が世界に影響力を持ち得る言語とは評価されていなかったことと、日本における言語研究者の学問的視野のせまさによる。

今日、日本語もドイツ語も、国連の公用語から排除されているのは、いずれも戦争犯罪言語であるという、戦後の雰囲気の継続であることを日本人は知っておかなければならない。

では名演説は犯罪なのだろうか。そうとすれば、古典ギリシャ以来の弁論術という重要な言語芸術には、犯罪の根が宿されていることになる。

最後に、本書を読む人には必ず念頭に入れていただきたいことがある。ヒトラー以外にも、世界に大変動を与えた、レーニンや毛沢東などの名演説家がいた。それは今も想起されて人々を動かしている。日本にはそのような名演説が記憶されていないのは、日本語のしあわせであったのかどうか。

（『中央公論』2014年9月　中央公論新社）
原題「新刊この一冊『ヒトラー演説』高田博行著」

〔田中克彦著『チョムスキー』の〕書評にこたえて

本誌〔『言語』一九八三年〕八月号で、私の『チョムスキー』が書評にとりあげられたことは、著者として近年まれな光栄であった。しかも評者は原口庄輔さんという、正真正銘のチョムスキアンだそうだから、その方面からの関心が、私の本をどうえぐってみせるかということはいっそう強い興味をそそらずにはおかなかった。

だが原口さんのとった方法というのは、祖述的な個所だけをとりあげて、それがチョムスキー理論のわくに合っているかどうかをしらべるという、まるで共通一次のキカイ式採点方法のあてはめみたいなものだから、――ときには私の英文の引用文のまちがいみたいなものまできまじめになおしてある――思想としての言語学の論点をできるだけ彫深く浮きあがらせようとした、私の著書の意図からすれば、ちょっと期待はずれであった。

ところでこのキカイ式採点方式は、私の文章の読みかたにも機械的に適用されてしまったために、次のような、びっくりするようなはなしができあがっている。「例えば、同じフンボルトにしても、チョムスキーの取りあげたフンボルトに関しては、『忘れ去られ、一顧だにもされなかったはずの古めかしい、ある意味においてはがらくたの古物』であると〔田中は〕述べている。これに対して、ヴァイスゲルバーのフンボルトは……比較的好意的に述べられているという具合である」といったあんばいだ。このくだりを読んだ読者は、おそらく仰天したのではないかと私は思う。いったいそんなことが起きうるだろうかと。なぜなら同じフンボルトでも、チョムスキーの手がさわると「がらくたの古物」にとどまるのに、ヴァイスゲルバーがちょいと息を吹きかけると、たちまち黄金に化してしまうのだというのだから。もしそんなふうなフンボルトのとりあげかたがあるとしたら、それはフンボルトを論じているのではなくて、チョムスキーないしはヴァイスゲルバーを論じていることになってしまうはずだからだ。

ここで、「陽の目を見る」ようになった「がらくたの古物」ということばで指されているのは、デュマルセ、ボーゼ、その他もろもろの一八世紀の理性主義者たちのことであって、フンボルトを指すなどとは、少なくとも、この本を全体として読んだ人だったら、誰も思いつくはずのないことだ。じじつこの人たちの著作は、チョムスキーがあれこれいわくを説明するものだから、やっと注目され、復刻されるようになったのである。

このような、著者の意図をあらぬ方向に持って行ってしまう文章理解のしかたは、「実在において形をもたない文法は深層構造といううつわを作ってそこに入れられる」という私の文章に対して、「深層構造というのは文法における一表示のレベルに過ぎないから、文法は深層構造には入りようがないのである」とたしなめた部分にもあらわれている。そのとおり、「文法は深層構造には入りようがない」から、深層構造に入れられるような文法とは、それは「実在において形をもたない文法」と表現したのである。

以上述べた点は、書き手の意図を、評者が読み得ていないという、かなりな程度まで読解技術にかかわることがらであるが、「真に人間的な部分は、一般的な深層構造ではなくて、……むしろ特定化された表層構造の方」にあると私が書いたところを引用して、このような「所見も誤解である」としている点になると、評者には、もしかして、チョムスキーのはめたタガからもはや一歩も、自分の足を使って外に出ることのできなくなってしまった、かごのトリ的な、とらわれた精神しか見出せないような気がする。「真に人間的な部分は……」ウンヌンは著者の思想であるから、「チョムスキーのわくでは、……おかしいということがわかるはずである」というのはあたりまえのことだ。

著者にとって、ここはなかなか大切なところなのだ。言語にとって、真に人間的であるものをどこに求めるかは、研究者の焦点定めと研究の方法にかかわることなので、私はやや気負った言い方をしたのである。この私の態度表明(A)と、「深層構造と表層構造と、そのいずれがほんものでまともであるのかといえば、ココロの中の深層構造の方である」(B)

とが、「矛盾に近い言い方になっている」と評者が言っているのはあたりまえのことだ。なぜならば、(B)は著者のことばによってチョムスキーのたちばを要約したものであるから、「矛盾に近い」どころか、全くくいちがっていないと困るのだ。

ところで、(B)のような把握のしかたが示されると、チョムスキーとその弁護人たちは、いつもゴカイだゴカイだと言ってかばう。だから、'so it is claimed' という英文の意味(この文は受動形など使って、主張する主体をぼかしたズルイ言い方だ)も、つごうが悪くなると、ポール・ロワイヤルのせいにしてなすりつける。それはポール・ロワイヤルを説明したものであって、チョムスキー自身のたちばではないと。そうだろうか。ほんとうは、チョムスキーの体系の中では、《深層構造＝思考(論理)＝普遍》としておかないと、理論の整合性がくずれてぐあいが悪いのにもかかわらずである。

たしかにチョムスキー自身も、自分は一度も深層構造が諸言語を通じて共通だなどと言ったおぼえはないと言っている。しかし、共通でないと言ってしまうと、こんどは深層構造などというものを設ける意味はほとんどなくなってしまい、それは生成文法の存在理由そのものをあやうくしてしまうことにさえなりかねないではないか。言ったとか言わぬではなくて、理論の骨組みの中には、あえて言われないことでありながら、ぬきさしならない背景をなしているものがひそんでいる。

私がこの書評を読んであらためて驚かされたのは、チョムスキー理論なるものが、いかに転変きわまりないものかということである。「確かに、ごく初期の頃はそのように考えていたが、六〇年頃には既にこれらの変形は破棄されたのである」だの、「これも七〇年代のはじめ頃にはほぼ破棄された考え方である、ということに注意すべきであろう」などと述べられていて、あげくのはてには、「アナクロニズムに陥らないようにすべきであろう」だとサ。これじゃまるで、十年前のモード雑誌を読んだばかりに叱られている流行おくれのいなか娘のようなあんばいではないか。チョムスキー言語学にかぎって、その理論は十年ごとにアナクロになる覚悟を決めておかねばならないとしたら、たしかに並の言語学者のナマクラ精神ではやって行けないことになる。

思想史の手法では、思想はその原点のところで理解され、検証されることに大きな意味があるのだが、評者によれば、それはすべて誤まりのもとであって、すべからく枝葉のところで、それもなるべくサキッチョの表層のところを見つめているのでないと、アナクロということになってしまうであろう。

全体としてみると、私の『チョムスキー』は評者によって、相当の礼をもって遇されているという印象を抱く。それは著者としてしあわせなことなのだが、しかし次のような一節にあらわれた批評の方法については、どうしてもそれを指摘して、もう一度読者に玩味しておいてもらわねばという気になる。

この著者のゆがみを構成しているものは、社会言語学者としての信念と、コセリュー［もし希望をいれていただけるなら、コセリウと書いていただきたい］、マルチネ、ユーレンベック、ヴァイスゲルバー、ロビンソンなど、チョムスキーに批判的な研究家の立場に対する共感である。

私のゆがみは、一に社会言語学者であるゆえ、二に、ここにあげられた数人の西洋人への共感ゆえであるという。この論法で行くと、社会言語学者とここの五人などにかぶれる気のある人はチョムスキーをゆがめる素質をもっているということになる。が、私は、この人たちに共感して私のたちばを作ったのではなくて、私のたちばがあったから、そのたちばへの証人としてこの人たちに出てもらったというにすぎない。もしかして、この人たちは、おまえさんのように解釈されては迷惑千万だと言うかもしれない。そしてこの人たちもまた、ゴカイ、ゴカイと言うかもしれない。かんじんなのは、私のたちばなのだ。この人たちがいなければ、私の『チョムスキー』という「ゆがんだ鏡」ができなかったみたいな言い方で、私としては甚だしく心外だ。
とすると、社会言語学が私をゆがませたのだろうか。そういう見方はもっと困る。というのは、私は、自分が社会言語学者というそらおそろしいモノだとは一度も思ったことがないし、また世間に対してもそう名乗ったこともない。何よりも私は社会言語学という名称にはナントナク批判的だからだ。言語は、そのものの性質じたいにおいてもともと社会的だから、それを、さらに「社会的」だなどと強調するときには特別のかまえと装備が必要だが、私にはそんなそなえはない。私においては、この「社会的」なるものと「真に人間的な部分」とが一致する。だから、評者のこのようなゆがみとその構成要素の探索のしかたはまったくばかげていると私には思える。

　私がのぞむとすれば、むしろ私のたちばを単に言語学者と称《よ》び、チョムスキー学の方を非社会言語学と称ぶことによって、このことばの本来の意味をまもりたいということだ。そのように称ぶことによって、チョムスキー学のねうちをいささかもさげることにはならず、かえってその非社会言語学的性格をいっそう浮きだたせて、その尖鋭さをいっそうあきらかにすることになると思う。この点では私の『チョムスキー』は十分貢献し、ふさわしい役割を演じたと思っている。

（『言語』１９８３年10月　大修館書店）

チョムスキーの魔術

チョムスキーという名は、アメリカがベトナムを空爆した頃、すなわち、一九六五年ごろから、世界の知識人たちの間に広く、しかも衝撃をもって知られはじめた。チョムスキーは、アメリカの犯罪的軍事行動を果敢に批判したのみならず、みずから北爆反対のデモ行進に加わって、ノーマン・メイラーとともに逮捕されたなどというニュースが伝えられるに及び、ますます人々の関心は深まった。

人々のおどろきの理由というのが、かれが一方においては言語学者で、しかもそれまでの言語学がしがみついていた、さまざまな原則をことごとく突き崩した、学問においても革命家だという点にあった。

こういうわけで、すでによく知られていたチョムスキーだったが、その知名の度あいが最高潮に達したのは、ニューヨークなどが急襲された二〇〇一年の九・一一事件をきっかけにしてである。かれのような人は、いまや、社会正義を主張し実行する知識人として期待される、最も顕著な典型となった。

このことは、チョムスキー本人としてはむしろ意外であったのかもしれないが、一般の人々にとっては、さらに意外であったにちがいない。しかし、その意外に思った方向は全く逆であった。

人々はなぜチョムスキーの政治批判が意外であったのか、それは、こうした批判や行動の実行人が、ほかでもない言語学者だったからである。かれの言行は、従来思い描かれていた言語学者という像に全くそぐわぬものであった。

チョムスキーのような発言が、政治学者か、そうでなくとも、社会評論家だの作家だのの中から現れたのだったら、人々はそれほど驚きを感じなかったであろう。

言語学、あるいは言語学者ということばから人々が連想するイメージといえば、その学問もそれに従事する人もすこぶる没社会的で、政治などには無関心であることを想像するのみならず、またそのように期待していたのである。

たとえば、あるとき、言語学科に学ぶ学生が、学生運動やデモに参加すると、そこの教授は、政治などに気をとられないで、学業に専念しなさいとさとしたという話をよく聞いた。すなわち、専門的な研究と政治活動は相反するものだとする通念がひろく受けいれられていたことを示している。

それは、言語学者だけではない。一般の知識人だってそうなのだから、あんたは言語学者であって政治のことはよくわからないはずだから、口を出さないでほしいと、とくに日本ではそういうふうになっている。

ところがチョムスキーの発言には、よく行きとどいた資料の裏づけがあったから、これは、しろうとの思いつきではないなと世間が思いはじめたのである。専門の枠の中におとなしくおさまっているべきだとのモラルで自らをしばりつけている人たちには、チョムスキーは魔術師のように見えたであろう。あとで述べるように、社会や政治の問題について専門家としろうとを分けることは、チョムスキーが最も強く反対するところである。

私は言語学の専門だから、チョムスキーをまず、言語学の分野で何をやった人であるかを知り、理解している。かれとしても、知ってほしいのはむしろそのことであろう。だから、私はまず言語学者としてのチョムスキーについて述べなければならない。かれを賛美するためではなく、理解するためにである。そのためには、言語学の歴史というコンテキストの中で理解することが不可欠である。

近代的な言語学は、一九世紀初頭にはじまった。それは個々の具体的な言語を科学的に研究することであり、科学的というのは、自然科学的というのと同義であった。言語は、自然物のように人間の外にあって、まるで、動植物を研究するように研究できると考えられていた。とりわけダーウィンの進化学説が伝えられてからは、この研究方向にいっそう拍車がかかった。

なかでも急進的な一派は、言語の発達には、動植物に現れるのと同様の進化の法則があり、その法則は、人間の意志には関係なく貫徹すると説いたのである。このたちばをとる当時の若い言語学者たちは、音韻変化の法則をたて、それは「純粋に機械的に」「盲目の自然の必然性をもって作用する」と宣言した。かれらは、そのいちずさをからかわれて、老練で経験豊かな研究者たちから「青年文法学派」と名づけられたのである。［ここに言う「青年」とは、「思慮の足りない、駆け出しの」という意味である。亀井孝はそのニュアンスを出そうとして、「わかもの文法学徒たち」という訳語を用いている。］

そしてこの期の言語研究の方向を総括したヘルマン・パウルは「言語はあらゆる人類文化の所産と同じように、史的考察の対象である」と述べたのである（『言語史の原理』）。このように、言語研究とは本質的に歴史的でなければならないと説いた一九世紀に対し、チョムスキーは「言語にとって歴史研究は意味がない」と言い放ったのである。

青年文法学派的方向の全盛期にその牙城であったベルリンやライプツィヒで学びながらも、二〇世紀に入ると、言語学の方向づけを全く変えてしまったのがフェルディナン・ド・ソシュールであった。

本書『チョムスキー入門』。以下この文中での「本書」は全てこれをさす」の中でチョムスキーは、ソシュールの「言語学への基本的な貢献、また欠点は何であると思いますか？」という問いに対して、

本当に大したことはないんだ。もし君がソシュールの言語学を人に**教えたい**と思っても、実際には何を教えたらいいのか分からないだろう。

（本書二六ページ）

そしてまた、

「ソシュールの」貢献かい？　率直にいって、仮にソシュールの言語学が存在しなかったからといって、言語学がそんなに違ってしまったとは思えないな。（本書二七ページ）

と答えているが、言語学史の流れの中でみると、こんなふうにあっさりとは片づけられない。しかし、チョムスキーからみると、これが当然の評価かもしれない。なぜなら、チョ

ムスキーにとっては、ソシュールが一九世紀の枠をうち破って、苦難の末に得られたところの、研究の主要関心を、歴史ぬきの共時態（サンクロニー）に移したことは、言わずもがなの当然のことだったからである。

すなわち、チョムスキーが「ソシュールが存在しなかったからといって、言語学がそんなに違ってしまったとは思えない」といえるのは今の段階からみてのことであろう。理論史の流れから言えば、ソシュールの共時態の確立があったからこそ、チョムスキーへの地ならしができていたのである。

チョムスキーは、共時態言語学は当然のこととして受けとり、言語学の前提としたが、ソシュールの言語共同体論の方は受け入れなかった。すなわち、言語を成り立たせている社会はかれの理論の中では必要がなかったのである。

言語共同体を導入すれば、民族、方言などの概念をさけて通れないはずであるが、チョムスキーはそれにすら依存せず、言語研究の単位を「理想的な言語装置をそなえた個人」の脳という生理にまで到達させてしまった。つまり、社会の必要もない、また時間の経過もない「言語」へとむかったのである。

そこでの言語は、個々人に代表された「言語する能力」すなわち、種としての人間の能力という生物種の単位にまでおりて捉えられたのである。したがって、チョムスキーの生成文法理論は青年文法学派のとはちがった意味での生物学的な言語学にもどったと言えるのである。

これまで述べてきたことは、主として言語研究の方法に関する面についてであったが、次に述べるのは、科学というものの全体にかかわる問題である。

言語学を辞書的に規定した多くの表現の中には、「言語学は経験科学である」と規定したものが大部分である。経験科学とは、かならず、できごとの説明が、経験的方法によって実証されなければならないということが前提になっている。したがってそれは、まだ確証されたことのない仮定にもとづく推論を排することを絶対の条件とする。

この主張が方法論の上ではっきりと現れたのが、心理学における行動主義である。それによれば、人間の、外からは観察できない、内部で起きている心理過程、メンタルな働きは、そのままでは客観的には把握できず、外に表れた現象に還元して、はじめて科学的観察の対象になり得るとするものである。

こうした徹底的な科学主義、実証主義は、人間の精神をあつかう領域では、乗りこえられない壁につきあたった。「愛」「憎しみ」などの意味が、こうした経験科学主義によって実証され、定義できるためには、たとえば、内分泌の活動に還元して、それを測定するしかないのである。

したがって、この方法にしばられた言語学は、音声などの生理・物理現象にかかわる領域では大いに発達し、その成果は大きかったが、最大の難物は「意味」であった。したがって、意味にかかわる研究、意味論は、最もおそれられ、回避された研究領域となった。こうして、言語現象にとって最も重要な核心となるべき領域が、触れられない部分として残った。意味は語彙に関するのみならず、文法にもかかわった。文法の中でも、形態論はまだしも、文法的意味のかかわる統語論（シンタクス、文章論）にはほとんど解明の手がとどかなかった。

経験科学的、行動主義的方法とは、別のことばで言えば、帰納的方法である。多くの客観的で、議論の余地のない事実にもとづいて、一般的な結論へと帰納される。

ところがチョムスキーがそれに代わって、挑戦的に示したのは、演繹的方法である。ある一つの疑いのない普遍の定義（定理）を仮定し、そこから具体的な帰結をひきだすのである。チョムスキーは、それに必要なものを「規則」と呼んでいる。ところでこの「変換規則」等々こそ真の魔術を生み出す玉手箱である。「規則」は「法則」のように発見するものではなく、作るものだから。

チョムスキーを理解し、それに従って行こうとするものは、かれが提出する前提に同意し、それをまず受け入れなければならない。

この前提は、あるところでは経験をこえているから、そのばあいは一層「論理」と呼ばれるものに近づくが、言語研究の伝統からするとこれは極めて危険な道である。というのは、言語は論理を表す手段であり――なぜなら、すっぱだかの論理というものはそれじたいとしては存在しないから――論理はかならず、言語という外被をまとってはじめて、有形なものになるからである。

他方、言語は、論理とは異なる表現形式であるが、しかし、といって、論理と手を切ってまったく自立するわけには行かない。

言語学は、論理とは異なる、あるいは論理とは一致しない言語固有のものを求めるが、論理学からすると、言語は、論理をゆがめる重大な障害でもある。そこで、言語のノイズを受けない、純粋な論理をそのものとして表現する道具を求めてやまない。

このように論理と言語はおたがいに依存しながらも、最もぐあいのよくない敵対物となる。

言語学が、論理を扱う学問に吸収されずに独自のたちばをとるには、論理から切りはなさざるを得ない。ほぼ近代言語学はこのような道をとおって進んできた。

しかしチョムスキーは、具体的で経験的現実としての言語をこえて、その底に抽象的な深層構造を設けた。この深層構造は経験的事実から帰納されたものではなくて、いわば経験をこえて前提されたものであるから、構造主義の言語学が考えたような言語よりは、いっそう論理に近いものである。

この深層構造ももちろん、あらゆる抽象的な概念も認識も経験の結果であることは事実としても、問題になっているのは論理ではなくて言語である以上、深層構造は原理において具体的な特定言語の限界を帯びていることを否定するわけにはいかない。そうした概念の上での構築物の普遍性を主張することは、近代言語学が一貫して避けてきたことである。

したがってチョムスキーの言語学を支持し、それに従ったのは、それ以前の言語学の建設にたずさわった経験のない、いわば白紙の若い世代である。

世間の人々は、チョムスキーのこうした言語理論を知った上で、かれの言語学と政治批判活動との関係がどうなっているのかと問うているのではかならずしもないようだ。問題になっていることははじめにも述べたように、言語学という、浮世離れした、極めて非政治的だと思われている学問と、断固たる政治的アンガージュマンとの関係である。

ここで、あなたの言語理論と政治的発言との関係は、という質問をうけて、最も当惑するのはチョムスキー自身であろう。かれにとっては、そうした質問じたいが不可解であるはずだ。かれからすればおそらく、公正の精神につらぬかれたすべての市民は、アメリカ政府が押しすすめている世界政策に対して、当然こうした批判を抱くはずであり、政治批判は特別なことではなく、市民生活の一部であるはずだからである。

この点で本書の一七五ページにはいかにもチョムスキーらしい発言が記されている。「たしかあなたは、言語学者であって、訓練をうけた政治経済学者ではありませんよね」という問いに対して、

> これはとても面白い言いがかりだね。正義と真実について語るためには、カーストの中で聖職者に任命されなければならないとでもいうのかね。テストに合格すれば、社会批評家になれるというわけだね。

と痛烈な皮肉でもってこたえている。この「カースト」をひろく学界や、あるいは俗界のジャーナリズムによる「専門家としての資格づけ」というふうに理解するならば、日本もアメリカ以上に同様な状況にあると言わなければならない。

専門外の領域における発言をひかえさせたり、またその資格がないときめつけるある種

の暴力は、政治の領域にとどまらず、よりいっそう学問の領域において言わなければならないことである。

人間生活を各分野に分割して、それぞれに専門家を割りあてて、ついには生活全体を支配する——この専門家による支配が最も大きい害毒をおよぼす領域が政治であるとチョムスキーは見破っているのである。

こうしたチョムスキーの態度に対応するものは、普遍的な原理や真理に寄せる、ほとんど信仰心にも近い信念であろう。この信念は当然ながら、それぞれの「カースト」におけるタブーをも排除しないではおかない。

たとえば「アメリカには口にしにくい五文字の単語があるんだ。それは“class”（階級）だ」（本書一五〇ページ）というふうに、タブーとなっている語の存在を指摘している。それを使うと人々に「階級」の存在に気づかせてしまうからだ。

いったい日本の論者やとりわけ言語学者は、チョムスキーによるこうした政治批判と学問批判の精神をどこまで切実に理解しているだろうか。次の一文を味わってみたい。

東チモールにおける残虐行為をアメリカが支持するのを非難できるようになるのに、言語学の専門的なトレーニングは必要ないよね。話しているのが誰であるかや、その人の経歴、発言するための「資格」などは重要ではないんだ。重要なのは、「あなたのいうことは**本当**ですか」ということさ。

（本書一三二ページ）

ここには、チョムスキーの政治的なアンガージュマンのみならず、学問への根本的な批判が表明されている。それは特殊な知識による「資格」によって行われる活動ではなく、もっと大切なことは、真実をいつわらない公正さであるということなのだ。

この解説を閉じるにあたって、著者と訳者について述べておきたい。ふしぎな感じがするのだが、本書を私は、時にまるでチョムスキー自身の著作であるかのような錯覚にとらわれながら読み進んでいた。それほどうまくチョムスキーの理論と思想がまとめられているからである。

著者はジョン・マーハと言い、何度か会ったことがあるそのたびに、かれは親しそうに私にあいさつをし、また著書も贈って来られた。エディンバラ大学で学び、現在は国際基督教大学で教えている社会言語学者で、アイヌ語や在日朝鮮人についての論文がある。

チョムスキーが自らの文法理論の背景を歴史的に展望し、根拠づけたすぐれた著書『デカルト派言語学』（一九六六年刊。川本茂雄による邦訳、一九七六年みすず書房刊）があるが、マーハ氏はその後の著作の中でチョムスキーがふれた思想史的な背景をさらに拡大しながら、本書の中にとり込んでいる。本書はもちろん学術書ではないけれども、専門家の参照にも耐え得る、マーハ氏の功績とたたえることができるだろう。

冒頭の「『チョムスキー』は二人います」という書き出しも、一般の読者に伝えたい著者のメッセージを集約的に含んでいる。もし、本書が刊行された一九九六年以降のアメリカを主役とする怖るべき一連のできごとを想起するならば、このメッセージはいっそう迫力のあるものになるだろう。

特筆しなければならないのは、訳者が出した質問に対して、マーハさんはもっと意味が通じるようにと原文を書きなおすなどして、ほとんど全ページにわたって検討されたので、この日本語版は原著よりもすぐれたものになったことである。

次に訳者についてふれておこう。芦村京君は、私と同じくモンゴル語を専攻する、旧知の若い友人である。私とかれとの大きなちがいは、かれがバイオリンの名手であるという点であり、私は折りにふれての楽しいつどいにかれを招くと、こころよく演奏に応じてくれる、まことに頼もしい友人である。

しかも芦村君が対象にえらんだモンゴル語は並のものではない。中国語の大海の中に孤立して洗われながらも、やっとその古形を保っている、孤高のモンゴル諸語である。このような専攻であればこそ、私は孤島からロビンソン・クルーソーを救い出すような気持ちで、しばし彼を本業からきりはなし、普遍の世界にひき込んで、陽を当て、虫干しするのも悪くはないと考えて、かれにこの翻訳をすすめてみたのである。言語学者は個別言語の研究と普遍をめざす理論の両面に通じていなければならないからである。

そのできばえはごらんのように見事なもので、十分味読に耐えうるものである。本書の翻訳のために、かれは多大の時間を失ったけれども、この経験から得たものも少なくなかったものと念じている。かれも今は安んじて孤島にもどり、本業にいそしまれんことを！

（『チョムスキー入門』２００４年　ジョン・C．マーハ／ジュディ グローヴス著　明石書店）

原題「解説　チョムスキーの魔術」

「法則」にとって人間はじゃまもの

何ごとについてであれ、進歩、進化、発展を良しとしない者はない。その進歩、発展は変化として生ずるから、進歩、発展を願う者はまた、変化を願う者でもある。ところがここに、少くとも一つ、大きな例外がある。それはほかでもない、言語のばあいである。

他のことであれば進歩を願うはずの者が、言語に関してだけは、あらゆる変化を拒む頑迷な保守主義者になる。言語においては、あらゆる変化は「ことばの乱れ」とされるから、言語には進歩の概念ははじめから許されていないのである。私の経験では、政治的には急進的でさえある人が、言語に関しては手のつけられない保守主義者、反動であることが少なくない。すなわち誰もが言語の不変をたたえ、安定を願っているのだ。

それにもかかわらず、言語はかならず変化する。これまで死ななかった人間は一人もいないように、変化しなかった言語は一つもない。いったい、話す主体が変化を望まないのに、言語の方が勝手に変わってしまうのはなぜか。ことばは道具だとよく言われるが、自分で変わってしまう道具などというものがあるだろうか。言語には、やはり、人間がどうしようもない、独立の生命があると考えるのはばかげた思想のように思われるが、ソシュールも窮極においてこれに似た考えからそう遠くにいたわけではない。

言語学を厳密科学へと組織する道を開いた、一九世紀の科学的言語学の創設者たちは、言語の変化という不可解な謎の中に、一定の規則性、法則性を発見することを、かれらの至上の目標とした。言語が低次の組織体からより高次のものへと進化するという思想は、ダーウィンの著書があらわれるのに数年さきだって、すでにアウグスト・シュライヒャーのもとに見出される。しかしそれを、「有機体」、「生命体」になぞらえることが、その本質を最もよく理解する方法だと、シュライヒャーが考えるに至ったのは、ダーウィンの影響だった。一八六三年、かれは『ダーウィン理論と言語学』を書いて、「これから言語の研究をしようとする者は、その方法を、まめな植物学者や動物学者のもとに学びに行くべきだ」と述べた。

こうして、言語はなぜ変化するかという問いは、言語を有機体であると見ることによって答えられるのである。「変化こそは有機体の本質」だからである。つまり、言語は変化するから言語なのだという、それ自体は極めて正しい認識がここに見られる。その変化は、生物における成長、繁殖、死滅と同様に、それ自体の生命法則に従って展開されるから、人間の意志が介入する余地などはないのである。

このモデルは、単なる思弁にとどまることなく、卓越した実証研究を伴って青年文法学派のもとで体系化され、話す人間の意志の介入を最も受けにくい音声変化の領域では、「音韻法則」すらもが確立された。その自然科学的法則性の発見は、他の精神科学がなし得なかった偉業と見なされた。一九七八年にオストホフとブルークマンは、「あらゆる音変化は例外のない法則に従って（nach ausnahmslosen gesetzen）、すべての話し手のもとに生ずる」と述べ、その翌年オストホフはさらに、「音変化は話し手の気づかぬままに（unbewußt）、純粋に機械的に」、「盲目の自然の必然性をもって（mit blinder naturnotwendigkeit）作用する」と宣言したのである。

これらのことばを、原文を見ながら注意ぶかく——名詞の頭を大文字書きしないところまでそっくりに——引いたのは、言語学ではない、他の重要な著作の中の、核心的な主張と比較してみるためである。それはほかでもない、まさにこの同じ年にあらわれた、F・エンゲルスの『アンティ・デューリング論』である。そこに言う。商品生産の法則は、「生産者から独立し、生産者の意志に反して、盲目的（blind）に作用するところの自然法則（Naturgesetz）として自己を貫徹する」のであると。

エンゲルスの著作には、ボップ、グリム、ハイゼ、パウルなど、当時、最先端の言語学研究書の読書のあとが見られる。それをもって、かれが青年文法学派の影響下にあったなど言えば、もしかしてマルクス主義者をふんがいさせるかもしれないが、言い得ることは、言語学であろうと経済学であろうと、その時代を包み込む、ある大きな衝動のもとに置かれていたということだ。人間の恣意や意志の外の、現象あるいはプロセスそのものの中に支配の法則がひそんでいるのだと言いたい衝動のもとに。

このことを言語について見よう。たとえば父をパーテルと言っていた人間が、音進化の法則によってファーテルと言うようになる、つまりpをfに発音するようになるのは、発音する当人が、おれそんなのいやだ、と思っても、「自然の必然によって」、「意志に反して」、いつの間にか（「無意識のうちに」）、そういう発音に変えてしまうということなのである。言語は社会現象だと人はよく口にするが、その人がこんな法則を認めたら、かれは自分の舌の根の乾かぬうちに、いや自然現象だと、逆のことを言ってしまうことになる。

近代言語学の歩んだ道は一貫している。言語から話す主体の意志を遠ざけ、人間の手のとどかぬ何かとして確立することであった。その何かとは、一九世紀においては「自然有機体」であり、二〇世紀にはソシュールのもとで「構造」になったのである。言語の構造は、閉じられた自己完結の体系であって、外来の異物は、その構造の均衡を破ることはない。言語とは、人間の意志の及ばぬ、あるがままの、不可侵の何かだという観点からすると、意志や計画によって作られたエスペラントが「言語」でないのは当然の帰結である。

一九二、三〇年代のソビエト言語学が、こうしたイデオロギーに挑みかかったのには、十分な理由があったのである。

言語の不可侵性、文法という構造の絶対化（あれこれの言語の文法の批判を試みた者はない）は、近代国家の国家語の要求にも、またその番人である作家の利益にもよく合致していた。かれらは言語は自然だと言っておいてから、その自然を一人占めしたのである。言語理論は、その上ずみだけが、三流入門書や解説書によって俗流化され、それを聞きかじり読みかじった文筆家たちの丸呑みおうむがえしによって、言語の真実をおおいかくす道具になる。その時代の、かくされたイデオロギーの、するどい露頭としての言語理論の本質は、根のない知識や技術の見せかけを払いのけて、思想の状況全体の中で見ぬかなければならないのは、他の領域での理論のばあいと全く同様である。

（『思想』１９８９年1月　岩波書店）

言語と階級と民族の問題

エヌ・ヤ・マルのたたかい

一　階級なしの言語

「言語」を「階級」に関連づけて、たとえば「言語と階級」というふうに問題をたてて論じようなどという試みは、もう久しく前に放棄されてしまった。のみならず、それはもはや学問的タブーの一つになっているとさえ言える。これがタブーであり続けたのは正統言語学の見識としては当然としても、しかし、言語を階級の視点からとりあげるはずのマルクス主義者たちが、異端として、かなり努力の要る、無理な挑戦を行なってきた。そのささやかな成果を、正統言語学の口ぶりを、もっと通俗の実感に訴えて、一度に崩してしまったのは、一九五〇年に、「マルクシズムと言語学の諸問題」と題してまとめられた、スターリンのあの一連の発言であった。その後、言語を革命や階級と結びつけて、大まじめに議論をはじめる人は、いまやどこにも居なくなってしまったのである。しかし、これをいくぶん和らげて、——というのは、定義の追及をまぬがれるために——「ことばと階層」という風に言いかえてみると、今でも、いや最近になってこそ、学問的にも通俗的にも受け入れられるようなひびきがある。それは、「社会言語学」という、異端と通俗とを同時にあいまいな形で含み込んだ、新しい分野の出現のおかげである。

言語について論ずることは、よく考えてみると、その変化について論ずることにほかならない。そもそも言語が単一ではなく多様であることじたい、言語が変化するということの結果である。したがって言語について論ずるということは、言語が変わるということを前提にして論ずることにほかならないのである。――ところが、私がこう言うと、すぐに、現代の正統派から反論が出てくるだろう。それは出てきて当然なのだ。ソシュールはげんに、変化しないものとしての言語をとりあげたし、チョムスキーにおいては、言語の変化などというものは、はじめから問題にもならない。だから、かれははっきりと社会言語学などというものは学問的に成り立ち得ないのだと言っている。何しろ、チョムスキーにとって、言語は、人間という生物種が誕生したと同時に、種的特徴として賦与されているものだ。そのような何かに、起源も発展もないのである。発展すなわち変化のないものには多様性もないのである。多様は普遍の単なる仮象として表層に浮かぶだけのものにすぎない。

このように言語が超社会的（あるいは社会以前の社会外的）現象であると、最も明示的に言明し、それを、あらためて言うまでもない前提としたのはチョムスキーであった。この点では、チョムスキーは理論上反マルクス的な思想家であり、しかも最右翼の反マルクス主義者である。それを、どのような論理の手つづきによってか、ある種のマルクス主義者が持ちあげているのは、現代思想の奇妙な光景の一つである。

言語が、人類社会の階層分化以前から存在したことに反対をとなえる人はいない。すくなくとも、言語という現象は、人間にかかわるあらゆる現象に先行した現象であると言ってもよい。そもそも、ある社会集団が成立する前提条件には言語の共通があり、また集団が集団であろうとするとき、言語の共通を求める。そのような原初的な集団は、「族」的あるいはエスニックな性質のものであり、それが拡大されると、「民族」的と言いうるかぎりでのナショナルな性質をそなえてくる。

ところで、近代科学としての言語学が成立したのは一九世紀であるが、そこでは、言語は、生物学主義的にみても、政治的にみても、「民族」の単位なしには取りあげることがすこぶる困難である。この、近代科学としての言語学が対象としたのは、文字で書かれ、それを日常的な母語とする話し手を持たない、古典語ではなく、必ずしも文字で書かれる必要がなく、特に学ぶことなくして身についている、いわゆる「俗語」であって、その俗語は民族、のちに国家の言語であった。民族の言語が帯びる名は、その民族の名で称《よ》ばれていた。すなわち、その「民族の話すことば」という意味であった。それがすなわち言語の単位となったのだから、言語学の実証的研究は、民族語の研究であった。さらに、ヨーロッパの先進地帯のたとえばフランスでは、ナシオンということばを媒介にして、「民族」と「国家」とが等号で結ばれたから、民族語の研究は、そのまま国語の研究を意味したのである。

言語の科学が、言語を、このような単位を背景としてとりあげるとき、それぞれの単位の上に乗っかっている言語は、単一、すなわち、均質であることを理想とした。あるいは、少なくとも理念のうえでは単一、均質の言語があって、たまたま肉体的、知的、社会的に欠陥のある、劣った個人や下位集団が、それをはずれて使っていたということになる。

一九世紀の言語学が文献学から脱皮し、生きたことばを対象としたとき、もはや、文字言語に対したときと同じ方法は、たてまえとして使えなかった。それにもかかわらず、多様な要素を含みながら、動きまわる、とらえがたいアモルフ［かたちの定まらない］なものを均質な体系として固定するためには、少なくとも理念としての抽象が必要であった。ソシュールのサンクロニーや、ラングは、このような要請から生まれた。それはE・コセリウが言うように、言語の現実がではなく、あくまで方法が要請したものであるが、それが教科書的な知識としてひろまって行くにつれて、方法の要請と、現実そのものとが混同されるに至ったのである。そしてこのラングは、結果において、「〇〇語」というものと一致したのである。

言語の研究において、真に革命的であったのは、「言語の生」と呼ばれるものが、歴史、すなわち変化と切りはなされて、体系としての均衡に還元させられたときである。

言語をひたすらエスニックな（自然な）ものとしてだけとらえるかぎり、その内部は均質であり、多様性はない。しかしその仮定を破り、社会的な観点からとらえる必要を感じとったのは、何よりも先にマルクス主義者たちであった。かれらにとって、言語を社会的にとりあげるということは、階級的にとりあげることにほかならなかった。

二　革命と階級性

エスニックな集団、すくなくともナショナルな集団は、同時に特定の地域の、特定の階層の方言を話している。それぞれの階層には、それぞれにふさわしいと感じられている話し方がある。それらは、それぞれ価値判断から自由に存在しているのではなく、それぞれの階層が帯びている評価に対応している。ことばが階層的特徴を帯びているとするならば、そして革命によって支配関係が変化するならば、ことばの上にもそれが反映しなければならないと考えるのは自然である。この支配・被支配の関係は、革命が生じなくとも、個人対個人の関係の中にさえ、たちどころに反映してくる。すなわち、「言語」（ラング）という、言語学にとって必要な抽象体系ではなく、具体的な「ことばづかい」において、社会的な支配関係が反映されないはずはない。たとえば日本語はそのような性質を濃厚に持つ言語として、外国人だけでなく、母語話者自身が日常経験を通じてよく知っているところだ。ことばは、生物学的レベルでのコミュニケーションの手段であるとともに、意識の表現だから当然のことである。この面での変化も、また一つの変化にはちがいがないという意味において、「言語《ラング》の変化」ではないとしても、「ことばづかいの変化」であることは否定できない。

「ことばづかいの変化」は、学問的な偏見のない、すなわち、「学問によって入れ知恵されない」すべての人が気づくものである。ソ連でマルクス主義が言語学をも革命的に改造しようと企てた以前の方が、人々はむしろ自然に、言語が社会階層ごとに異なり、それが、ときと共に変化したということを素直に認めていた。しかし、エトノスの相異を打ち破り、ナシオンの枠を破って階級的な相異の方により大きな普遍性を求めようというマルクス主義者の努力がはじまるとともに、そうした立場への反発も強くなってきたのである。

一九二〇年代初期のソ連では、言語学におけるマルクス主義的武装はまだ始まっておらず、素朴な態度が続いていた。(理論における意識的な闘争が高まりを見せたのは、ドイツにおいてナチズムが台頭して以来のことである)。そこでは、革命によって言語と階級との関係がいかに変わるかなどという理論的な問題よりは、革命によって、たしかに変わる、風俗としてのことばの変化に、素朴な関心が寄せられていた。たとえば一九二八年に出された「最近のロシア語の観察より(一九一七―一九二六年)」という副題をもつセリシチェフの『革命期のロシア語』は、理論の前提などに妨げられない、まことに興味深い実例に満ち満ちている。

ここには、革命家たちが亡命先の外国の言語、とくにドイツ語を好んで混じえて話すこと、それが結局は学識を見せびらかすためのものであるために、にわかには大衆の理解するところでなかったなどのことを率直に記している。レーニンはその例外であるどころか、代表的な一人として、きざな外国語をちりばめたかれの話しぶりが引用されている。そのことを遂に、当時の新聞が、「わからないように話すこと――それがボルシェヴィキだ」と書いたのを著者は引用している。このセリシチェフの著作の一部は、一九六八年に、その選集の中に収められているが、興味深い実例が多数省いてある。それは単に冗漫を避けるための省略なのか、内容のせいで再録をはばかったのかは、くわしくしらべてみる必要がある。

著者は、フランス革命期において、共和制ローマの制度が時にフランス語に影響しているることを想起させており、この期のフランス語の場合を、研究のモデルとして念頭に置いている。そして、まさしく、「革命の言語」をとり扱った、ポール・ラファルグの論文『革命前後のフランス語』に言及しているのである。

ラファルグのこの論文は、その扱ったテーマという点からみても興味深いだけでなく、社会言語学という新しい学問領域の形成史からみても先駆的な試みである。そこでは、あたかも植物が環境によってその生育が甚大な影響を受けるように、言語もまた、社会的・政治的環境によって変化をこうむるのであるから、環境ぬきで言語の現象を観察することは不可能であることが述べられている。この社会的、政治的環境の主たるものは、まさに階級と言語との関係にかかわるものだ。すなわち、フランスの大革命によって、封建君主制の言語は、ブルジョアジーの言語によって置きかえられるという著しい現象が生じたことを実証的に示そうとしている。フランス語はもはや貴族的なつやを失ってよりブルジョア的になり、作家はもはやアカデミーを気にせず、路傍の人たちのことばを作品の中にとりあげることができるようになったと。ラファルグのこの論文は、その後にみられるような、一般的な理論上の要請とか、政治の要請の求めに応じて書かれたのではなく、虚心な言語への観察が述べられている。言語の階級性、革命が言語に及ぼす影響を、マルクス主義者が事実にもとづいて考察した、ほとんど他に例のない論文である。

それにもかかわらず、はじめ一八九四年に、フランス語であらわれたこの論文は、そのまま放置しておけば、それほど話題になることなく見過ごされてしまったであろう。ところが、勉強家のカール・カウツキーは、この論文に興味を引かれたらしく、自らドイツ語に訳し、一九一二年に『ノイエ・ツァイト』の別冊として刊行した。

カウツキーの独訳刊行の意義は甚だ大きかった。というのは、言語と民族に関するかれの他の著作と同様に、ロシアでは熱い注目を浴びて、遂には露訳されたからである。スターリンが『マルクシズムと言語学の諸問題』で、ラファルグのこの論文にふれているのは、その題名からみて、露訳にもとづいているらしい。露訳はいつ行なわれたのか。ベリョージンの『言語学説の歴史』(一九七五年刊)における引用からみると、一九三〇年の刊行である。ラファルグの仕事は小型ではあるが、実証的で学識に満ちたものである。それは、ブリュノーの、あの尊敬すべき大著の先蹤《せんしょう》をなすものと言えるであろう。

カウツキーのおかげでラファルグの仕事はソ連邦の政治家、学者たちによく知られ、かれらが、言語と階級の議論を行なう際のモデルにさえなった。さきにふれたセリシチェフの『革命期の言語』は、ラファルグの独訳を引用し、あきらかにその方法に勇気づけられているようにも見えるし、その後一九三六年にあらわれた、ジルムンスキーの『国民語と社会方言』も、カリンスキーの『ロシア農民の言語概要』という研究も、ラファルグの論文が刺戟になっていると考えられる。なお文献によれば、セリシチェフとほとんど同じ時期に活躍していたと思われるK・N・デルジャーヴィンという人の論文、「フランス大革命の言語における、階級と党の闘争」（一九二七）には、一七八九―一七九三年のフランス語に生じた新語の問題がとり扱われていると言うが（ベリョージン『ソビエト言語学史』一九八一）、これこそは、ラファルグの直接の導きによって灯された関心のもとに書かれた論文であったにちがいない。その背後には、沸立ち、波うつ、ロシアの革命の言語という現実があったのである。

言語の階級性というテーゼをひっさげて、ソビエトの言語学のみならず、一九世紀の「比較言語学」が拠って立っていた基盤を根底的にくつがえし、改造しようと企てていた、エヌ・ヤ・マルの作業も、まさに、これらの観察と研究がすすめられていたさ中に、同時に行なわれていた。

マルの目的、やり方、関心は、かれの著作を読むと、こうした人たちの関心とは全く異なっていたと考えることができる。たしかに、カリンスキーの『ロシア農民語概要』は、「マル記念、言語と思考研究所方言委員会」が刊行してはいるが、当時の学術的な言語学刊行物は、すべてマル記念研究所の名で行なわれていたのである。

フランス、あるいはロシアの「革命期の言語」を扱った人たちは、古典的な言い方をすれば文体論的な、今様の言いかたをすれば、まさに社会言語学的な志向を抱いていた。かれらが照準を定めたのは、一言語内での社会学的な関心からである。それは、あるタイプの言語から別のタイプへの変化、たとえてみれば、ある生物種から、別の生物種への変化のような、大それた変化を問題にしているのではなかった。この点では、ラファルグの言う言語の「階級性」とは、「貴族階級語」とか「社会層のジャルゴン」のことを言っているのであって、「民族語」を否定しているのではないと言っているスターリンの指摘はまったく正しいのである。当時のソビエト言語学は、マルの「ヤフェティード理論」に迎合し、あるいはそこに自らを収斂させようとしたために、二種類の「言語と階級」論を、同じ枠の中で、同じ性質のものとして論じようとしたのである。この混同にもとづく誤解は、我々のもとにも受け継がれている。

三　古生物学的意味論

それに対して、マルの構想と方法は全く異なっていた。かれは先史時代の、言語の起源時代から現代に至るまでの、言語の体系そのものの、全人類規模での形成、発展、変貌の統一理論を作り、その中で言語の変化の原理を求めようとしたのであった。かれ自身その方法の一つを、「古生物学的比較方法」にもとづく言語学と呼んでいる。(最近たまたま、一九四六年に発表された「いはゆる『言語学的古生物学』の成立」という、亀井孝の論文を再読した。ここには、ドイツを中心にした話しか出ていないが、そこでの雰囲気を知るにおよび、マルが当時、いかに西欧の印欧語学者のこの方面での研究を熱心に追っていたかに気がついた。この問題は、大へん大きいので、場所をあらためて論じなければならない)。

そこに言う「古生物学的」という表現の含みは何か。それは、今までに印欧語比較言語学者たちが復元した言語の歴史というのは、印欧語だけの、しかも文字言語が伝えるだけの、人類の言語史全体からすれば、特殊な言語の、極めて短期間の資料だけから、言語の先史をも、またその起源をも類推するという誤まった方法にもとづいているというものだ。音は消えさり、文字もそれをとどめなかった、いわば想像を絶した時代においては、その期の言語を扱うための、特別な方法が必要となる。それを生物学との類比で言えば、古生物学的方法ということになるとかれは言うのである。

かれによれば、言語の古生物期においては、人間の思考の原理も、したがってその表現であり、手段である。ことばの意味様式(かれの用語で言えばセマンチカ)も、今日とはまったくちがっていたのである。この問題は、たしかに、正統の印欧語比較言語学のみならず、それに範をとったあらゆる種類の言語についての比較言語学が、そこだけはさわらずに、あるいはヤブ蛇をつつかずに目をつぶっておくのでないかぎり、成り立ち得ない根本の問題なのである。比較言語学では、そもそもA言語のa語が、B言語のb語と共通の起源を持っているということが証明できなければ、方法そのものが成り立たない。いまここに一例を示すと、ロシア語で「魚」という意味をあらわす語は「ルィバ(ryba)」であるが、この意味の語をドイツ語に求めると「フィシュ(Fisch)」である。しかし、そのかたち(発音――ソシュールの用語の方がもっと立派に聞こえるから、なるべく立派にやってほしいという向きには「能記」と言っておこう)の面で、ドイツ語に対応物を求めると、それは、「ラウペ」(Raupe)なのだが、その意味(りっぱそうに言いかえると「所記」)は「毛虫、青虫、いもむし」なのである。「魚」と「毛虫」はかなりちがったものだが、しかし、これらがかつて同じ能記をもっていたということは、いろいろ考えてかなり無理をしての上だが、自分をなっとくさせようと思えばできる。つまり、かつてあったセマンチカに近づいてみる努力とは、こういうことである。サカナもムシも手足が無く、歩かず、それに毛がなく、ハダカである(もっとも、日本語では、ケムシのケもカミノケのケも、同じ能記をもっているから、ハダカでないということも言い得る)。

この能記と所記との関係を、縦横無尽に使うと、どんな言語間にも同系関係をうちたてることができる。たとえば大野晋氏の、タミール語日本語同一起源説によれば、それを証明するものとして二百をこえる語彙があげられているが、日本語の ni（赤、赤土、土）は、タミール語の nil－am（土地、大地、土）と同源なのである（『日本語以前』）。ここでは「赤土」という意味を媒介にして「赤」と「土」という、ふつうでは思いつかない意味のつながりが示唆されている。それはそうではないかもしれないが、そうであるかもしれない。

印欧言語学も、原理においては同じやりかたで、語の共通起源を推定するのである。マルはこのような方法が、多くの正しくない対応を含むことを指摘する一方で、先史における、歴史時代の言語意識をもってしては予想することもできない、セマンチカの世界を推定してみせるのである。言語学的古生物学のセマンチカとは、したがって先史のイデオロギーの復元のことである。

音の変化を扱う、音韻法則の世界が、意識以前の「盲目的」自然に属するのに対し、セマンチカの世界は、まさしくイデオロギーの世界である。イデオロギー一般が、下部構造に規定されているのであるから、言語というのは、基本的にイデオロギー的構築物だということになるのである。

このようにして、マル時代のソビエト言語学では、「ブルジョア言語学」とは異なってセマンチカ、意味論の研究が第一級の意味をもった。こうした背景を知ることなしに、スターリンに対する「同志クラシェニンニコフ」の名による質問、すなわち「あなたの考えでは、どの程度に言語学は、言語の意義的方面、すなわち、セマンチカと歴史学のセマシオロギアと文体論を研究すべきものですか、それとも言語学の対象は形態だけにかぎるべきでしょうか?」という一見ばかげたようにみえる質問の動機を理解することはできない。それに対するスターリンの答え、「簡単に言えば、セマンチカの過大評価とその濫用が、エヌ・ヤ・マルを観念的にみちびいたのである」も、また当時のソビエト言語学が何に惑溺《わくでき》していたかを物語っているのである。

マルの学説にはすこぶる興味深いところがあるが、これ以上は深入りすることをやめて、ここでは、今回とりあげたテーマに直接かかわるもう一つの指摘をしておこう。それは、今日、言語はもっぱらエスニックな単位としてとりあげられているが、言語古生物学的推論によれば、先史時代、エスニックな単位相互間には、すでに階級的支配関係があった――すなわち、エスニックな単位は、それ自体が他の単位に対して、階級的な支配関係に置かれた単位であったとするものだ。このようにしておくと、言語はそのまま階級のめじるしとなるのである。マルはこれを、たとえばアルメニア語や他の言語の中に認められる、二種類の類型的に異なる言語に、実証的に見出しているのである。この問題は、今日で言うと、直接にはCh・ファーガソンのディグロシー［英語ではダイグロッシアというらしい」の論、間接的には、B・バーンスティンのコード論などに、実証的な対応物を見出すことができるのである。

四　階層と言語類型

「言語と階級」という難問の重荷は、スターリンの「健全な常識」によって、「マルクス主義言語学者」の肩からおろすことができた。今日では、ソビエト陣営の中から、誰もこのような重荷を自ら担おうという、益のない苦役をすすんで引受ける人は出ない。ところが、一九五〇年代、すなわち、スターリンによって言語の社会性が根本的に否定された、その間もないあとから、ブルジョア言語学、なかんずく、ブルジョア社会学の中から、この問題に挑む人たちがあらわれた。それも、マルクス主義的思弁主義、観念主義と全く無縁に、ブルジョア社会学的実証主義の中からである。それは決してまとまった流派を作ったり、とりわけの準備があったわけではないが、期せずして一つの流れとなったのである。かれらの形成を促進した主要な要因は、一つには現実の社会の中にあったが、学問内的、理論史上の直接の要因は、チョムスキーの脱社会のゴクラクトンボ言語理論である。これらのことがらについては、私は方々で断片的に、ときにはまとめて書いているから、ここで多弁をくりかえすむだなおしゃべりはつつしむことにする。

マルが、一つの民族の中に、複数の類型論的に異なる言語があって、それが特定の階級にむすびついていると言ったこの議論は、今日まで、誰もまじめにとりあげなかった。私も、それにまともに耳を傾けるほどに不健康ではなかった。一つには、それが私がよく知らないカフカスの諸言語を扱っているからである。しかし最近になって、マルの著作のこのくだりを読みかえしてみて、このような状況は、たとえばハイチにおいて見られる典型的なクレオール的ディグロシー状況が、まさにそれにあたるように思えてきたのである。ハイチには二つの種類のフランス語が行なわれている。一つは支配階級の純正フランス語、他は、それのくずれたクレオール語である。類型論的に言えば、前者は多数の屈折的特徴をとどめているのに対し、後者は膠着的である。前者は、その規範文法を維持するために、秩序化された学校制度と、知的なヒエラルキーを発達させている。後者の話手は、その言語規範を身につけるための、経済力と時間とを奪われて、経済的、社会的、文化的に、あらゆる点で前者に従属し、その支配の下にある。クレオール語研究の成果からみると、屈折語はさまざまな意味での支配階級によって維持される言語類型である。

フランス語とクレオール語とのこのディグロシー状況を、中世以前にさかのぼらせると、ラテン語と、それを使用することのできるごく少数者の階層と、日常の母語のみに依存する、多数の被支配階層の分層状態が見られる。社会言語学的に表現すると、この分層状態を破り、古典語を排除し、ヴァーナキュラー、すなわち、日常俗語を独占的地位につけることによって、ブルジョアジーは支配階級の地位についたのである。それはまた近代国民国家形成の前提条件であったのである。

クレオール語社会のばあいは、ファーガソンが示したＨ［ｉｇｈ］変種とＬ［ｏｗ］変種とは、別の変種、ことによると、別の言語としても扱うことができよう。しかし、バーンスティンのコード理論による、「洗練コード」と「制限コード」のばあいは、まさに社会方言と称《よ》ぶにふさわしい程度の相異にとどまる。しかしここでもやはり、このコードの相異は、精密と粗略というにとどまらず、ある程度の類型論的相異にも対応していると考えることができる。とりわけ、シンタクスの類型論の相異という観点を用いれば。そしてこの相異は、現代社会の階層分化に対応しており、社会言語学者たちが問題にしているのも、まさにこの点にほかならないのである。

重要なのは次の点、すなわち、言語あるいはその変異形の相異は、たんにそれ自体の相異として存在しているのではなく、それを所有する階層間の差別の標識としても機能しているという点である。そして、この洗練コード、Ｈヴァリエーション、より屈折的で綜合的（シンテティクな）な言語形式は、それを獲得するための余暇、肉体労働からの解放というだけではなく、その階級に特有のエートスによって限定されているのである。

ここに述べた、私の解釈による社会言語学の観察と研究成果は、今日の、現実の言語状況の中から引き出されたのであるが、マルの先史セマンチカの探求は、先史時代にさかのぼる、人類の言語史の中で、エスニックな、あるいは語源的な意味でのナショナルな単位としての言語がかくし持っている階級性を暴露するために行なわれた。それはまだ一九二〇年代のソビエトの状況の中で堅持され得たのだが、三〇年代に入って、じつはナチズムの人種主義とのたたかいの中で、その観点は一層強調されねばならなかったにもかかわらず、ソビエト・ナショナリズム（国民主義）高揚の中では、かえって有害となってきた。そのような保守化の風潮の中で、民族語の一体性とその神聖性を、言語の階級性で破るマルの立場は、異端として葬られる、当然の運命にあったのである。

（『現代思想』1989年5月　青土社）

言語学の日本的受容
――ガーベレンツ、ソシュール、上田万年――

○

言語学のような、小さく閉じられた領域の一角で生まれたささやかな著作が、そのわくの外に出て、広く学問世間の注目を浴びるというようなめでたいできごとは、百年に一度あるかないかである。ソシュールの『一般言語学講義』（一九一六）はまさにそのような著作であり、しかもそれは、通常言う意味での著作とは異なり、著者の病没（一九一三）の後、弟子のアルベール・セシュエとシャルル・バイイとが、講義に列席した学生たちのノートにもとづいて編んだものである。その上、この二人の編者自身は講義の席には居なかったという。

日本ではすでに一九二八年という早い時期に日本語訳が現れていたが、英訳が出たのは第二次大戦も終わってから十四年もたった一九五九年のことだった。英訳が現れ、ブームとなる以前のソシュールは、小林英夫氏の翻訳にたよりつつも、なるべくフランス語のオリジナルにおいて理解しようと努める人たちによって、どこか異端的な雰囲気をたたえた著作として読まれていた。ソシュールに対して、時枝誠記氏がとりあえず対置した言語過程説は、この異端を迎え撃つべき国粋的な感情が、是が非でも表明しておかねばならなかった反応であった。

その頃のソシュール読みと、英訳が現れてからの、もはや異端ではない、流行としてのソシュール読みとは質的にちがう。今では、英訳されない著作は国際的に認知されず、読むにあたいしない二流の、ローカルな著作だと思われるようになっている。ソシュールは、英訳によって、やっと言語学の囚われの身から解放されて広い世間の陽をあび、やがては広汎な一般読者すら獲得することになったのである。

その際注目すべきことは、ソシュールに大衆的な関心を向けさせたのは、たとえばレヴィ＝ストロースのような言語学以外の分野の人だったということである。すなわち言語学のソシュールは、ソシュールそのものとしてよりは、文化を読み解くという、何よりも応用問題において関心を集めたのであった。

ソシュールが英語で読めるようになり、ソシュールブームが現れた頃――日本ではかりにこれを、丸山圭三郎『ソシュールの思想』（岩波書店）が現れた一九八一年で代表させることにしよう――まで、ほぼ二十年の歳月があった。しかし日本では、邦訳の現れた一九二八年から数えると半世紀以上たっている。このことから見ると、日本では、言語学者を除いてソシュールを読む人はまずいなかった、そして外国での評判を聞いてはじめてソシュールを手にとってみようかという、この国の学問そのものの、具体的にはそれに従事する人たちの足腰の弱さを示してやまないのである。

はじめのところで、ソシュールの『講義』をささやかな著作であると言ったのは、字義通りにそうである。もし一九五七年のロベール・ゴデルによるソシュール自身の手稿が刊行されず、一九六七年にはじまるルドルフ・エングラーの、新しく収集された学生たちのノートにもとづく『講義』のいわばテキスト・クリティークともいうべき比較対照版が刊行されなかったとしたら、とても『ソシュールの思想』のような大冊を著わすことはできなかったであろう。『講義』に示されただけのソシュールの思想は極めてわずかな紙数で簡潔に要約できるものであり、また、そのような要約が簡潔であればあるほど、余韻を残した鋭い印象を与えるといった性質の著作である。

学生たちに残したノートの文献学的比較研究や、ソシュールの個人的生活についてのこまごまとした情報、たとえば奥さんが社交好きだったなどというようなことは、著述の増量材としては役立つにせよ、ソシュールの言語についての考え方をかえってぼやけさせるのに貢献しているのではないかとさえ思われることがしばしばである。

あらゆる時代にこうしたことが見られるのだが、ソシュールばやりの時代に言語学をはじめた学生はソシュールを言語学のすべてだと思い、言語学はソシュールをもってはじまったと考えやすいであろうし、ある時期にアメリカに留学してそこではじめて言語学にふれた学生は、チョムスキーを言語学のすべてだと思う、学者としてはまことに不幸な出発をすることになるだろう。こうした言語学との出会いかたは、何であれ「修行」をはじめるのだから、とりあえずまるごと受け入れておこうとするときに生じやすい、視野狭窄を伴う、あの特有の熱中ともいくぶんちがう。なぜなら、言語学が相手にしているのは抽象の世界を虚構するための用語の山ではなくて、言語――それは言語一般としてではなく、必ず個別の言語として現れる――という具体の世界でもあるからだ。

ソシュールの『講義』が学生をも含み込んで、ひろく学問世間において読みものとして成功したのは、それが読者をまごつかせるような非ヨーロッパのエキゾチックな言語にはほとんどふれていないからであり、読者はそのような、具体的で些末な知識にわずらわされることなく、特にヨーロッパの言語の教養しかない読者には特別の骨折りなく読めて、しかもそこから得られる言語への新しい見方は人々の心を十分に揺り動かすことができたからである。

『講義』はひたすら『一般言語学』のためのものであった。この題名だけから推して、言語学概論あるいは言語学の入門講座に適した教科書として使うのにふさわしいと思ってこれを採用した教師は、やがてそれが大きな誤解であることに気づくであろう。『講義』にはまず世界の言語を概観したり、言語の多様性がいかばかりであるかを示したりすることには全く関心を示していない(私がこのように書くわけは、あとで述べるガーベレンツの『言語学』との対比を念頭に置いているからである)。したがって言語学の講義を行う教師は、材料においてひどく貧弱な『講義』を補うために自前で材料を準備しなければならない。しかし『講義』がそのようになっているからといって、ソシュールに、言語の多様性への関心がなかったということにはならない。たとえば、「言語記号の恣意性」の中には多様性をひき起こすすべての問題が蔵されており、具体の場で生ずる現象は、この原理から引き出せることなのである。

かつては言語の多様性の発見こそが言語学を作ってきたと考えられていたのだが、それへの関心は、この関連で言えば、より新しく、より忘れられやすいチョムスキーにおいては、無視されているどころか、無駄であると説かれているのである。

さて話を前にもどすならば、ある時代の流行として出会った、巨峯とされる一人の人物の中に、その分野の学問的成果のすべてが凝縮されていて、そこからたとえば言語学がはじまったとするような見方は、学問が教条やデマゴギーを植えつける営みでないならば極めて危険である。

日本における、思想や思想史は、だいたい巨峯としてとりざたされる評判の人物を、それだけを孤立させて時には歴史のコンテキストから切りはなし、その伝記的日常の些事にわたってしらべつくし、時には偉人伝まがいの、時には私小説的な関心が圧倒してしまうケースすらある。政治におけるだけでなく、学問における個人崇拝と教条主義の温床である。

ソシュールの訳者、小林英夫は決して、ソシュールを言語学史の中から突出させて、それだけを讃美し紹介した人ではなく、ソシュールの共時態と通時態の峻別に強い疑念を示した人たちの論文をも公平に翻訳して紹介した。それにもかかわらず、この人がソシュールの命日である二月二二日には、門弟に類する人たちを自宅に集めて、毎年「ソシュール忌」なるものをとり行っていたことを、亀井孝は私に一度ならず「あきれたことだ」と話していた。この人はまた、同じように、ソシュールの『講義』そのものを読まず、『ソシュールの思想』などによってのみソシュールを知っている人たちのことを「マルケイ［丸圭］・ソシューリアン」と呼んでいた。この造語が、この人独自のものであるのか、他でも流布されているのかわからないが、少なくともいくぶんは経済学の縄張りについての知識があり、それへのもじりのこころばえがなければ生まれ得ないものだ。とにかく私は他の場所では耳にしたことがない。

——ソシュールの著作がエポックメイキングであり、また天才的であればあるほど、その著作を学問史の流れの中で評価し、同時代の諸隣接学問全体の動きから切りはなすことなく、その意義を評価することこそ、真のソシュール理解にとって不可欠な作業である。この作業は時には、その著作にあらわれた思想が、先行の研究にいかに深く依存し、同時代の動きをいかに強く反映しているかを示すことによって、その著作が生まれた歴史的必然性をたたえるというよりは、逆にその独創性を過小評価しようという衝動にとらわれることもある。

すでに一九三一年に、ドロシェフスキーが行った、ソシュールの「ラングは社会的事実である」とする論点が、その用語もろともすっかりまるごとエミール・デュルケームからの流用（しかもデュルケームの名を出すことなく）であるとする指摘はその代表的なものであろう。この問題は一九五六年にコセリウがあらためてとりあげたとき、いよいよ説得的に示されたが、しかし逆の面から見ると、ソシュールがいちはやくデュルケームに注目したことは、ソシュールの『講義』の価値を減ずるものでなくて、むしろ増すものだと見るべきであろう。ソシュールは同時代の社会学の動きに敏感に応じ、社会現象としての言語の本質をつかむ上で、デュルケームと思想を共有していたことになる。そのことが、かれの言語学に、伝統の枠組みを破り、またこの世紀をすらこえる普遍性を与えたのである。とりわけ、ラングを「社会的事実」という概念で説明したことは、ラングのためよりもむしろ、デュルケームのこの概念をいっそう印象ぶかく、いっそう豊かな内容をもって理解するのに貢献したとさえ言い得るだろう。またもしソシュールが自らの手で『講義』を推敲するいとまがあったとしたら、デュルケームのことを書きそえていたかもしれない。しかしそうではなかったかもしれないと思わせる点もいろいろある。ソシュールの考えは、デュルケームだけではなく、他にも講義の中では述べられていないじつに多くの著作から得た着想にもとづいていることが考えられるからである。

私が『講義』を読めば読むほど、ここが問題だと考えさせられるのは、青年文法学派との関係である。とりわけ、言語がひとえに心理的存在であることを強調する点で、かれは全く青年文法学派の中に身を置いている。ところが『講義』の全体の流れとしては、青年文法学派は克服されるべきネガティブな思想であると説かれ、したがってソシュールはその否定の上に全く新しい学問を拓いたということになってしまう。マルケイ・ソシュールはソシュールをそれ以前の言語学の伝統から突出させようとするあまり、それ以前の言語学の流れを葬り去った人として描き出すことに熱中しているため、否定されるべきソシュール以前に対立させて、すべてはソシュールを源流とあおぐ、メルロ・ポンティー、ロラン・バルト、はてはサルトルまでをそこへつないで行って、「ソシュールがはじめた思想」の花ざかりという大団円をもって終わるというしかけになっている。しかしそれは『講義』が本来目的とした、言語固有の研究領域を自立させようとしたあの苦労からかえって注意を外《そ》らせるような役割をはたすだけである。

次に、ドロシェフスキーが、ソシュールの中にデュルケームの直接の影響を読みとり、それを実証したことはたしかに有意義だった。しかしこのようなやり方は、じつは言語学そのものの中においてやるべきことだったのだ。こうした作業がなされなかったのは、『講義』がフランス語で書かれていたために、――とりわけいまの日本では――ソシュール研究がフランス思想をやる人の手ににぎられて、いわばフランス屋さんの副業のようになってしまい、言語学史のコンテキストの中で理解されることがむつかしくなってしまったからである。ソシュールが青年文法学派の牙城であったライプツィヒとベルリンで学んだ人であるなら、そこにはドイツのロマン主義的言語思想との出会いがあったはずであり(この点については、稿をあらためて論ずるつもりである)、その重要な部分を避けて行われた「ソシュールの思想」は、もしかして、「一般言語学」の構想の核心をはずし、ごまかしてしまった大きな不幸の産物［ということ］になるだろう。

二

ソシュールがいかにデュルケームに依存し、それに負うたとしても、それは隣接の社会学との関係においてのできごとであった。しかし、ほかでもない、言語学そのものの領域の中で、ソシュールが同時代の著作、しかも『言語学』と題する著作から多くのヒントを得ていたのではないかとする指摘がすでに一九六七年に発表されていたことを、八一年に刊行された『ソシュールの思想』が無視していることは、この著作のスタイルの特徴と言っていいだろう。

青年文法学派の担い手たちを同僚に持ち、ライプツィヒとベルリンで、言語学と、シナ語、日本語、マンシュー語などの東洋諸語を講じていたゲオルク・フォン・デア・ガーベレンツは、浩瀚《こうかん》な『言語学、その課題、方法、そして今日までの成果』(初版一八九一年、再販一九〇一年)の著者としてよりは、一八八一年に刊行された五百ページをこえる『シナ語文法』(甲柏連孜『漢文經緯』)の著者としての方がよく知られている。このシナ語文法は一九世紀の骨董品ではなく、七十年以上もたった一九五三年になって、再び東ベルリンで刊行されているところから見ても、今日もまだ現実の需要に応ずることのできる著作である。

それに対して『言語学』の方は、ほとんど忘れられた著作であると、ヨーロッパの言語史家たちは見ているらしい。E・コセリウはまず一九六七年ワード *Word* 誌第二三巻、A・マルチネ六十歳の誕生日に捧げられた特別号に、*Georg von der Gabelentz et la linguisique synchronique*［邦訳「ガーベレンツと共時言語学」］と題する、驚くべき内容の論文を発表した。すでに述べたように、ソシュールの「社会的事実」の用語それ自体も概念も、デュルケームに直接由来するとの指摘は、すでにかれ［コセリウ］の『うつりゆくこそことばなれ』（原題 *Sincronía, diacronía e historia — El problema del cambio lingüístico* 1956［新版改訳『言語変化という問題』岩波文庫二〇一四年］）で、ドロシェフスキーを引きながら、ていねいに論じたところであった。ところがこのワード誌の論文では、ラング／パロール、シニフィアン／シニフィエ、サンクロニー／ディアクロニーなどソシュール特有のつい（対）になった概念は、すべてガーベレンツの一八九一年の『言語学』に述べられているというのである。もちろん、ガーベレンツにおいて、ソシュールのこれらの用語にすぐに引きあてることのできるような用語をもって語られているのではない。しかし、よくよくその語られているところに耳をかたむけてみると、ソシュールがガーベレンツよりも新しいのは、その用語だけでしかないと思わせるような個所もある。そのことについてはあとで述べよう。

さて、コセリウはこの論文の第二節で次のように述べている。「今日の理論言語学が忘れてしまった、そしてとりわけ、共時的分析に関する様々な理論が忘れてしまった言語学者たちの中でも最もふしぎなのはたしかにゲオルク・フォン・デア・ガーベレンツのばあいだ。一般的に言って、ガーベレンツの著作は、ここで問題にしている以外の点で、とりわけドイツの言語学者たちが利用することはときたまあるが、今日あるような言語学の先駆者としては知られていない。」

そうであろう。ヨーロッパ、とりわけアメリカでは。不幸にもチョムスキー時代にアメリカで言語学を学んだため、ガーベレンツの名前を一度でも耳にした人は皆無であろうと断言してもいいくらいである。しかし日本ではちがう。もしかしてガーベレンツが最もよく知られているのは日本かもしれない。というのは、日本に近代言語学を最初にもたらした上田万年は、まさにこのガーベレンツの『言語学』の刊行の年にベルリンにあって、ガーベレンツからじかに学んでいたからである。しかも日本人としてはじめて「言語学」を講ずる立場になったとき、上田が下敷きに用いたのはガーベレンツであったから、日本の言語学古老にとってはむしろ古めかしく、なつかしい名前であった（上田万年『言語学』新村出筆録、柴田武校訂、一九七五年、教育出版株式会社刊）。

コセリウは、ガーベレンツの「忘れられた」『言語学』を、いまいちど思い起させ、読めるものとして世界に提供するため、一九六九年にその復刻版を刊行した。もちろん、なぜガーベレンツを忘れてはならないか、その意義を強調するために、巻頭にワード誌の論文を添えて。

ソシュールの『講義』が読む人の興味をとらえて離さないのは、その理論じたいの、またそれにふさわしい、簡潔な鋭い表現がたたえる美しさであるが、それに劣らず、そこにちりばめられた、はっとするような、剴切《がいせつ》この上ない巧みな比喩である。こう言えば誰しも、『講義』の随所にちりばめられた将棋や貨幣［と］の比喩、あるいは一方だけを切りとることのできない紙の表裏の比喩などをただちに思いうかべるであろう。

それに対してガーベレンツの『言語学』は、アジア、アフリカ、アメリカ大陸、オセアニアなど、ほとんど地球上全域の言語にわたる実例を加えた、まことにおしゃべりな本である。ソシュールの簡潔さとは対照的に、こちらは多弁、饒舌であり、また比喩のあげ方もソシュールに劣らぬ名手であって、一つのことに対する比喩も、一つだけでは満足せず、いくつも用意してあるといったあんばいである。かれ自身述べているように、講義で聞き手をたいくつさせないようにと、長年にわたっていろいろと工夫したと思われるあとが見られる。たとえば次のような一節を読むと、ガーベレンツの教室でじかに話を聞いているような臨場感すら伝わってくるのである。

言語にあっては、生きていないものはもはや言語に属さないということは、抜け落ちてしまった歯だの、切り離した足などが人間に属していないのと同じことである。（『言語学』一八ページ）

ただちに気がつくのは、この比喩によってガーベレンツが伝えようとしたものは、ソシュールの用語で言えば共時態の中に歴史は含まれないということである。かれはさらにこのことを徹底させようとして、次のようにも言っている。

蝶の飛びかたを説明してくれるのは、［それがかつてそうであった］卵やイモ虫やさなぎではなく、蝶となったからだそのものである。生きたことば（Rede）［ソシュールの用語で言えばパロール］を説明してくれるのは、その言語の昔の状態ではなく、その折り折りに人々の精神の中（im Geiste des Volkes）である。（『言語学』九ページ）

ソシュールをくわしく読んだ人ならば、これらの一節は、まるでソシュールの『講義』への解説か、ていねいな注釈のような感じさえするであろう。しかしもちろん実際にはその逆で、この解説、もしくはふえんと見えるものの方がソシュールにずっと先立っているのである。この部分はソシュールにおいて、次のように引き継がれている。

言語事象を研究してまずおどろくことは、話手にとっては時間におけるそれらの継起は存在しないということである：眼のまえにあるのは状態である。（『講義』一一五ページ。以下『講義』からの引用はだいたい小林訳による。）

ガーベレンツが言語のありかを「人々の精神の中」に置き、その精神がたくわえているのはイモ虫ではなく、蝶そのものだと長ったらしく述べているところを、ソシュールが「話し手にとって時間は存在しない」とすっきりと述べたところは、この二人の表現のしかたのちがいをよく示している。そして、注目しておきたいのは、ガーベレンツが抜けた歯や蝶という外的なモノで説明しているところを、ソシュールはじかに「話し手の意識」を持ち出し、そこに身を置いている点である。この点において、ソシュールはなおパウルが強調している、話し手個人の意識を通して言語の機構を見るという、より青年文法学派に寄った立場を示していることである。今後ソシュールを論じる人はこの点をもっとくわしく考察しなければならないだろう。こうした研究のみならず視点は、マルケイ・ソシュール風のソシュール学において決定的に欠けている。

ソシュールとガーベレンツの両者の間に、いかに多くの――コセリウに言わせれば全面的にとなるだろう――パラレリズムが見出せるかという問題は、特別にこの問題のためにささげられた、先述のワード誌の「ガーベレンツと共時言語学」にゆだねよう。このコセリウの論文は、『ソシュールの思想』があらわれる一九八一年よりも十四年もさきだつ以前に、しかもフランス語で発表されていたものだ。『ソシュールの思想』の著者がコセリウを知っていたことは、その参考文献に『一般言語学入門』の邦訳書をあげていることによってわかる。それではこのコセリウの、フランス語で書かれた極めて重要な論文が全く著者に知られていなかったのはなぜだろうか。理由は簡単である。この論文の題名にはソシュールの名が出ていなかったからだ。『思想』の著者にとって重要だったのはただ「ソシュール」という偉人の名であって、言語学にとってはより重要な「共時言語学」ではなかったのである。すなわち、『思想』において言語は主人公になれなかったのである。

しかしこうしたことは、日本の著者だけに見られる現象ではない。フランソワーズ・ガデの『ソシュール言語学入門』(一九八七年刊、邦訳一九九五年新曜社)も、いろいろ特徴のあるいい本ではある――たとえばそこには「ソシュールが教えるのは、人間はおのれの言語《ラング》の主人ではないということだ。」(一六ページ)という鋭い指摘が見られる――が、このコセリウの論文にまったくふれていないことは、学術の書としては驚くべきことのように思われる。

コセリウが示したように、個々の概念の立てかた、その説明のしかたの、かなり細目に至るまで、両者に並行関係が認められるという事実から言い得るのは、もちろん『思想』はガーベレンツからソシュールにおよんだのであってその逆ではないということだ。もはやソシュールがガーベレンツを知らなかったなどと言うことはできない。いな、それどころか、ソシュールはガーベレンツその人と知りあい、教室で、そうでなくとも大学内のどこかで言語学の話を聞いていた可能性さえある。

年譜によると、ソシュールは一八七六年の秋にライプツィヒに留学した。そして七八年にベルリンに移る。一方ガーベレンツは七八年から八九年までをライプツィヒで教え、八九年にベルリンに移った。ソシュールは一八八〇年にライプツィヒで学位論文を提出した。しかしこの論文の審査にあたったのはおそらくブルークマンなどであって、ガーベレンツがかかわった可能性は極めて少ないであろう。なぜなら、ガーベレンツもソシュールの学位論文が扱ったサンスクリットはよくしていたとしても、『シナ語文法』の著作が示しているように、かれは一般言語学の講義と並行して非ヨーロッパの、異様な、なじみのない言語をわずか数人ずつの学生に教える私講師であって、こうした主流にたつ印欧語比較言語学のような聖なる領域にかかわるスタッフとしては認められていなかったらしいからである（このことを私はあてずっぽうの推測で言っているのではなく、現在ライプツィヒ大学につとめるManfred《マンフレッド》 Taube《タウベ》氏の論文にもとづいて言っているのだが、それについてはいつか述べるだろう）。

ソシュールとガーベレンツとはつきあいがあったのかどうか、――ソシュールは二一歳の学生、ガーベレンツは三八歳で、病気の家族をかかえてたびたび引っ越しをしなければならなかった貧しい講師だった――あったとしたらどのようなものであったかなどは、いろいろしらべてみる余地がある。しかしそういうわずらわしいしごとで時間を失うことはさけて、簡便のために、「ソシュールはその蔵書の中にガーベレンツのこの本をもっていた。かれはそれを読んだはずである。少くとも目を通すぐらいのことはしたはずだ。しかしこの本の名は挙げなかった……」というゴデルのことばを引いておくだけで十分であろう（Koerner, Ferdinand de Saussure,1973, 192ページ）。

ふしぎなことに、また困ったことに、『ソシュールの思想』の研究は、この思想の周辺と、それを権威づけるための作業はおこたりなくきわめつくすが、このような思想がいかに形成されたのか、当時の言語学や社会学の、青年ソシュールを形成した学問の状況にはほとんど関心を払っていない。このことが、ソシュール以前にはまともな言語学はなく、すべてがソシュールからはじまったとする天才崇拝主義を育てるのに有利な作用を及ぼしたのである。

三

ガーベレンツの『言語学』は、その五百ページ近い大冊のうち、その基本理論が述べてあるのは最初の十三ページだけというささやかさである。もっとも、かれの言語に対する考え方が述べられているのは、この十三ページだけに限られているのではなくて、いわば全巻にわたって、具体的な言語事実を説明する際に、そこに溶かし込むようにして述べられている。たとえば言語の線条性についての話が出てくるのは、理論篇が終ったずっとあとの八五ページであって、そこでは、「文法において、言語は叙述の対象であると同時に手段でもある」とした後、次のように述べている。

言語は叙述の手段としては連続して流れて行くハナシ（fortlaufende Rede）である。そしてハナシの流れは、あたりまえのことだが一直線である。つまり、さきからあとへであって、決して左や右へ、上や下へ行くものではない。

この一節はソシュールの『講義』には次のように二回に分けて引用されている。

聴覚的能記が用いるのは時間の線だけである。それらの要素［単位］は順次に［つまり、一つずつ——田中］現れて、一つの連鎖をつくる。（小林訳一〇一ページ）しかし音のつながりというものは誰でも知っているように何よりもまず線的である。（小林訳一四六ページ）

ソシュールの『講義』の独創的内容として必ずこの項目にあげられる言語の「線条性」はこのようにすでにガーベレンツによってくわしく指摘されている。

もっとも、すぐれた言語学の著作には、あらためて言われてみるとはっとするような自明さへのおどろきが満ち満ちているから、この種のことは、あえて誰々の発見、指摘だとさわぐにもあたらない。新しそうに見える指摘であってもよくよくしらべてみると、百年も以前に、誰かがすでに著作の中で述べていたというようなことはしばしば起きるであろう。しかし、ガーベレンツとソシュールとをつき合わせてみると、両者が符合する点があまりにも多く、一方がドイツ語で、他方がフランス語でというように、表現に用いられる言語のちがいはあるにせよ、時にはその言いまわしまでもがあまりにもよく一致するところが多い。ここから、コセリウはさきに述べたように、ガーベレンツとソシュールとのテキストの対照すら試みる気になったのである。

こうしたソシュールのガーベレンツへの依存関係の実態はコセリウの論文［「ガーベレンツと共時言語学」］にゆだねて、私はそれに劣らぬ重要なこと、すなわちソシュールの『講義』の発想、構成そのものが、かなりの点までガーベレンツを下敷きにしたのではないかという推定を述べることにしよう。

ガーレンツの［『言語学』］総論篇の第一章は、一、言語学の概念、二、人間の言語という概念、三、音声言語、分節（Articulation）、四、思考、と進んで行った後、続く第二章は「言語学の課題」と名づけられている。

そして、その第一章の冒頭でもあり、本書全体の書き出しでもある文章は次のようになっている。

一つの学問が自分自身を定義することからはじめるとき、まず、その学問の存在を正当化する。そうするとすぐにある要求を持ち出すことになる。つまり、これは自分の領土だ、これまで誰もそれを領有しなかったし、将来も領土要求をすべきではないと宣言する。それが求めているのは容認ではなくして承認であり、自分自身を意識した瞬間から、隣接領域に対して排除の権利を行使するのである。……

本当はこのあとに続く部分を示さなければならないのだが、それは省略するとして、ここに表明されているのは、他の隣接領域から切りとられるべき、固有の言語学の領域画定への執念である。この同じ精神は、ソシュールの『講義』の中にそのまま受けつがれている。すなわち、「言語学の課題は」と問いかけて三つの項目をあげ、その一つとして、「それじたいを限定し、定義すること」(小林訳一六ページ)としている。そこでは、言語学がいかに他の隣接領域と密接な関係にあり、それらとの境界を定めることが困難であるかを述べ、民族誌、先史学、人類学などと異なるのは言語が「社会的事実」であり、そこでは「なにもかも心的」であるところに根拠を求めるという展開になって行く。

ガーベレンツは「言語学の課題」のこの章をさらにすすめて、言語学が単なる言語の学習とは異なり、どんなに巧みに外国語を身につけても、それを言語学とは呼べないのは、

学問を作るのは方法(Methode)でもなければ、目ざす知識の獲得でもなく、観察のしかた(Betrachtungweise)、目的(Zweck)である。

と述べ、さらに続くパラグラフでは

言語学は、言語それ自体のための（um ihrer selbst willen）認識を目的としている。その対象は人間言語のすべてであるから、未開民族（Wilde）のであれ文明民族のであれ、古いのであれ、新しいのであれ、また大言語族に劣らず極めて小さな方言も、すべての言語がそうである。

上の第一の文は、ソシュールでは『講義』の第三章、「言語学の対象」に次のように印象ぶかい表現をとってあらわれる一文

観点に先立って対象が存在するのではさらさらなくて、いわば観点が対象を作りだすのだ。（小林訳一九ページ）

を思わせる。また二番目の一節は、『講義』の第二章の書き出しそのものを思い起こさせる。

言語学の資料をなすものは、まず人類言語のすべての現れである。それが未開民族の

ものであろうと、文明民族のものであろうと、上代、古典ないし退廃時代のものであろうと、その時代においては、ただに正しいことばづかい、「美しいことばづかい」のみならず、ありとあらゆる形式の表現を考慮に入れるのだ。（小林訳一六ページ）

これはガーベレンツの第二の文章のそっくりのフランス語版と言ってもよく、ただしガーベレンツが「方言であれ大言語族であれ」としているところを、ソシュールが「正しいことばづかい、美しいことばづかい」と置きかえている点が異なる。そしてソシュールの置きかえはたいへん有意義であったと思われる。一般言語学の講義の開始にあたって、言語学独自の領域、言語学が対象とすべき言語の概念などをまず提示するこのやり方は、ガーベレンツの『言語学』を意識したものであり、それからの強い圧力を見出すことができるであろう。

四

ここで私は一つのなぞとして、とりわけ興味を引かれる文章のはじめの部分、「言語学の目的は、言語それじたいの認識だ」としている個所に注意を向けたい。それは私にとって今のところなぞであり、解答を見出せないでいる。

この一文は『講義』の末尾をかざる、特にイタリックで強調された一文、「言語学の独自・真正の対象は、それじたいとしての・それじたいのための言語である」という、あの有名な句と一致している。

これはたいへん議論のまとになっている個所だ。刊行以来ながいあいだ、ソシュールの最もソシュールらしいところとされてきたが、ゴデル、エングラーによる手稿、ノートの比較研究が進んだ今日、これはソシュール自身のことばではなく、『講義』の編者であった、バイイとセシュエによってつけ加えられた一句だとされるようになった。またこうした研究が発表される以前、コセリウはこの一句を、デュルケームが言った、「集団的思考」は「それ自体において、それ自体のために確認されるべきである」を模した表現だと述べていた。（コセリウ［「ガーベレンツと共時言語学」］二五ページ）

しかしここにおいて、いろいろと議論のあるこの興味ぶかい一句をガーベレンツの『言語学』の中の同じ意味の文章のところにもどして読みかえしてみると、その言語が置かれた状況（未開、文明……のちがいなく）にかかわりなく、「それ自体のために」というふうに、必然性を帯びて登場することになる。ところが『講義』の結びとして現れる現れかたは、やはりとってつけたような唐突さを感じさせる。

もしこれがかりに編者によるつけ加えであるとするならば、編者たちみずからがデュルケームに共感してこれを持ち出してきてつけ加えたか、あるいは、ほとんどありえないことではあるが、ガーベレンツから引いてきたのかもしれない。

証拠には残っていないが、もしかして、この一句がソシュールによって述べられたという可能性が排除されないとするならば、それはガーベレンツのことばが強く印象に残っていたからであろう。ガーベレンツが『言語学』の冒頭部分の「言語学の課題」として述べたこの一句は、固有の領域をもつ言語学の領域を設けようとしたソシュールの『講義』にとってもまことにふさわしい宣言だったと言わなければならないだろう。

『講義』と『言語学』との関係については、よりくわしくしらべて述べなければならないことがいくつもある。しかしここでその中から一つだけをとり出して考えてみると、一九世紀末から二〇世紀初頭にかけて、言語学、とりわけその中の一般言語学の体系的な構成がどのようであるべきかが模索され、『言語学』、『講義』のいずれもが、その模索の中から生まれてきた、それぞれの結果であったということである。

ソシュールが一九〇六年に、ジュネーヴ大学で一般言語学と印欧語比較言語学を講ずるよう招かれたとき、かれが後者はともかく、前者に示した当惑は、ゴーチエによって伝えられているとおりである。この事情は今日でもほとんど変らない。言語学を講じる際にあらゆる人が感じないではいられない当惑であり、それは言語というものの本質から発しているとさえ言いうるだろう。

一般言語学を担当するにあたって、ソシュールは、何のモデルもなしに、いきなり白紙の上に、かれの理論を並べたてたのではない。ソシュールにとって、当時参考にしうる著作がいろいろある中で、ガーベレンツは最も頼りになる講義のモデルであったにちがいない。かれの『言語学』じたいが、永い年月にわたる一般言語学の講義の総括だったからだ。

しかしソシュールがガーベレンツの『言語学』を参考にしたとしても、この二人の、具体的な言語研究の対象の実質はまったく異なっていた。ガーベレンツはその総論部分を終えると、さっさと個別の言語を材料とした研究の方に移って行ってしまった。『シナ語文法』すら著わしているかれとしては、言語の理論だけではなしを閉じるわけには行かず、ウラル語、アルタイ語、南太平洋、アフリカ、アメリカ大陸の諸言語、そして日本語など、地球をおおう代表的な言語に学生たちを案内しなければならなかった。かれ自身序文の中で、言語学の授業のほか、「相互に大変異なった、風がわりな四つの言語、シナ語、日本語、マンシュー語、マレー語」の授業をしていると述べている。そして「ヨーロッパの言語だけを知っても、人類言語のほんの一部だけを垣間見ただけにすぎない」というのがかれの意見だった。

五

ガーベレンツのことが話題にのぼるたびに、「忘れられた」言語学者と呼んだのは言語学史にくわしいコセリウだった。しかし、それは「欧米では」と限定しなければならない。というのは、日本に西洋近代言語学がもたらされたときにその規範的知識はまずガーベレンツの名と結びつけており、したがって、「日本言語学の黎明期において」と限定をつけるなら、最もよく知られた、縁のふかい言語学者であったと言わなければならない。これは、日本で言語学を論じる人が決して忘れてはならないことである。

すなわち、上田万年は一八九〇年から九一年までベルリン大学に学んだが、ガーベレンツはその前年の八九年に、ベルリン大学に招かれてライプツィヒ大学から移ってきたばかりであった。そして、まさに上田がベルリンに留学中のとき、ガーベレンツは『言語学』を刊行したのである。

ソシュールの『講義』がその題名どおり、まさに教室において、学生に聞かせるために書かれた、あるいは学生に聞かせたのがこの『講義』であったように、ガーベレンツの『言語学』も教室で学生に聞かせるための、あるいは聞かせた結果としての著作であった。その序文によると、「私は一般言語学の講義を行い、講義の回を重ねればそれだけ多く、足りないところに気がついて原稿を補わなければならなかったのである。そこでこの本がとどめているこうした成立ちの跡は、消そうとしてもとても消し去れるものではないので、そういう点はおゆるし願いたい。ハイゼがやったような、まるで体系のような教科書を書くなど大それたことは私にはやれなかった。それよりも説明したり、議論しながら、自身が好んでしごとしているしごと場の中に読者を案内する方がいいように思われたのだ」と述べている。

かれがここで念頭に置いていたKarl Heyse［ハイゼ］の*System der Sprachwissensschaft*,［言語学の体系］1856 Berlin. は、まことにすばらしくよく書かれていて、一部分はソシュールの講義の祖型かと思われるところもあり、しかもある部分はソシュールをしのいでさえいるのではないかと私には思われるほど体系的で清新な精気に満ちあふれている。私はしばしば自問するのである。ソシュールはハイゼを読んでいたのであろうかと。したがってソシュールを、とりわけ言語学の体系を作った人としてのソシュールを語る人は少くともここまではさかのぼらねばならないと思うのである。これもまた「講義」というものの宿命かと思わせるのは、著者ハイゼ自身には講義を書物にすることがかなわず著者の没後、弟子のシュタインタールが三回にわたる講義をまとめて出版したものであるという。

ガーベレンツが、「自分が好んでやっている仕事場」とは、おそらく東洋の諸言語の研究のことであったろう。学生との議論も、当然ここに反映されているはずで、とりわけ日本語については数十回にわたってふれられている。そして、ここはたぶん上田万年のさずけた知識によって補われたと思われる個所がある。「日本語では一、二、三を表わす数詞は母音の交替によって倍加される」と述べ

1 fito : 2 futa
3 mi : 6 mu
4 yo : 8 ya

のように例示しているところである。上田が帰国後行った国語学史の講義（新村出筆録）において、荻生徂徠の項で示している表とほとんど同じである。

上田がガーベレンツのもとでいかに多様な、とりわけアジアの言語にふれたかは、先述の「国語学」と並行しつつ行われた「言語学」の講義にもよく反映されている。上田万年の言語学の講義がいかに内容豊富なものであったかは、この新村出の筆録によって想像できるが、最も注目すべきは、上田が用いた、言語学の講義のわく組みは基本的にガーベレンツに拠っていることである。（この点については、新村出筆録の『言語学』の校訂者柴田武氏も指摘している、ただし、上田に、より高い独自性を与える評価が付されているが。）

上田はヨーロッパの、より正確に言うと、青年文法学派の爛熟期《らんじゆくき》の学問ではなく、むしろ青年文法学派のセクトの外に立って、東洋諸言語の研究に熱中しながら、孤独に一般言語学の体系ととり組んでいたガーベレンツから、しっかりと学んできた、まことにあっぱれな人であったということがわかる。しかし、それはソシュールが関心をもって発展させたのとは別の部分であった。すなわち、上田がガーベレンツにもとづきながら実際に開花させたのは、言語と民族的アイデンティティーの部分であった。

どのような言語学を組織するにせよ、その対象は経験的なものである以上、個別・具体の言語をとり扱わざるを得ない。その場合の言語という単位をどのようにして設けるか――これについてはガーベレンツは Einzelsprache（個別語あるいは固有語）という項を設けて次のように述べている。

それぞれの言語はある数の人間の集まり（Anzahl）の共有財であって、この集まりを仮りに民族（Volk）と呼んでおこう。通常、言語共同体（Sprachgemeinschaft）と民族共同体（nationale Gemeinschaft）とは一致するからである。（『言語学』八ページ）

明らかに個別の言語ではなく、個別をこえた言語の一般性を目的とするソシュールの

『講義』にしてなお、存在場所を「話す大衆」（masse parlante）に置くだけでは満足できず、ethnisme《エトニスム》と言語との相互性を持ち出さざるを得なかった。

社会的連結は言語の共通性を作りだしたがり……逆にあるていど民族的統一を成りたたせるものは、言語の共通である。ふつう言語共同体（communauté linguistique）とは何であるかを説明しようと思えば、いつでも民族的統一（unité ethnique）を挙げれば十分である。（三一五ページ。訳文は小林訳に田中が補正を加えたハイブリッド訳。補正が必要な理由については『言語の思想』六四－六五ページ［岩波現代文庫版六三ページ］を参照）

ソシュールはVolk, nationaleを、それぞれethnisme, ethniqueにとりかえて、後進社会のドイツ語が呼び出しかねない政治的トーンを一掃したが、基調はガーベレンツと全くかわらない。そしてソシュールにおいては、このような仕方でidiome（個別語）がとり出せた以上、それから先はもう、言語共同体の概念は必要でなくなった。ところが上田はソシュールが必要でなくなったところをこそ必要として、「国語と国家」へと発展して行くのである。しかしそれは、上田がガーベレンツから受けついだ本来の学問的関心からというよりは、当時の日本の時局が触発した方向づけと見るべきであろう。上田を真に喜ばせ、また、独自の伝統をもつ国語学の建設に向かわせたのは『言語学』における次のようなガーベレンツの賞賛のことばであったはずだ。

日本人は独自の精神的創造の分野において、おそらく言語研究ほどに輝かしい成功をおさめたところは他にないであろう。(『言語学』二四ページ)

これはガーベレンツ自身が日本語研究によって到達した結論であったかもしれないし、あるいは逆に、上田万年に吹き込まれた知識に拠っているのかもしれない。しかしこのような対話によって、おそらく上田が独自の日本語と、独自の国語学研究の伝統に求めたであろう期待は大きいものであっただろう。上田は日本固有の国語学の財産を、ヨーロッパの近代的な科学としての方法と体系化によってよみがえらせようとしたであろう。その際ガーベレンツの『言語学』は最もたよりになるよりどころであったにちがいない。一九世紀のヨーロッパで、ガーベレンツのように、言語の一般理論を述べた著作の中で、日本における母語研究の独自の伝統を語ってくれた言語学者は他に求められなかったであろうから。

六

私は本稿において、流行の中で注目の的として強調される思想家ほど、全般的な学説史、理論史のコンテキストの中で相対化される必要のあることを説くつもりだった。そして、ガーベレンツからソシュールへの連続、およびその対照を述べるとすれば、どうしても上田万年に登場してもらわねばならなかった。ここでの上田の登場は、ガーベレンツへの単なる注として、あるいは単なるエピソードとしての意味しか持ち得ないようにも思える。

しかし別の面から考えると、日本人が言語学あるいは言語理論へと近づく動機や目的は何だろうか、それは時代によっていかに異なるだろうかという点を考えるときに、上田万年のガーベレンツ受容はエピソードで終わらせてはならないことがわかる。マルケイ・ソシュールはエピソードですらなくなってしまうかもしれないにしても。

(『ライブラリ相関社会科学4　言語・国家、そして権力』１９９７年　田中克彦・山脇直司・糟谷啓介編　新世社)

言語の多様性を憎むこころ

私がモンゴル（語）研究に志したとき、まず、入門の手ほどきをしてくれた先生は、信頼のおける代表的な辞書として何冊かをあげた。一つはO. M. Kowalewskiの、『モンゴル語・フランス語・ロシア語辞典』で、一八四四年から一八四九年にかけて、カザンで現れた三冊本だった。もう少し古いのはI. J. Schmidtの『モンゴル語・ドイツ語・ロシア語辞典』で一八三五年、サンクトペテルブルク刊行の一冊本だった。そのほか日本の陸軍参謀本部が作った『蒙古語大辞典』もあったが、私は子どもの頃から原典主義者で、子ども用やしろうと向けの焼きなおし版は信用しなかった。だから、こうした辞書の原典が使えるようにと、これらの言語の勉強にもとりかかった。

敗戦後間もない頃の日本で、もう英語さえやれば、何でも間にあうという信仰がひろまっていた時代に——いまはこの信仰は、もっと強くなっている——英語の本がまったく登場しないのはすがすがしく嬉しく、私はますますこの学問にのめり込んで行った。それは英語がまだ入ってこないユーラシアの古典的な学問だったのだ。こうした領域で唯一の例外はチベット学で、ここでは有名な辞典も文法も英語で書かれていた。英国はインドをおさえ、さらにその北のチベットをうかがっていたからだ。

ところが一九六〇年代の中頃から事態は大きく変った。その書き手たちは、生えぬきのアメリカ人ではなくて、政治的、経済的な理由で、ソ連、ヨーロッパから移住した外来の学者たちだった。こうして、今や、その気になれば、ということは、英語以外の世界に目をつぶり、自らを英語世界の中にだけ閉じ込める覚悟をするならば、それだけで何とかやっていけるようになった。研究・出版活動がはじまったからである。アメリカを拠点とした、有力な

上の話は、モンゴル学という小さな世界についてのことだが、同様のことは普遍的な学問である言語学についても言える。私の学生時代には、言語学をきちんとやろうと考えるならば、独、仏語くらいはある程度読めなければ、学問の底流にふれることはできなかった。しかし、いまは英語だけでやれるようになっている。少くとも、モダンな学問は、英語がオリジナルになってしまった。

二一世紀には、ほとんどすべての論文が英語で書かれ、共通の学術用語は英語というふうになるだろうと私は予測している。これによって学術世界は、翻訳、出版にかかるコストを大幅に減らすことができる。だから、英語以外の言語でやり通そうとする人は、学界

にとってめいわく者ということになるだろう。そうすると、英語以外の言語は、「めいわく言語」ということになる。

人類が一つの言語によって国際的な研究、コミュニケーションを行なうというのは長い間の夢であったが、いまやそれが着々と実現に向かっているのである。

しかしものによっては、英語以外の言語でやった方がいいものもあるが、そのばあいは、研究対象じたいが、英語向きに作りなおされるだろう。それが人類の進歩というものではないのだろうか。最近私は学生諸君に、こういうふうに挑発的な形で問題を提起してみる。

ところで、この「やっかい言語」をいじくる人はたいてい、やっかい言語だけでなく、英語にだって多少の心得はある。しかしその逆はそうではない。たぶん英語専業者はこの言語だけでことたりるし、またどんな言語であれ、それに精通するには生涯をかけてもたりないのであるから、ますます英語に閉じ込もるのが自然のなりゆきであろう。だから、他の言語をやる機会は相対的に少なくなり、たとえばロシア語を専業とする者が、多少は英語もやるというぐあいには、英語の専業者のばあいはなりにくいであろう。

このありさまは、ちょうど「英語国民」すなわち英語を母語にする人たちが、他の言語の学習に心がける度合がより少ないということと相似の関係にある。だから私は、英語が

「世界語」であることによって、その母語話者あるいは英語専業者が言語「世界」から遠ざかるおそれが高いと思っている。ここには、かつての国粋的国語学（者）が敵性語を排除したのに似た構図がある。すなわち、英語以外の言語や方言は、その存在じたいがうとましく、それを話す人はいかがわしいものに思えてくるだろう。大学の同僚でも、アメリカ帰りの経済学者や経営学者には、大学で英語以外の言語を教えるのは、もはや全くの浪費であると思っている人がいる。

こうした流れの現れとして、最近の大学で学生に学ばれる言語としては、英語と中国語以外は大きく後退している。このことに敏感に反応したのはフランス語の教師たちとフランス本国である。この人たちは、英語の脅威に抗してフランス語の権威をまもれ！などというはしたないことはさすがに言えないので、「多文化・多言語主義」を旗じるしに掲げる。一昨年［一九九六年］六月、私もそこに招かれた、早稲田大学における、日、仏のフランス語教師を集めて行なわれたシンポジウムがその現れである。この人たちがフランス本国や植民地の多言語状態にも、ほんとに思いを致してきたとは思われないのであるが、それでも何もしないよりはずっといい。少なくとも、かつては普遍言語だととなえられていた言語が、状況によっては普遍でないことが明らかになったという意味で「も」。

成人してしまった人間にとって、外国語はたいへんな熱中によって、やっと身につくものだ。しかも、言語とは、他の言語には目もくれず、自分だけに忠誠を求める嫉妬深いものである。その上、どこまでも現実的で実用的なものだから、実際の効用を期待することなしに外国語が身につくなど、通常の人間には起こり得ないことなのだ。そして言語の価値は、実用の価値と一致するところに、かえって鋭いイデオロギー性が現れる。

さて、ここから先の議論は、今日まで学問が一度もたち向かった経験もなく、念頭にさえなかった問題にかかわる。すなわち、言語の多様はわずらわしく、一つであることを人間（あるいは社会）が求めるならば、それに抗するとはどういうことであろうかという。自ら目かくしした、しゃにむにの「英語」学習のさ中でも、ちょっとこういうことを考えてみるのが「外国語」学習ではないだろうかと思うのである。

（『新英語教育』１９９８年7月、8月　三友社出版）

原題「Ｅｓｓａｙことば　言語の多様性を憎むこころ㊤」

原題「Ｅｓｓａｙことば　言語の多様性を憎むこころ㊦」

「スターリン言語学」と日本語

日本語表記という難問

今ではますます少数勢力の地位に後退しつつあるらしく見える、カナモジ運動、ローマ字運動など、これら日本語の表記を、書き手にとってより負担の少ないものにしようという長年の努力は、いまや、日本のネオ国語ナショナリズムとでもいうべき奔流によって、ほとんど押し流されんばかりになっている。この流れは、まず書き手が自らのうちに持ち、声に出して自ずと話すことばを、見る記号へと自動的に転換する装置の普及によって、かつてない勢いを得ている。それは、もはや通常のことば活動の地平を離れて、別の次元へと舞いあがらんばかりであるが、人間のことばが、ほかならぬ人間の肉体から発せられるものだという、まさにその原始の原理が舞いあがりを許さず、ことばをその本源へと立ちもどらせる。この同じ装置は、他方では、日本語の表記を、なるべく古典の塩漬けのままにとどめておきたいという文士の願望にあわせたコケットリーをふるまうこともできる。

しかし、人間は文字の幻惑によって、ことばそのものとの出会いをさまたげられてはならず、人間は文字に支配される奴隷であってはならないと願う者にとって、日本語表記の改革は避けることのできない事業であった。

じつは、このような改革への願望がうすれてしまっている今こそ、日本語の危機がいっそう深まっていることが自覚され、戦前から戦争のさ中をもつらぬいて行われた、言語改革の努力の歴史が想起されなければならないだろう。

外国語との競争力という面で考えるならば、数行ごとにジビキに相談することなしには前には進めない。日本語独得の表記法が、またその熟練度の差によって書き手を差別することは、他の言語との比ではなく、そのことが結果として、オトをオトとしてそのまま書けば用が足りる外来の語彙への抵抗力を弱くしている。だから「電話」は「テル」あるいは「tel」に対して抗し得ないのである。

カナモジ運動、ローマ字運動などの、現実に話している、オトの体系をそのまま反映できるような文字体系へ移ろうという運動の歴史について、ここであらためてふれることはしないけれども、それが現代日本語について語る際には避けて通れない問題であることを忘れてはならない。

日本語の表記法の維持は、文化における天皇主義的な嗜好、官僚主義とりわけ文化官僚主義とわかちがたく結びついている。天皇の発言は決して国民の前で自分のオトではなされず、多くの国民には読めない文字のみを通じて提供されていたから、話す文化が書く文化に絶え間なくせまって、文字に依存しない日本語を開花させるというふうにはならなかった。要するに文化官僚たる［ことを自認したかのような］文士によって、日本語は国民にとっても、ましてや外国人によっても容易に読み書きできる言語となるチャンスを失い続けてきたし、これからも、いっそうこの傾向は強くなるであろう。こうして日本語は、国境の外に出て行くことを自らに禁じたのである。

マルクス主義への満たされぬ期待

この状況を前にして、ヨーロッパ近代言語学にふれたわずかな数の人たちが日本語表記の改革にとり組み、実践したが、またその人たちは、日本語の表記の技術の改良というところでとどまる節度を持していたが、文字表記の改革は、そこにとどまることなく、必然的に社会全般の変革に結びつかざるを得ないはずであった。たとえば漢字を知らなくとも、かなもじだけで気がねなく文章を書いていいという社会習慣を作り、そのことを保障するために漢字そのものの使用を禁じるというようなことは起こらなかった。一六世紀のフランスで、公文書にラテン語の使用を禁じたようには。何よりもまず、漢字の知識によって、その知識をそなえない者との差をつけ、優位を保っている者たちは、漢字を失えば文化の質が落ちる、いな、言語破壊そのものだとわめき立てるであろう。ここにおいて、言語の行使にあたっての階級的利害の対立はおおうべくもない。

表記の簡易化を含むさまざまな言語改革は、かなりな程度において階級の解放の問題とつながっている。被抑圧階級は通常は、複雑な表記体系を獲得する余裕に恵まれない、言語・社会的弱者であるとするならば、言語表記の問題が、どうして階級的解放と無関係だと言えるだろうか。いな、ほとんどそれは、直接的につながっているとさえ言っていい。

とすれば、社会的階級の解放を理論的にも実践的にも担っていたマルクス主義に言語的解放への期待が向かうのは当然であり、マルクス主義はそれにこたえなければならなかったはずである。とりわけ、優勢な言語に対して、文字ではなく母語そのものが劣勢の立場におかれている言語集団、すなわち民族にとっては、言語と文字との二重の問題を提起したのである。

言語問題の解決にあたっての期待は、日本、あるいは中国のような漢字使用圏においては、他の言語にあっては生じないような特別の問題があったが、中国と日本とは同じ種類の問題として論じるわけにはいかない。中国では、ことばではなく、意味を表記する漢字しかなかったために、日本語におけるような明瞭な問題の出かたはなかった。すなわち、二〇世紀前半の世界において、人民の解放と、言語表記法の改革とのつながりが、日本ほど鋭く明瞭に意識されているところは他になかったのである。とにかく、こうした状況の中で、マルクス主義の理論と実践についてては、あらゆる領域で国家的努力が傾注されていたソ連邦の学問に期待が寄せられるのは当然であった。しかし、漢字などという文字は、その使用が知られていない世界では、想像を絶する太古の遺物だったのだ。とりわけ、オン・クンの二重読みは、「シュメール人の楔形文字を借用して、自分たちの流儀のアッカド語で読んだ」（コンドラートフ）〔本セレクションⅠ「カルメンの穴あきくつした」の八四－八五ページを参照〕という、数千年も前の、滅び去った遺風が、いまもほめたたえられながら生きている日本における文字問題は、世界に類のない言語問題であった。

タカクラ・テルの『ニッポン語』

日本の言語・文字改革運動に寄与するものとして、最初に誰が、どのような形でソ連の言語学を紹介し、それを日本語の問題に適用したかについて、いまのところ、あらたまった研究はない。しかし、そうした試みを行った一人として、タカクラ・テル、あるいは高倉輝の名を逸することはできないであろう（以下では私はこの人をテルと呼ぶ。この表記は私の気に入っている。字がまちがっているからといって書き物を受け取らぬ学長〔蓮實重彦」のようなことは起きない)。

テルは一九四四年、すなわち日本の敗色強まり、翌年は敗戦を迎えるという時に『ニッポン語』を世に送った。そこで展開している言語についての進化主義的な観点は、言語の進化を社会の発展と直接に結びつけている点で、マルの理論からの励ましを受けていたことは明らかである。テルはこう述べている。

コトバが常に進化してやまないのは、云うまでもなく、コトバを使っている社会そのものが常に進化してやまないからだ。社会ぜんたいの生活が大きく進化した時でなければ、コトバの発音が目だってちがってきたと云うことはない。　(一四頁)

職業的に自らを言語学者と呼んでいる者は、今でもそうであるが、当時はなおのこと、言語の進化を社会の進化と結びつけて論じるようなことはしない。それは節度のない、しろうとのすることだ、ということになっている。とすれば、テルは、言語学についてまるでしろうとだったかと言えばそうではない。むしろその逆である。

まずこの『ニッポン語』で、かれが進化と呼んでいる内容は、オットー・イェスペルセンに従ったもので、複雑から単純への構造的変化を指しており、マル(のみならず、多くの言語学者）が考えていたような、単純から複雑へという図式の逆である。ソビエト製の言語理論だからといって、テルがそれをそっくりうのみにしなかったのは、かれ自身が、ヨーロッパの「ブルジョワ」言語学の成果について、アカデミックな理解をそなえていたからだ。もしかれを作家の部類に分類するならば――かれは英文学の出身でありながら、ロシア語を学び、チェーホフの翻訳すら行っている――、その分野では、当時においても今日においても、オーソドックスな言語学について、これほど学識の深い人はいないだろう。とりわけカールグレンの研究を読んで、古代シナ語の古音や漢字の性質について、当時としては最先端の知識をそなえていたことは、冒頭の「まえがき」で、「これは学問の本ではない。私は、この本を学問の本にしまいとして、ひじょうに苦心した」と述べているのは、その文体と表記法のことであって、内容は当時の学問的成果の到達点を示そうとしている。そしてここに収められた知識については、「これはニッポン語にかんする常識の本だ。すべてのニッポン人が、ニッポン語について、少くとも、これだけの知識は必ず持っていなければならない」ことを要求している。テルはあきらかに、ここに国民的な言語学の教科書を編んで、日本語表記の改革を理解するための基本的知識を示そうとしたものだ。それは単なる教養的ものしり知識ではなく、改革へ向ってダイナミックに展開する「常識」を示そうとしたものである。

この「まえがき」の日付けは二六〇三年一月二一日となっていて、この数字は皇紀を示している。奥付けは昭和一九年となっているが、テルはわざわざ皇紀を用い、そしてこの年に検挙されて、敗戦を刑務所で迎える。第一章は「ニッポン精神」となっていて、このニッポン精神は「能や茶の湯や生け花などで代表されるような、そんなケチなものであってはなら」ず、「ニッポン人がニッポン語で考えた思想だ」と説明している。戦争末期に近いころであり、全体として愛国的なトーンにつらぬかれており、いずれの点からみても、ここに「ソビエト言語学」や「マルクス主義言語学」や、まして「マル」などの名が入ってくることは当然あり得ないことであった。

とは言え、マルの影響ぬきに書かれたとは思われないのは次のような個所である。

およそ、母音に三種の区別があると云うような、コトバの特色は、この「かり」と「すなどり」を中心とする「新石器時代」の生活に相当するものだった。……ところが、やがて、ニッポン人の生活に大きな変化のおきる時がきた。……では生活の大きな変化とは、一たい何か？　それは、ニッポンへ水田で稲を作る農業がはいってきたことだ。（六四頁）

ここで「母音に三種の区別」と言っているのは、母音調和に従って区別される、いわゆる男［性］・女［性］・中性のことを言っている。タカクラ・テルは、これに先立つ個所で、［本居《もとおり》］宣長《のりなが》から橋本進吉に至る、日本語の母音史の研究をくわしく述べた上で、豊富であった日本語の母音が今日のような五つに減ったその変化の理由を、新石器から水田耕作へという生活様式によって説明するやり方は、マルが、孤立語から膠着語、屈折語へと進化する構造の変化を、石器時代、青銅器時代を経て、鉄器の製造技術を、屈折の誕生に結びつけたあのやり方に、すなわち、言語と社会のそれぞれの発展段階を、素朴に対応させた点にも、根本的な呼応がみられる。しかし、さきにも述べたように、テルがそのばあいにコトバの「進化」と呼んでいるのは、マルのようにではなく、複雑から単純へと進む方向を指している。すなわちテルは、方法はマルに従いながら、内容は、イェスペルセンに従っている。

その点を除けば、テルが「やよい式になって、はじめて鉄器や銅器が一しょに見いだされる」（六六頁）としているところは、まちがいなく、マルが下敷きになっている。さらにまた、

「かり」や「すなどり」のコトバはそのままで「農業」のコトバとなることはできな

い。……コトバそのものの性質が大きく変ってこなければならない。……「かり」や「すなどり」のコトバは、まだひじょうに多く「あそび」の要素を持っていたが、「農業」のコトバに進むと、そうゆう「あそび」の要素をセイリして、新しく「生産」の要素を取り入れなければならないからだ。（七一頁）

というふうに、言語の機能を呪術から技術・生産への発展としてとらえる箇所は極めてマル的である。呪術的言語から技術の言語へと説く図式は、意味論の分野で、マルよりも、デセマンティザーツィヤ（脱意味化）の過程として、より詳しく論じたアバエフとも共通点があるだろう。

私には好ましいと思われる、マルからの多くの影響が、テルに見出せる。それは影響というよりは共感と呼んだ方がふさわしいかもしれない。しかし他方で、大変好ましくない、しかもこれぞ歴然たるマルからの影響だと思われるのは、次のような個所である。

がんらい、コトバは、はじめに、「手まねコトバ」・「身ぶりコトバ」として生まれたものだが、その頃は、まだ、「手まねコトバ」・「身ぶりコトバ」のところから、そんなに進んでいなかった。（七五頁）

コエコトバに先立って「手まねコトバ」があった、あるいは「手まねコトバ」の発生を待たねば今日のようなコエコトバはなかったとするのは、どう考えてみても、マルの所説の中でも特に評判のよくない空想的な想像が下敷きになっている。しかし、戦後の一九五二年に、この『ニッポン語』の新版として出された『新ニッポン語』にはあとで述べるようにマルの名が登場するが、しかしそれは、スターリンによって全否定された後のことだから、「きかい的なマルの階級言語理論」という風に批判的に言及されている。

スターリン論文の衝撃

戦争末期の一九四四年にあらわれた『ニッポン語』が『新ニッポン語』として再び登場した一九五二年までの間に、日本で生じた大きなできごとは、もちろん敗戦であり、テル個人にとっては刑務所からの釈放である。しかしこれらのできごとはこの本の内容を基本的には何も変えていない。それどころか、ここには、「身ぶりコトバ」や「手まねコトバ」理論すらもがそのまま維持されている。最も大きな改革は「言語もんだいの本質」と題する一章を加えたことである。

テルのような勉強家のマルクシスト言語改革派を待ちうけていたのは、一九五〇年のスターリンの論文であった。スターリンはマルが言語と階級を結びつけたやり方を、マルクス主義の卑俗化として、そのいっさいを否認した。その同じ語調を使って、テルの『ニッポン語』は、「マルのヤペテ言語学説よりもっと単純化され卑俗化された「マルクス主義的」な言語階級論」だと非難した、クラハラ・コレンド（蔵原惟人）に対する反論として、この「言語もんだいの本質」まるまる一章があてられている。

当時のソ連邦の言語学の状況について、言語学者たちがあらかじめ提出しておいた一連の質問に対してスターリンが答えるという形で「プラウダ」紙上に連載され、後に『マルクシズムと言語学』と題する一冊になったパンフレットは、言語学よりはむしろ歴史学や言論界に与えた影響の方が大きかった。

この五十ページほどの文献は、大月書店の国民文庫の邦訳で、やはり五十ページ足らずの分量となったが、その内容は、これがマルクシズムの言語学だとされていたマルの理論を、スターリンがことごとく否定し去るというものであったから、マルに指標を求めていた人たちには大きなショックであったにちがいない。雑誌『文学』の一九五一年二月号が、これをきっかけに言語についての特集を組んだのみならず、それにさきがけて、一九五〇年一〇月号の『中央公論』すらが、時枝誠記《ときえだもとき》の論文を掲載したのであるから、話題性は大きかった。

マルクス主義者にとっての最大の衝撃は、マルが主張し、その基礎の上に構築されていた「言語の階級性」を、スターリン自身が否定したことであった。これによって、言語は人間活動の成果というよりは、より自然に近いものに引きもどされたのである。多くの人々は、おそらく、このスターリン論文によって、はじめてマルの言語理論なるものを知ったのであり、また、そこに描き出されているような荒唐無稽なものとして知ったのである。

したがって、このスターリン論文は奇妙な二面性をもった役割を果すことになった。第一に、特に専門家でない人は、スターリンによってはじめて、独特の、ゆがんだ「ソビエト言語学」の存在を知らされ、そのような奇形的な理想がソ連の学界を三十年近くも支配していたこと、そして、このマルの言語理論にスターリン賞をもってむくいたスターリンその人が、ソビエト学界全体を邪説から救い出す役割を果したというこの二つである。三年後にこの世を去るにあたって、スターリンは自ら支持した邪説を、自らの手によってとり下げることによって、ソビエト学界に自由と解放の鐘を鳴りひびかせたことになる。

しかし、この解放は、ソビエトにおけるマルの理論に忠実な盟友や弟子たちを苦境に陥し入れたのは言うまでもないとして、日本の言語的保守主義とたたかう側にとっては、これは致命的な痛撃となったはずだ。とりわけ日本においては、言語には進化があること、社会の変化にともなって、言語・文字には改革が必要であるという主張に、根拠をあたえつづけていた理論がとりくずされたとなると、テルのような人は、支えなく孤立せざるを得なかった。「スターリン首相」――とテル自身が呼んでいる――の発言は、それ自体で権威があったのだ。

『ニッポン語』から八年をへだてて出された『新ニッポン語』の内容は、その愛国主義的な口ぶりすらも含めて、そのまま変える必要のないものであった。しかしテルの日本語の改革論に直接関係のない――日本語改革にとって、マルクス主義に援《たす》けを求める必要はない。ただ、マルクス主義の言語的保守主義者を説得するときのみに必要なのだ――議論を、スターリン論文をきっかけに、クラハラ・コレンドは「わたしの十年ちかくまえの著書「ニッポン語」お、あらためて、取りあげ、もっともはげしいことばで、ひなんした」とテルは受けとっている。

蔵原は、テルが、言語は複雑から単純への変化を進化と表現しているのは誤りであること、また「武士的」「プチブル・インテリ的」な日本文章語を「大衆の言葉」に近づけるべきであるという主張は階級主義的であるなどと批判している。これらはどちらかといえば、当時の左翼に特徴的な、もったいぶった議論のための議論、無内容な議論であって、今ではこんなことにこだわる必要はあまりない。しかし、「自分たちだけが特殊の表記法を用い、特殊な仮名づかいをしたのでは、それがいかに合理的なものであっても、人民から遊離してしまう」(『新ニッポン語』におけるテルによる引用)という実践面での議論は、

「大衆」に名をかりた言語的保守主義者の典型的なあらわれとして、今日でも、形をかえては、絶え間なくくりかえされる言説である。

そして今日の状況では、マルを攻撃することはあらゆる点で正当化された規範となった。理論的にも、科学行政がもたらした結果についても。ソ連邦崩壊が進みつつあった一九九一年に、ゴルバネフスキー、アルパートフらによって、相次いでマルを告発する著書があらわれた。それらは、マルの理論の無効を証明するだけでなく、マルとその一派が論敵を一掃するために陰険な手段に訴えたと説いている。マルのぎせいになったとされている代表的な人物は、一九三七年に逮捕され、翌年に銃殺されたポリヴァーノフである（マル自身は一九三四年にはこの世にいなかった！）。ポリヴァーノフは、すでに一九二九年モスクワを追放されて中央アジアに移されていることから見て、マルの執拗な追求を受けた受難の人というふうに描き出されている。

しかしここでは公平のために、一九八三年にアメリカで刊行され、九〇年に三一書房から邦訳が刊行された、ニコライ・ポッペの回想録に注目しなければならない。ポッペは一九四一年頃、ヴォルガ下流のカルムク・モンゴル族のもとで調査にあたっていたところ、その地域一帯がナチス・ドイツ軍の占領下に入ったために、ドイツを経てアメリカに移った。その直前まで、ソ連におけるモンゴル学の指導的な人物だった。私は日本でも外国でも何度かポッペに会い、研究上の意見を求めたこともあるが、その印象からすれば、確信ある反マル派であった。ところがマルの人となりについては、「非常に多くの人々を秘密警察の容赦のない悪の手から救い出すことができた」人であるのに対し、ポリヴァーノフはトロツキー政権時代の外務大臣代理になったとき「最初に行なったことは、外務省の官舎に住んでいた二人の非常に高齢の学者をそこから追い出すことであった」と回想録で述べている。これらの情報から考えて、マルに対する批判を、学問外の領域にまで限りなくひろげることには大いに警戒しなければならないと思う。ただし、マルのとりまきが「無節操な悪漢のような連中であった」というポッペの証言はふまえておかねばならない。マルはすでに一九三四年に他界していたので、スターリンがマルを撃ち落としたのは、没後十六年のことであった。

マルとスターリンに共通する反ヨーロッパ志向

それでは、一九五〇年に至るまで、マルの言語理論は、いったいなぜスターリンの庇護、または支持を受けることができたのだろうかという問題が生ずる。あるいは、そのような内容にわたる理由などはなく、単に政治的・戦略的な利害によるだけだったのだろうか。

マルの言語理論について、じつはこれまで全く指摘されていないので、私が強調しておきたい点が一つある。それは、マルクス主義的というのとは対極にある、反西欧的、あるいは、言語的には反印欧語的感情が理論の動機になっているということである。印欧語に先行するヤフェト諸語を想定して、この言語群に、あらゆる言語の起源をさかのぼらせようとしたのは、グルジア［ジョージア］生まれのかれの愛郷心によるものではなかったかと思われるふしが大いにある。かれは印欧語中心の言語研究を、故郷の言語であるグルジア語［ジョージア語］を含む、ヤフェト諸語の研究に移し、そこに印欧語にまさる優位を与えようとしたのではないかと。

このような、反ヨーロッパ的態度は、マルクス主義という普遍思考に著しく対立するものであり、それは初期のスターリンと共有されている要素であって、このことが、レーニンとの著しい相異をなすものである。

スターリンが、ヨーロッパの社会主義者とは異なって、ヨーロッパが経験しない、非ヨーロッパ独自の民族問題へのアプローチを強調したことは、たとえば、一九一三年の次のような発言を見ることができる。

第二インタナショナルの時代には、民族問題は通常、もっぱら「文明」民族にだけ関係のある諸問題の狭い範囲にかぎられていた。……もっとも粗野な形で民族的圧迫をうけている数千万、数億のアジアとアフリカの諸民族は、いつも「社会主義者」の視野のそとにとりのこされていた。

（一九二一年「民族問題の提起」によせて）

このように、社会主義が、アジア、アフリカの非白人の民族解放を中心にして問題をたてることはスターリン以前にはなかったことである。スターリンは、非白人の社会主義者としてのはじめての一歩を踏み出したのである。同様のことを言語学の理論の分野で試みようとしていたのがマルであり、さらにまた、スターリンとマルがともにグルジア語を母語とする同郷人であったとすれば通じあう心情をともにしていたであろう。

私はまた、マルが西欧言語学に反感を抱くはっきりとした動機があったと思う。それは、一八九三年、ソビエト政権成立のずっと以前、マルがまだ二九歳の若さでストラスブールのネルデケ［Th. Nöldeke］のもとに留学した頃の経験によるのではないかと推定している。ネルデケは、マルが証明しようとしていたグルジア語とセム語との親縁関係についての仮説を、あたまから問題にしなかったらしい。

マルの理論的著作はスターリンに葬られてしまったとはいえ、グルジア語、アルメニア語、バスク語などに関する実証的研究は、専門家の間での評価を失っておらず、最近になっても語源学的な小篇を集めた論文集が刊行されている。こうした文集から、マルが妻を伴い、数度にわたって、バスクを訪れたことがわかるのだが、その中で、マルは、バスクではまるで自分の故郷に居るようだと吐露している。

こうしたマルの、学問以前の直観的な感情がかれのヤフェト語理論の動機をなしていたことは大いに考えられる。そして、スターリンがこのグルジアへの思慕の念を共有していたとしたら、マルもスターリンも、正統マルクス主義の典型からの逸脱者であったということになるだろう。もともと正統マルクス主義という普遍主義は、民族と、それに関係した言語を、独自の問題としてたてることに全く意味を見出さないはずであり、社会主義革命の舞台がロシアに移ってきたとたんに、ロシアの諸民族の言語的現実として、新たに当面せざるを得ない問題であった。

日本のマルクス主義者であって、しかも日本語がかかえる問題にとりくまなければならなかったばあい、マルの理論に反応したタカクラ・テルのように愛国主義的な色あいが出てくるのは当然であり、それは、民族と言語を、自らの母語の運命という点から論じようとすれば、むしろ必然のことであった。

テルは『ニッポン語』において、主としてガーベレンツの新説にも支えを求めながら、

「ニッポン語がヨーロッパ諸国語より進んだ要素を持っている」とか、その他、日本語讃美の行文の中に、蔵原は「民族主義的な」傾向を認めたらしい。しかし、それを非難することにどんな意味があるだろうか。

テルが、「ヨーロッパ一九世紀の言語学は、イシキするとしないとにかかわらず、底に、ヨーロッパのコトバの優越とゆう信念が深く横たわっていた。……いま、この言語学の新らしい発見で、その大せつな石ずえがくずれ落ち、新しい光がアジアの空にかがやき初めたと云える。だが、それらの研究や発見が、シナ人やニッポン人などのアジア人の手でなされないで、主としてヨーロッパ人の手でなされた所に、少くとも、これまでは、まだ、アジアがヨーロッパに学ばなければならない多くのものの有ることを示していた」(『ニッポン語』二二一―二二三頁)と述べる際に、そこに、イェスペルセン、ガーベレンツ、カールグレンなど、西洋人ばかりの名をあげることは、当時としては勇気がいったであろう。もちろんマルの名は意識して省かれたにちがいない。

むすび

ソビエト言語学を、ソ連邦で行われていた言語学、もっと限定して、ソ連邦に固有の言語学というふうに理解したばあい、そこには二つの異なるものを区別しなければならない。まず第一は、N・Ya・マルを中心に、メシチャニノフ、アバエフなどの助けによって、一九世紀西欧言語学の批判から出発したものであって、ソビエト・イデオロギーに対応する言語理論の構築を目ざしていた。

革命は言語の構造に直接変化を与えるという主張は、ほとんどの者が同意しないであろう。しかし、諸言語はどのようなものであるのが望ましいか、人間と社会は言語に対してどうかかわるべきであるかといったような、話し手が言語に対して抱く観念や意識には、多大の影響を与えないではおかないし、時にはそれ［言語］を作りかえることさえできる。そして、この領域は豊かで甚だ広いのである。たとえば、言語を文字で書き表わすときに、どのような方式がふさわしいのか、誰にとって利益となるか。また複数の言語が接しあう場合に、それぞれの言語にどのような条件と地位を提供するのがいいかといったような問題はすべてこの領域の中にある。

このことを考えるならば、言語学が没イデオロギー的で、ニュートラルな学問ではあり得ないことは明らかである。それを没イデオロギー的な存在にしておきたいという願望がすでにイデオロギー的である。

言語は自然に属さない以上、ソ連邦の言語学が、固有の問題とスタイルを持とうとしたのは当然である。そうして多くの不首尾な面をかかえながらも、マルの名によってソビエト固有の言語理論が造成されていた。その中で重要な項目をあげるとすれば、「言語の階級性」理論と、それと不可分の関係にある、「言語は不変の自然ではなく、変わるものである」以上、それは望ましい方向に変えられるという認識に根拠をあたえ得ることであろう。タカクラ・テルは、ソビエト言語学の解説者や注釈者ではなく、ヨーロッパの正統の言語学を身につけた実践家として、すでに自らの中にあった文字改革への願望に、マルクシストとして、ソビエト言語学からも支えを見出したのである。

「言語の階級性」という問題の出しかたは、おだやかでないニュアンスを伴うとしても、すくなくとも、言語変化の方向づけは特定の階層がになうものであるということは、一九六〇年代になってから、アメリカのラボフがいくつかの論文によって実証的に示したところである。

「言語変化と階級」という重要なテーマを出しておきながら、ソビエト言語学が、ラボフのような成果を導き出せなかったのは——農民の言語、なかんずく党員の言語をはじめとする、社会階層の言語についての、セリシチェフ、ジルムンスキー、カリンスキーらの、社会言語学的研究があったにもかかわらず——全体として、一九世紀に提出された古典的な問題群から成る枠の中に閉じ込もっていたからだ。その枠は、エンゲルスのアンティ・デューリング論にも示されたものとほとんど一致していて、思想史的には興味深いものであったが、そのことによって、ソビエト社会に生じていた現実をとり扱う、有意義で危険な作業を封じてしまったのだ。

総じてソ連邦における社会科学全般が、一九世紀に提出された諸問題が作る枠組みで進められていたように、言語学もまた、その例外ではなかった。

ソビエト言語学のもう一つの変種である「スターリン言語学」と称するものは、一九五〇年の『マルクス主義と言語学』によって、ソビエト独自の言語学の構築に見切りをつけて、言語の問題をイデオロギーから解放し、伝統と技術の問題として自立させてしまったのである。このことは、内外の凡庸な職業的官僚的言語学者にとっては福音であったが、タカクラ・テルのように、日本の天皇主義的、伝統主義的文壇勢力、言語的保守勢力とたたかいつづけて来た人には痛い打撃であった。

スターリンはマルを禁ずることによって、一九世紀言語学イデオロギーとしての対決ドラマにさっさと幕を引き、実務的で凡庸な俗物官僚学者を解き放ったのである。一九三七～八年の言語学界粛清の総仕上げだった。


（『現代思想』1998年8月　青土社）

《インタビュー》

言語は変わるから言語なのだ
——イデオロギーとの拮抗

言語変化の問題をゆがめた二つの言語学理論

誰もが知っているように言語というものは絶えず変化していくものです。しかし、大変興味深いことに、この現象は、二つの最も正当な言語学の理論によってゆがめられてきました。一つはソシュールから始まった近代言語学の理論によってであり、もう一つはそれ以前にあった比較言語学の「音韻法則」によってです。ソシュールは、自らの理論を比較言語学の基盤の上に立ちあげた学者ですから、彼の理論を知ることから、その二つの言語学理論を認識することができます。

ご存じのように、二〇世紀の言語学はソシュールから始まりました。その言語学が革命的だったのは、「言語を話す人間にとって、歴史は存在しない」と言い切ったところです。彼の言語理論をまとめた『一般言語学講義』の中でソシュールはこう語っています。

「言語事象を研究してまずおどろくことは、話し手にとっては、時間におけるそれらの継起は存在しないということである。眼のまえにあるのは状態である。それゆえこの状態

（共時態）を理解しようとおもう言語学者は、それをうみだしたものを一掃し、通時態を無視すべきである。過去を抹殺しないかぎり話し手の意識のなかに入ることはできない。歴史の介入は、かれの判断をくるわすだけである」

これを単純にいうなら、「今、こう話している時、この話している言葉が百年前にどうだったかとか、二百年前にどうだったかというようなことは、私は考えたりしない。だから言語学者は言語の構造を知ろうとすれば、歴史などというものは考えるべきではない」ということです。たとえば、今、私が「あたらしい」といった言葉をしゃべったとしましょう。実は今の世の中では「あたらしい」という言葉を使うけれども、平安時代までは「あらた」という言葉を使用していたのです。通常「あらた」だったのが、いつのまにかまちがえて「あたら」になってしまい、今では「あたらしい」が正しくて「あらた「しい」」の方がまちがっているというふうになってしまった。

しかし、そんな歴史は今、人が話す時には関係がない。私のように「あたら」に関する歴史的知識をもっていたとしても、「あたらしい」という言葉を話す時は何も考えないでその言葉を使用します。

では、歴史的ではない存在として、今生きて実際に話している人間は、何を根拠にして言葉を使っているのでしょうか。話し手は「話し手の意識」を唯一のよりどころとして言葉を使用するのだ、とソシュールは考えました。『講義』の中で彼はこう言っています。「特有語（それぞれの具体的な言語、［固有語と言った方がわかりやすい］）の運用にあたって、反省が介入することはない。話し手というものはたいていは言語の法則について無意識である。それを心得ていないとしたら、どうしてそれを変更しようか？」

ここでソシュールが考える話し手の意識とは、意識されない、いわば「無意識の意識」ということになります。無意識の意識というのは、意図のない、きわめて受動的な心的反応であり、たとえてみるなら、人間以外の動物に見られるように、光、音、温度などに対して反応する時のような心的な動きと考えられます。あるいは「意図しない意識」といってもいいかもしれない。だからこそ言語における「変化は、いっさいの意図をよそに生じる」のです。ソシュールのサンクロニー、共時言語学はこうした考えから始まったわけです。とはいっても、全く何もない地平からその理論が生まれたわけではありません。先にも言いましたように、ソシュールは彼が影響を受けた一九世紀の言語学の理論を強く意識して、こうした考えを構築しました。

たとえば「歴史の介入は、かれの判断をくるわすだけである」という一句は、「その言葉の歴史を知らなければならない」という旧時代の言語学の要ともいうべき言葉を意識しながら発せられた言葉なのです。

ソシュールは一九世紀の末から、ベルリンやライプチヒで言語学の研究をしていた人ですが、その頃の言語学は、言葉の歴史的変化に強い関心をもっていました。それは、当時の言語学が自然科学を目指していたからです。現在の言語をいくら研究しても自然科学にはならないと考えていた一九世紀の言語学者は、比較言語学というものを組み立てていきます。これはサンスクリト語の「発見」から起こり、わずか一世紀の間に一挙に組み立てられていくのですが、その背景には生物学の強い影響があり、さらに後半に至っては、ダーウィンの進化論の影響が強く見受けられます。一九世紀の生物学、さらに進化論の根幹にあるのは、観察する対象は、それ自体が「形成する力」を備えた有機体でなければならないといった考えです。すべてのものの変化は人間の意思の働かないところで起こり、そうでなければ科学の観察対象にならないという考えです。

ですから、当時の言語学者は、言語を科学的な研究対象とするためには、それを他の何者にも依存しない客体として自立させなければならないとしました。科学の対象になるためには、ちょうど生物種としてのミミズやチョウが、人間や社会の評価に依存しないように、言語もまた、社会や人間から独立した対象でなければならず、独自の生の過程を展開するものと考えたのです。一九世紀のドイツでインド・ヨーロッパ語比較言語学というものができました。これはサンスクリット語を研究する過程で出てきたもので、この中核を担ったのが青年文法学派という一派でした。彼らは、人間現象の研究の中でいちばん科学的であるのは言語学だと主張した。なぜなら言語は、人間の意図をよそに規則的に変化するからだと考えからです。

彼らは言語の音の変化に注目します。

「あらゆる音変化は、それが機械的に進むかぎり、例外のない規則に従って貫徹される。つまり音の動きの方向は、同一の言語共同体に属するすべての者にあっては常に同じである」（『インド・ゲルマン諸語の分野における形態論研究』オストホフ、ブルークマン）

この「音韻法則」は言語の変化をめぐる考えに、大きな影響を与えます。私からすれば、それは影響を与えすぎて、言語変化に対する見方にゆがみを与える理論にまで成長してしまった。言語はそれ自体の生の原理によって、話し手の意向すら無視して、内的に、それ自体として変化していくという考えにまでなってしまったのです。

しかし、一九世紀の人々は、なぜ自律的に変化する有機体を対象とする科学に、これだけ熱をあげたのでしょう。これには社会的背景があると私は考えています。一九世紀は革命の時代でした。社会がいかに変化して、進化、発展していくかということに人々は否が応でも関心をもたざるをえなかった。また、一九世紀は民族の時代だったという言い方もできます。民族が分裂・統合を繰り返し変化していく時代だからこそ、変化に関心をもったのでしょう。考えてみれば、比較言語学をつくりあげた一九世紀のドイツは、国家的統一がまだフランスのように熟しておらず、それを言語の統一で補っていこうという国家の意欲と、それに触発された民族運動が勢いをもち始めた時代でした。

一九世紀が民族の時代であるなら、二〇世紀は国家の時代だといえます。国家という秩序が存在したうえで、その秩序がいかに機能していくか、社会の秩序や制度を維持していく原因・原動力は何かということに関心がもたれたのですね。だからこそ二〇世紀の科学は、精神分析が隆盛していったように人間そのものへと強い関心を向けていったのです。

ソシュールが「話し手の意識」に注目したのは、こうした背景があるからではないかと私は考えています。ソシュールは言語の共時態こそが、その体系性を研究する場であるとして、変化を扱う通時態を無視しました。ただし、ソシュール自身は言語が変化するという事実を認めなかったわけではないのです。共時態というのは機能する言語という「構造」を捉える方法として考えたにすぎません。それなのに彼の追随者は、方法を現実そのものだと取り違えてしまい、言語の変化をしっかりと見据えることができなくなってしまったのです。しかし、この二〇世紀にソシュールの理論に対峙する言語学が現れます。言語の変化を社会的な視点で見ていくものとして登場した言語学、それがソビエト言語学なのです。

革命の言語学——ソビエト言語学の視点

ソ連の成立と共に生まれたソビエト言語学を一言でいえば、革命の言語学ということになります。社会変革のために要請された言語学ですから、言葉も時代と共に変化していかなければならないという考えを基本にしていました。たとえば、ソビエト言語学の初期から一九三〇年代までのスローガンは、変化する言語の発展の法則を階級的視点に立って明らかにしようというものです。

歴史性を無視して言語を捉えるソシュールとソビエト言語学の考えは対立することになります。言語に変化を見ないソシュールの考えは、一種の反革命ということになり、彼の言語学を否定するために、ソビエトの言語学者は一致団結して闘いましたが、こうした動きの中心で活躍したのが、スターリンと同郷のグルジア出身の言語学者マルです。

マルの言語学の重要な要素は、マルクス主義の根幹である階級史観を取り入れたことでした。それ以前のソシュールの言語学には、誰にとっても均質的な言語を、共同体の全員がもっていて、それを使いながら人は話をするという考え方がありました。しかし、マルクス主義的な解釈で言語を見ていたマルたちには、言語が全員に対して均質なものになるなどということは考えられません。言語にも階級性は色濃く反映しており、階級のあり方によって、言語は変化するのだと考えたのです。

もう一つの重要な特徴は、言語は［すべて］混合語であるという考え方です。マルはもちろん、言語の内的発展法則というものを考えていました。しかし、それだけではないと主張したのです。異なる種類の言語がいろいろと接触しあって、影響を与えあって変化してくると考えました。したがって言語には純粋な言葉というものは一つもなく、今ある言語はすべて混合語であると主張しました。そして接触しあうそれぞれの言語がそれぞれ階級性を帯びているというのです。またその階級性は、社会の発展段階に影響されていますから、当然遅れた言語と進んだ言語という分類が出てくるわけです。

マルはヤフェティード言語学の名によって有名になった学者です。ここで少し、その言語学について触れてみましょう。ヤフェティードという名前はどこからきたのか。旧約聖書の創世記によれば、大洪水の時、ノアは神の指示にしたがって、自分の妻と、その子のセム、ハム、ヤペテの三人と、その妻たちと共に箱船に乗り、大洪水を生き延びます。洪水が去った後、三人の子どもたちの子孫は、この地上に繁殖していきます。言語学は、上の二人の子の名を、語族の名称に用いています。アラビア語、ヘブライ語などが形成するセム語族、そしてコプト語、古代エジプトなどを含むハム語族といった形で使用したわけです。そして、末子のヤペテの名は、まだ語族として使われていなかったので、これをインド・ヨーロッパ語族が形成される以前に、黒海からカスピ海にかけての一帯を中心に居住していたとされる諸族の言語群を指すものとして用いました。つまり、ヤフェト語族は、インド・ヨーロッパ語族というものがまだ成立する以前に、今日、文明史の過程で片隅に追いやられてしまっている、生き残りの言語を含む一大言語群だったと考えたわけです。しかしヤフェト語族を設けるのがマルの最終の目的ではありません。それでは、世界の諸言語を系統的に分類する、一九世紀的な言語学の作業を繰り返すことになってしまうからです。ヤフェト語族の設定は、実は言語の系統学説を解体するところに目的がありました。言語の系統という生物主義的な純血主義を否定し、言語の発展は、諸言語の「交叉（スクレシチェーニエ）」、つまり混交によって生まれてきたのだと考えたのです。

こうしたマルの理論を中核にしたソビエト言語学は、二つの言語のあり方と密接な関係をもっていきます。一つは「人工語」です。あらゆる言語は混合語であると主張することは、当然、さまざまな言語から必要な要素を集めてつくった、いわゆる人工語をまともな言語として認めるということを意味します。そこからエスペラント語との関係ができます。もう一つは「クレオール語」です。この言語は混交によって生みだされた言語そのものであり、言語の純潔性を具体的に否定し乗り越えていく言語です。

混合語の極限としてのエスペラント語

まずエスペラント語について触れておきましょう。この言葉は、ザメンホフという医師が、文法も単語もヨーロッパのいろいろな言語からいちばん使いやすい形で混ぜ合わせてつくった人工語です。私は今、人工語という言葉を使いましたが、これは世間の通俗に妥協した言い方であって、本来からいえば正しくありません。考えようによっては、あらゆる言語は多かれ少なかれ、人工のものだという言い方ができるからです。人工語に対する自然語という表現には、一九世紀の言語有機体観の偏見がつきまとっています。私としては、ドイツのD・ブランケが言ったように「エスニック（民族）言語」と「計画言語」と呼ぶのが適切だと思っています。

伝統に凝り固まった言語学者の目には、エスペラント語はとんでもないものと映りました。二〇世紀の正当な言語学者といわれるような人は、ほとんどが自然言語主義者であって、エスペラントのような計画言語というもの自体に強い反感を示していたからです。つまり計画言語というのは言語学者にとってタブーなのです。しかしマルの功績、つまりソビエト言語学の功績はそういったタブーをなくしてしまったということです。あらゆる言語がエスペラント的な発生の起源をもっているかもしれないし、エスペラントだって、多くの人々が実際に使うようになれば立派な言語として機能できると考えたのです。

もっと言ってしまうなら、人間の言語である限り自然語なんてありえないということです。

たとえば、この日本語も文部省［現・文部科学省］により学校教育を通じてものすごくコントロールされている。しかし言語改革の運動が進んできて、新仮名遣いとか漢字制限の話が出てくると、必ず丸谷才一などの作家が出てきて、言語は自然のものだから決して手を加えてはいけない、あるがままに放っておけというわけです。私に言わせれば、ああいう連中は保守派のデマゴーグもいいところなのです。なぜなら言葉は一度として、あるがままにあったということはないし、いつでも権力が言葉をコントロールしてきたわけですから。

たとえば、『源氏物語』や『枕草子』は、京都弁で書かれていました。今、紫式部が甦って、自分の本を朗読する機会があったら、東京の人はそれを聞いて吹き出すかもしれません。それは当時の日本の政権が京都にあり、文化の中心がそこにあったからです。さらに今、私たちが［それを聞いて］笑ってしまうのは、日本の首都が江戸に変わり、その時に江戸語というべきものが形成されたという歴史的背景があるからです。つまり、これは私たちがこうして使っている言語も人工的につくられているということの証左です。この人工性を極端にまで追いつめてできあがったのがエスペラント語なのです。

マルが活躍したのは一九二〇年代ですが、この時代のソ連はエスペラント語を国家的に支援していました。一九二五年、ソ連では世界で初めてのエスペラント語による切手を発行していますし、続く二六年から三一年の五年間は、ソ連におけるエスペラント運動の最盛期でした。エスペラント語を世界のプロレタリアートの連帯の言葉として、積極的に支持しました。さらに世界の覇権を握っているアメリカという国家の言葉だからという理由で世界中で話されている英語、その言語上の特権性をなくすものとしても支持した。

当時の日本でも、その影響を受けて、エスペラント熱は相当に高揚していました。学校教育を受けなかったために漢字が書けない労働者でも、ローマ字とエスペラント語の簡単な文法を覚えたら、世界中の労働者と文通ができるんだ、ということで盛り上がった時代だったのです。こうして今はないソ連が最大のエスペラントの支持国だったわけです。

中国にはいまだにその名残がありますよ。北京放送にはエスペラント語の放送がありますし、雑誌「人民中国」も、今なおエスペラント語版を出しています。これは、エスペラントが社会主義の言語だったからです。エスペラントは、ナショナリズムを破壊する言語であり、多言語主義、多文化主義に完全に見合った言語だったということなのです。

クレオール語とソビエト言語学の可能性

マルの生まれ育った土地はグルジア［今ではジョージアという］でしたが、生粋のグルジア人ではありませんでした。母親はグルジア人でしたが父親はスコットランド人だったのです。母親はグルジア語しか話さず、父親は英語とフランス語を話しましたが、ロシア語はブロークンだったといいます。マルは生まれながらにして、クレオール語社会に住んでいたことになります。

彼は言語学者としてヨーロッパでつくられた、インド・ヨーロッパ語比較言語学をモデルとした言語研究の体系を破壊して、全く新しい構想をたてようとしました。つまり祖語や純粋な血統から成る諸言語の系統、つまりエスニックな観点を否定して、多様な言語が相互に影響しあっている状態のヤフェト語世界を仮定したのです。このマルの言語共同体のあり方はクレオール語そのものといえると思います。

クレオール語というのは、カリブ海の島々で、アフリカから連れてこられた奴隷と、その所有者であるフランス人などの白人との間に成立した、いわば「間に合わせ言語」のことです。たとえば、日本人が英語を勉強しようとすると、動詞に英語のような変化がないから大変苦労するでしょう。go の過去形に went という単語がいきなり出てきても、なかなか簡単には覚えられません。そこで、原型の語をそのまま使って did go といった使い方を考案したとします。とにかく通じればいいと。これが間に合わせの言葉で、一種のクレオール語なのです。英語の授業で生徒が、I is とか We is というと、英語の教師はすぐに怒ります。しかし、is がいちばん使用頻度が多いなら、be 動詞はすべて is にしよう、こう考えるのがクレオール語です。なぜ go の過去形が went なのか、I am で We are なのか、考えてみればめちゃくちゃな規則ですよ。こうした無駄な規則をいっぱいもっているのが自然言語です。それに対してクレオール語は、自然言語を使いやすい便利な言葉につくりかえたものです。さらに、ムダな規則を捨てに捨て、基本的な約束事だけをもった言語にする。それがエスペラントなのです。

日本人は今言ったような文法のまちがいをする、といったようなことを本に書いて飯を食っている英語教師たちがいますが、クレオール学を信奉する者は、こういった思想を否定しなければいけない（笑）。なぜなら、クレオール学の立場に立つなら、正しい英語をしゃべりましょうなどということ自体がまちがいだからです。英語の文法はどんどん解体して、日本人が使いやすいような単純な英語をつくっていけばいいのです。大事なのは、ある一つの共同体で、お互いによくわかるような言葉をつくっていくという作業だと思うのです。

私は近ごろ「ナイター」という言葉がなくなって残念でしょうがないんです（笑）。この言葉は、英語をよく知らない日本人が勝手につくった言葉で、本来は「ナイトゲーム」が正しいのだから、そちらを使いましょうということでしょう。でもね、「ナイトゲーム」なんて、よそよそしい。われわれは、今まで慣れ親しんだ「ナイター」で徹底的にいくと決めた方がいいのです。それがクレオール的発想です。

しかし本当のことをいえば、「ナイター」ごときではクレオール語とはいえません。言語が広範囲に、そして常時つくられていくクレオール的状況を支える国家がなければ、やはりダメです。セーシェル共和国やパプア・ニューギニアのようなクレオール語を国語として採用している国家をごらんなさい。たとえば、パプア・ニューギニアには wantok という言葉があります。wan は one であり、tok は言葉という意味で talk からきています。wantok で「一つの言葉」という意味であり、これはまた nation という意味なのです。パプア・ニューギニアなどでは、このようなクレオール語がどんどん生産され、ちゃんと辞書に登録されています。それで放送もするし、聖書も翻訳する、さらに学校でもその言葉を教えているのです。つまりクレオール語も社会的な条件が保証されないと、多くの人に言語として使用されないということなのです。

今、私はソビエト言語学について説明し、その理論に深く関わる言語形態であるエスペラントとクレオール語について触れてきたわけですが、ソビエト言語学が、純粋な血統から成る諸言語の系統などを考える言語学に対して、雑多な人々が蠢く現実というものを積極的に取り込もうとしていたことがわかっていただけたと思います。

言語の変化を言語の混交性から捉える。これには当時のソ連の多言語主義、多文化主義というイデオロギー的背景が関係しています。しかし、ソ連がスターリンの時代になってその動きは変わりました。ソ連がナショナリズムになったからです。その中で行われてきたのは、ロシア語でソ連を統一するということでした。一九世紀的言語学の地平どころか、ポール・ロワイヤル文法で国民をまとめていった一七世紀のフランスの言語学的地平に戻ってしまったのです。

この理由を説明するのは難しいのですが、三〇年代になって登場したナチズムの影響が大きいでしょう。ナチズムが出てくるのと平行してソ連でも対抗してナショナルになってくる。これがスターリン時代の幕開けです。いわゆるスターリンの独裁時代が始まったのは一九三七年頃から。マルが死んだのは三四年ですから、マルはこの時代に出会わずにすみました。もしマルが生きていたら、スターリンと全然合わなかったにちがいありません。

一九五〇年、戦争が終わって一段落したところで、スターリン自身がマルの批判をし、ソビエト言語学を否定します。この時のスターリンの論文は、マルの理論がいかに荒唐無稽であったかということを語り、そのめちゃくちゃな理論が、長い期間ソ連を支配したのは、マルが自分の説に反対する者を大学や研究所から追放したからだと主張しました。

興味深いのは、スターリンがしたことがすべてといっていいほどひどい悪業だったといわれる今日、マルを否定して言語学を正しい道に戻したという評価は変わっていないということです。確かにマルの理論には受け入れがたいことが多くあることは事実です。さらにライバルを追放したといったことも嘘ではなかったのでしょう。ただし学問的に大きな意味のあることをしたこともまた事実でした。それはほかでもない、言語の純粋性を否定し、言語の変化は混交によって生じたとする考えを生み出したからです。

ソビエト言語学は言語学を社会科学にしようと思ったわけですが、それを実現できないまま政治的な都合でねじ曲げられてしまいました。おそらく一九三〇年代前半の彼らの動きをていねいに見ていけば、そこで窒息させられた理論の中に、将来生かせるものはたくさんあると私は考えます。

言語変化に対する新たな眺望

ここで、もう一度、言語変化という問題について立ち返ってみたいと思います。

言語変化という誰にもその存在を否定できない現象は、二つの最も正当な言語学説によって、ゆがめられてきたと私は言いました。繰り返しますが、一つはソシュール以来の最もモダンな近代言語学の諸理論。ソシュールは言語のサンクロニィ［synchronie］―共時態こそが、その体系性を研究する場であるとして、変化を扱う通時態を無視しました。またソシュールは言語の脱社会化を目指し、言語を科学的な研究対象とするために、一様で均質なものとしたのです。

この均質言語を求める道程は、チョムスキーの言語学の理論へと一直線につながっていきます。チョムスキーの考え方というのは、人間は等しく「精神」というものを共有しているということ。言語はこの精神によって生ずる活動であって、その基礎となる能力は人類に普遍的であるということです。その精神の中にある言語製造装置は、限定された、ある特定言語の文法などに縛られておらず、どんな言語にもなれるような、いわば原文法のようなものをもっていて、次々にいろいろな言語表現を「生成」（ジェネレイト）するのである、という考えです。つまり、チョムスキーは言語を脱社会、脱歴史の極致にまで追いつめてしまった。このように脱社会化、脱歴史化された言語学に、現実の社会の中で刻一刻と変化している言語の姿を見ることはできません。

もう一つは、比較言語学の「音韻法則」。あの青年文法学派のテーゼによれば、言語はそれ自体の生の原理によって、話し手の意向すら無視して、内的に、それ自体として変化する。しかし、よくよく考えてみれば、人間自らが用いている言語が、話し手の都合を無視して、それ独自で勝手に変化していくということは、なかなか納得がいかないものです。

たとえば日本語では、今日では語頭のハ行で発音されている子音は奈良時代以前ではパ行音で発音されていました。さらに、その音はファのような中間段階を経てハになったといいます。このp→f→hの音の変化は、すべての単語において例外なく生じたのですから、この変化は音韻法則と考えられます。しかし、ある時代の人間全員に、突然、その法則が働いて口がしまらなくなりパナ（花）がいえずにファナになってしまうなどということが起きるでしょうか。

この音韻法則という自然科学的な概念に、強力な一撃を加えた重要な研究があります。アメリカのW・ラボフという言語学者が行った研究ですが、そこでは、言語変化は、社会全体として行われるのではなく、特定の階層によって担われることが示されました。

もともと一つの言語共同体で、発音は文字に書かれたように単一ではなくて、さまざまな形で存在するとラボフは考えたわけです。しかもそれらは、ただ共存しているのではなく、その発音に対して人々は、他の発音よりも上品だとか、好ましいとか、というふうに感じているというのです。そして発音は、単にコミュニケートする手段の基本単位にとどまらず「権威」や「威信」に関わるものだとラボフは主張しました。

つまり、ある発音が別の発音に変化していくのは、その音そのものの性質によるのではなく、その言語を話す人の意志や好みによるものなのです。これを言葉全体として考えると、ある方言が別の方言、もしくは標準語の前に衰退していくのは、その話し手が別の方言や標準語の方により高い権威を感じ、自らの方言を話すのを卑下して話すのをやめるからということになります。しかし、この話し手の意志や好みには、社会的な背景が大きく絡んでいる。たとえば標準語を話せれば、入学、就職、資格試験などの面でさまざまな特権が与えられているなどのことです。さらに、ラボフは人々を社会階層に分けて調査し、中流より下の人たちが、言葉に自分より上の階層のプレスティージ（威信）を求めて発音を変化させていることを発見しました。この階層の人たちは、社会的上昇に望みを託せる人たちであり、可能性と意欲をもっている。そして新しく現れた発音にいくぶんなりともプレスティージが現れると、競ってその発音を身に付けようとするのです。つまり、この層こそ言語変化の推進役なのだと考えたのです。

ラボフはこのような調査・研究をすることによって言語変化を、あたかも自然変化のように自律的な変化として見るのではなく、人間の意志の加わった主体的な活動の結果として捉えることに成功しました。つまり、これらの研究によって、比較言語学の「音韻法則」が歪めていた言語変化に対する見方は事実上打破されているのです。さらに、言語をのっぺらぼうの抽象体と見るソシュール以来の近代言語学の諸理論も揺り動かされているのです。

［以上は］言語変化をめぐる問題を見てきたわけですが、言語学の理論それ自体がめまぐるしく変化していったこともわかったと思います。ですから、これから言語の研究をしようと思う若い人は、今の言語学だけを見ないことです。アメリカに行って初めて言語学を勉強して、チョムスキーの生成文法だけを学び、それがすべてだと思うような人がいるけれど、そういうのがいちばん不幸なケースです。必要なことは、言語学の理論を相対化することです。

なぜ相対化しなければいけないかといえば、ここで私が話してきたように、言語学そのものも文化的背景や政治的背景と切り離して論じることはできないからです。つまり言語学もイデオロギーに深く絡めとられているからなのです。言語変化の問題を歴史的に見ていくということは、それぞれの言語学の背後に潜むイデオロギーを見抜くことであり、その硬直化と戦うために必要なことだと私は思っています。

（談　1999.04.09）

（『談』１９９９年№62　公益財団法人たばこ総合研究センター）

スターリン批判前・後の言語学

ソビエトの科学革命における言語学

言語学という学問分野は、ふだんはほとんど目立たない存在で、大学という知的な環境の中ですら、それが何をやる学問なのか知っている人はほとんど居ないといったような、影のうすい存在なのである。それなのに、戦後一九五〇年以降、言語学が、そうでなければ全く縁のなさそうな人々の口にさえのぼるようになった。

ここで詳しく述べるのは避けるが、戦後日本での言語学の普及はアメリカ占領軍の政策によるところが大きく、それは日本語の表記方式の改革が、日本の民主化を進めるために不可欠であるという認識があったからである。

そのような土壌の上に、スターリンの名で著された『マルクス主義と言語学の諸問題』という著作は、言語研究の領域で一つのセンセーションとなった。この論文が世界の注目を浴びたのは、何よりもその題名のユニークさにある。まずマルクス主義という政治性の高い思想が、言語という極めて政治性を欠く、単なる技術で終わってしまいそうな話題に、一国のみならず、世界を動かす政治のリーダーあるいは独裁者が踏み込んだことにある。このことによって、スターリンは学問と教養を一身に帯びて学界を指導する、尊敬すべき学者、思想家として立ち現れ、言語を社会科学のまっただ中に置いて光をあて、議論されるねうちのある重要項目として掲げたのである。それは二〇世紀の学問史、思想史の中で、これ以上のことはあり得ないと思われるほどの劇的なできごとだったのである。

スターリンがそこで論じた内容のほうはさらに劇的であった。というのは、ほかでもないこの著作は、ソビエトの学界が過去三十年にわたって営々と築きあげてきた、最もソビエト的な科学のいっさいの土台をとり払ってしまったからである。いわゆる「ソビエト科学」の、時にはどうしても受け入れがたい奇矯なテーゼに対して、それを支えてきたその本人が全面的な無効宣言をつきつけてしまったからである。

ソビエト同盟ではその体制にふさわしい科学と学問の建設が求められていた。既存のいわゆる「ブルジョワ科学」と、「ソビエト科学」との間で、最も鋭い争点になりうるものが生物学とりわけ遺伝学であった。たとえば、エンゲルスは『アンティ・デューリング論』の中で「生命とは蛋白体の存在様式である」とした上で、「われわれに知られている最下等の生物はまさに単純な蛋白小塊にほかならないのであって、それらはすでにあらゆる本質的な生命現象を示している」と述べている。ここに示されている見解は、「生命」という神秘の現象が、一元的に唯物論的に説明されるべきだという理論上の見通しである。

この見通しを単なる理論の問題にとどまらせず実験の上でも確かめようと試みたのがオリガ・レペシンスカヤで、卵黄から細胞を自然発生させることに成功したという。彼女はこの功績によってスターリン賞を得た。

レペシンスカヤよりははるかによく知られているのが、「獲得形質は遺伝する」と主張したルイセンコである。私は今日の遺伝学がどのような高みに達しているのか、そこからルイセンコを見るとどのように判断できるのかは全く知らないけれども、これも大きなセンセーションを巻き起こし、広く話題になったソビエト科学の成果であった。ルイセンコの理論を農場で実行に移したのがミチューリンで、彼の開発した「ヤロヴィザーツィア」(秋まき小麦を春まき小麦に転化させる方法)は、長野県の伊那谷の農家でひろく実行されたことは、まだ記憶されている。

この二つの例を見ればわかるように、先ずは無機物と有機物、無生物と生物との境界を、次には、遺伝子間の境界、すなわち種と種をへだてる境界を理論的にとり去ることが課題であった。この境界をとり去ることが、唯物論的一元論を実現するための前提だったのである。

この問題をより抽象的な言語の領域に移して考えると、そこに現れるのは、いわゆる

「言語の系統」と言われるものの相対化であり、「系統」の壁をこえることだった。このように考えをすすめて行く背景には、そもそも、言語学における「系統」の概念が、生物学の系統概念をモデルにしていることがあった。

言語学が生物学の申し子だった背景を次のように説明しておこう。一八五九年に、ダーウィンが「種の起源」によって生物進化論のモデルを提示すると、すでに一八六一年には、ドイツではA．シュライヒャーが「印欧語比較文法綱要」を発表し、そこに掲げられた印欧諸語の系統樹は、ダーウィン進化論の図式をモデルにしていた。さらに、一八六三年には、ドイツにおける熱狂的なダーウィン主義者、エルンスト・ヘッケルに宛てた書簡という形で「ダーウィン理論と言語学」を発表した。この、まるで信仰告白のような文章の中でシュライヒャーは、言語学者はひたすら生物学に学ばなければならないと説いたのである。

争点：「語族」と「音韻法則」

このような年表をみただけでも、印欧語比較研究が、全く生物進化論の申し子であることがよくわかり、またこうして印欧語比較言語学を中核として生まれた言語学は、言語を人間の外にあって、人間から自立した生命体とみていたことがよくわかるのである。

印欧語比較言語学の理念も方法も今なお言語学の中で強い影響力を持っている。この学問の批判をする言語学者は時おりはあったとしても、マルが参照することになった、オーストリアの言語学者H・シューハルトを除いては、はっきりと批判する人は稀であった。ところがマルとその弟子たち、とりわけ、V・I・アバエフは精力をかたむけて、言語の系統的発生と進化の図式と、それを支える「音韻法則」の原理の全面的転覆を企てたのである。

印欧語比較言語学は、現存するゲルマン諸語を中心に相互比較し、今日のように分裂するに到った過程を明らかにすることによって、それらが共通にさかのぼる、単一だったと仮定される「祖語」を復元することを目指した。この方法は、その後ウラル・アルタイ、セム・ハム、シナ・チベット語族など、すべての語族に適用し得る普遍的方法だとされた。この方法はほかでもない、それら各「語族」があたかも生物種のように、相互に混じり合うことのない閉じられたグループをなしつつ、それぞれが単一の「祖語」にさかのぼるという仮定を前提にしている。したがって、当然のことながら、マル一派は、まず「祖語」の存在を否定し、原初の状態を多様な言語形態の併存状態として考えた。そして各語族の形成を単一の祖語からの分裂ではなくして、社会組織の形成と発展とともに言語は統一に向かうというふうに、多様から一元への図式を描き出すことによって「単一の祖語」

という概念を否定した。

この「語族」は、ほぼ民族とその拡大されたもの、また時には人種という概念に対応することがある。そこで、民族、一般にエスニックな相異を作りだす根源に、語族の相異があるという基本的な認識をもたらした。私流にこれを整理すると、言語の相異が民族の相異に対応するのであるから、全人類の一元的な起源と発展の過程の図式を描こうとするならば、この語族の概念を否定しなければならない。ところが、この語族の相異は、否定しがたい言語の構造的相異に対応させられているかぎり、否定されることのない強固な壁によってへだてられている。したがってこの壁をとり外すには、エスニックな概念とは別の、非生物学的でより普遍的な概念によって置きかえられなければならないことになる。そのために、言語の類型的な相異はマルたちによって発展段階の相異に対応させられたのである。

こうしてシナ・チベット語族のような孤立語タイプは、生産技術がまだ青銅器であった時代の言語として、そして、インド・ヨーロッパ語族のような屈折的タイプの言語構造は、鉄器の出現の時代に生まれたものだとされた。

このように、言語の相異を民族の相異ではなく、生産技術の発展段階に対応させることによって人類社会の発展様式と、言語の発展様式との一元化がもたらされたのである。

このような様々な言語類型の相異が現れる原初の段階をあらわしているタイプの諸言語をマルはヤフェット諸語と呼んだ。このことによって、マルの言語学体系全体がヤフェット［ヤフェティード］理論、あるいはヤフェット［ヤフェティード］言語学と呼ばれるようになったのである。このヤフェットという命名は、旧約聖書の、箱舟に乗って生き残ったノアの三人の息子、セム、ハム、ヤペテの最後の息子の名にちなんでいる。マルによれば、セム、ハムの名は、すでに実際に存在する語族の名に用いられているから、残ったヤペテ（ロシア語でヤフェット）の名を利用したにすぎない。そうして、このヤフェット語族を形成するのが、グルジア［ジョージア］、チェルケス、アブハズなどカフカス諸族であるとした。このヤフェット語的特徴を今日までもまだとどめているのは、カフカス諸語のみならず、地中海をこえた彼方、ピレネー山脈のバスク語や、イタリア半島で消滅したエトルスキ語までも含んでいる。

これらの言語は、かつてラテン語、ギリシア語など、印欧語族がひろまる以前、地中海をとびこえて、その一帯にひろまっていた。したがってマル以前の、より「正気な」言語学では、これらの言語を総称して「イベリア・カフカス諸語」と呼んでいたのである。

マルの言語学を指す商標として、かれはヤフェット学という表現をもちいたが、その背景には、マルの出自による、特有のパトリオティズムが深く根をおろしている。というのは、かれの母はグルジア語しか知らない若いグルジア女だった。父はスコットランドからやってきて、グルジアではじめて茶作りを試みた移民で、スペイン語をしゃべっていた。かれの最初の妻がスペイン女だったからだ。

マル自身の伝記によると、かれは文字も知らないこの若い母にかぎりない愛惜の念を抱き、すでに八〇歳になっていたこの父のことは「じいさん」と呼んでいた。両親の間には共通の言語はなかった。マルは、このように子供のころから、文字通り「言語接触」の現場のただなかで育ったのである。そして考えてみれば、このイベロ・カフカス空間の中で最初の言語生活がはじまったのである。西欧の正統言語学が言語研究の基軸だとして定めた印欧語中心の研究を吹きとばして、その中心を自らの手でカフカスとバスク語にもってきて、それをヤフェット諸語と名づけたのである。

マル自身はくわしくは論じていないけれども、想像されるこのヤフェット「システム」にはその後、「語族」としての分化はなく、ただただ、階級社会と生産技術の発展段階に照応して、言語の構造のちがいとなって現れたのである。

この場合特徴的なことは、印欧語比較言語学をはじめとする正統言語学では、言語はそれ自体の「固有の内的法則」によって発展してきたとする。それ自体にやどる固有の内的発展法則とは、言うまでもなく、言語を生物に見立てる生物主義にほかならない。

ところが言語を生物＝自然有機体ではなくて、社会現象とみる立場からすれば、言語の存立、発展は、ひたすら社会の変化に依存することになる。言語の変化もそれ自体の中から自発的に生じるのではなく、言語相互間の接触によってひき起こされる。言語の混淆《こんこう》とも呼ばれるこの現象をマルはスクレシチェーニエ（交叉、かけあわせ）と呼んだ。この考えは、言語をそれぞれ孤立した状態で、すなわち実態においてではなく、作られた空間の中で観察することに対して異をとなえたフーゴ・シューハルトによって共感が示された。

以上で私は、スターリンの支持のもとで形成されたマルの「ソビエト言語学」がどのような目的のもとで形成され、どのような内容をそなえていたのかを見ようとした。しかし、マルのヤフェット理論は、まだ形成のさ中でのマルの死によって中断された。このような理論は、したがって、その完成度をゆるぎない構造によって理解することはむつかしいだけでなく無駄である。必要なことは、この理論がいったい何を目ざしており、どのような背景によって支持をひろげることができたかを見ることである。

一九五〇年にプラウダ紙上で論争を開始し、それをまとめたスターリンの『マルクス主義と言語学の諸問題』は、これによってマルを否定すると同時に、マルの言語学がどのような内容のものであるかを明らかにした。マルの言語学、いな、言語学そのものに関心を持ったこともない人たちを、はじめて言語学と言語の問題に関心を抱かせるようになった。それはまさに歴史上の一大イベントとなったのである。そしてまた、言語について考えるにあたってどうしても考えておかねばならない問題にはじめて広汎な人々の注意を喚起したのである。

未来の言語とエスペラント

学問は、言語に関するかぎり未来のことは全く予測できないとする。それにもかかわらず、社会の未来を描く社会主義にあっては、未来の言語についての予言を求められる。そのような予言の中には、人々の願望が反映されているという意味ではこれもまた真実の一端にふれていると言うべきだろう。「未来の単一の世界語は……」とマルは言う。「それは、これまで存在しなかった、未来の経済、未来の階級のない社会、未来の非階級的文化と同様に、特別な新しいシステムの言語となるであろう」と。

スターリンは、一九三〇年の第十六回党大会で、このことを自分のことばとして、社会主義の全世界的規模での勝利ののちは、諸言語は一つの言語に融合するであろうと述べているが、この一九五〇年の論文では、諸民族語がそれぞれの言語地帯の中で共通語をつくり、それらがやがて「単一の共通の国際語へと融合する」だろう、そのような言語は「ドイツ語でもロシア語でも英語でもない」つまり既存のいずれの民族語でもない言語になるであろうと予想している。

これは一九二八年に、ソビエトエスペランチストの中心にあった、ドレーゼンの著書に寄せたマルの序文の中に見られる思想である。ソ連では、一九二〇年代から三〇年代の中頃まで、エスペラントは党から強い支持を受けていた。それはプロレタリアートの国際連帯のための言語であると位置づけられていたからである。エスペラント運動がこの期に最大の高まりを見せていたのは、マルの強力な支持があったからと考えられる。しかし、ドレーゼンがすでにマルのいなくなった一九三七年に逮捕、銃殺されたことに見られるように、ソ連の言語政策の上にエスペラントの運命を決する大転換が起きたのである。

マルには人を魅了せずにはおかない独特の力があったと言われる。そのことを人は「彼は何ごとも〝火を以て〟行った。とりかかったすべての仕事に〝燃えあがった〟」と述べている。

マルの論文は、荒唐無稽な構築物、妄想の産物に満ちているとはいえ、今日になって、いな、今だからこそ力を帯びて来る思想が内蔵されている。たとえば、「言語はどの部分をとっても、自然の単なる贈り物ではなく、人間の創造であり」また、「世界には自然言語などというものは存在せず、すべての言語は人類によって創られた人工物である」、「それは外の自然の中にもなく、我々の中にもなく、我々の肉体的自然の中にもなく、社会性の中にある」という発言の中に見られる。

これらの指摘は、今日までに現れたあらゆる言語理論の基幹にかかわってくる。たとえば、この中にはヘルダーやソシュールと共有されるとともに、かたやチョムスキーと鋭く対立する視点が含まれているのに気がついておかねばならない。

V・アルパートフは、こうしたマルの「たわごと」をすべて「神話」だとかたづけた。しかしこの神話時代は、ソビエト同盟という、「科学的社会主義」の実現に向かったこれまた「神話」国家の中で、マルの死の一九三四年まで生きつづけた。マルがさらに生きつづけていたとしたら、どのような運命をたどっていたであろうか。一九五〇年のスターリンの論文は、いわば、あらためてマルを［再］処刑したのである。ほかでもない一九五〇年のこの論文によって。この論文はまた、スターリンは誰の手を待つこともなく、ソビエト言語学に敗北宣言をつきつけることによって自らをも葬ったのである。「マルクス主義と言語学」を私はこのように評価している。

ロシア言語学への期待

スターリンの罪業をつぎつぎとあばきたてて断罪した、第二十回党大会における、フルシチョフの秘密報告は、ソビエト体制の専ら政治面を述べただけの、内容のうすいものであって、とりたてて驚くべきことはなかった。その中で私にとって興味があったのは、カラチャイ、バルカル、カルムィク、チェチェン、イングシなどの少数民族を、民族としてのみならず、かれらの居住空間をも地図の上から消し去ろうとした事実のあったことをはじめて公式に明らかにしたことである。しかしこれとても、民族問題のもっと根深いところにある問題を明らかにしないままで終わってしまった。それはスターリン個人に帰してすませられる問題ではなかった。ソビエト科学が犯した学問上の罪過には全くふれていない。この問題は、すでに六年前にスターリンが自らの手で決着をつけてしまったからかもしれないが、それはそれとして述べる必要はあったはずである。

スターリン論文が学問の世界、殊に言語学の世界に与えたショックは甚だ大きいものであった。しかもそこからは、数々の建設的な取り組みが生まれてきたのである。

まず、「言語学の諸問題」誌が一九五二年に創刊され、二〇〇二年の第一号の表紙は、五十周年記念号であることを特記し、V．アルパートフが巻頭に三十ページにわたって、過去五十年間のロシア言語学に生じたことを回顧した。その前年の二〇〇一年には、『言語学のたそがれ』と題する、ソビエト時代に生まれた約三十篇の論文と、当時を回顧した文章まで編まれた五百六十ページを超えるこの大冊の表題に用いられた「スーメルキ」というロシア語を、ここでは「たそがれ」と訳しておいたが、この序文に言うように、この語は「たそがれ」のみならず、日の出前の薄明かり、すなわち夜明けをも意味し得るのだから、ソビエトを包んだこの言語学の暗がりは、言語学の終末を示すのか、新たなはじまりを告げるものか、いずれであるのかと問うている。この問いの表現はまことに巧みである。

私自身はそのいずれの可能性もあると考えるのだが、いまのロシアに、輝かしい言語研究の開始を告げるものはまだ現れていない。そのいずれになるかを告げるものは、若い世代の研究者の取り組みかたにかかっている。

「言語学のたそがれ」は、いま世界のどの国を見ても、あてはまる現象である。それはロシアについて言えるだけはなく、私が期待しているドイツも見通しはよくない。アメリカにもフランスにもほとんど期待できない。熱気に満ちた「言語学の時代」、すなわち、言語学に向けられていた熱い期待のまなざしは、いまやほとんど失せていて、その回顧談すら昔語りのようになってしまった。私はせめてその「たそがれ」をたそがれと意識し、記念するような対談をいま考えており、目下その準備中である折りから、ロシアに先を越されるという嬉しい敗北、嬉しい不幸を味わおうとしている。この「たそがれ」という自覚じたいがロシアの言語研究の豊かな可能性を告げている。たとえばURSS社によってすでに刊行されつつある、一九世紀末からの言語学の遺産シリーズである。

こうした取り組みは、スターリンが「アラクチェエフ的体制」と酷評したマル時代の遺産を一方的に負とせず、また「スターリンが与えた自由」を、意識的に活かそうという意欲のほとばしりだと思われる。

ソビエト時代の言語学を語る場合に、その時代に現れた、数多くの（少数）民族語の辞典のことを忘れてはならない。これらぜいたくな出版事業は、ソビエト連邦解体後はずっと回復されていない。［これは二〇〇六年頃の認識であって、今（二〇一八年現在）はちがう。］こうした出版は、スターリン論文が現れて、しばらく続いた失調の後、一九七〇年代に、それまで蒙《こうむ》ったあらゆる損失をとりもどすかのように精力的に行われた。こうした一連の現象もスターリン論文がもたらした贈り物、その副産物であると思われる。

他国の学問の世界には見られないこのような回復力、潜勢力は、ソビエト連邦の中にとり込まれ、それを支えた諸民族の多様な言語が発するエネルギーのたまものである。このエネルギーは危機を含みながらも、この潜勢を現実にしてしまったのである。

ロシアには政治史的にも、文明史的にも様々な顔があるが、その中でも二一世紀において、学問と思想の牽引力となるのは、ほかでもないそこがユーラシア世界を代表する濃密な地域であるという点にあろう。

（『ユーラシア研究』２００６年11月　ユーラシア研究所）

石《いし》母《も》田《だ》正《ただし》と「スターリン言語学」

一　あの頃のこと

石母田正の名は、当時高校生だったぼくの記憶にも、その著、『歴史と民族の発見』という、力強く鮮やかな書名とともに、忘れがたく焼きついて残っている。この書名がなぜ鮮烈なイメージをかきたてたかと言えば、歴史も民族も、単にそこにあるのではなくて、発見しなければ存在もせず、現れても来ないものだということをこの上なく強く訴えていたからである。同書は、一九五三年二月二八日に刊行されるや、半月を経ずして、三月一五日には第二刷をもって迎えられるという成功をおさめた。

またこの本が、ぼくにとって特別な意味をもつようになったのは、一九五〇年に発表されたスターリンの論文『マルクス主義と言語学の諸問題』を扱っていたからだ。この論文——以下「スターリン論文」あるいは「言語学論文」と略す——は、言語学や言語・民族問題にたずさわる人々の注目を引いたのは当然だが、石母田さんのように歴史学者が専門の縄張りを超えてこれを積極的にとりあげるのはめずらしかった。

石母田さんに会ったことはないけれど、きっと大変勇気のある、責任感の強い人だったにちがいないとぼくは思う。なぜなら、スターリン論文が現れたとき、言語学者たちは、これは言語学の論文ではないと言って意見を言うのを避けるか、見向きもしなかったにちがいなく、そうすると、まず意見を求めるとしたら歴史家とならざるを得ない。事実、この論文は、より多く歴史学に、詳しく言えば、言語の社会史にかかわるものだからだ。スターリン論文は、ほかでもないマルクス主義とのかかわりで言語学について論じたものだ。つまり、問題は、言語そのものについてではなくて、言語学というイデオロギーについて述べているのだから、当時の日本で、この問題にあたれる言語学者はいなかったのである。

言語と、イデオロギーとしての言語学との関係は、そのままヘーゲルの言う res gestae（できごと、なされたこと）と historia rerum gestarum（できごと、なされたことがらについての物語）とに対応する。だから、歴史学そのものがすでにイデオロギーであるのと同様に、言語学もイデオロギーをまとっているのであるから、言語について論ずるのではなく、言語学について論ずるのは歴史家、思想家の方がより適していることになる。

スターリン論文は、それが現れると、ソビエトの学界にはげしいショックと賛嘆の思いをひき起こしたのみならず、世界の共産主義者が、驚きとそれ以上にとまどいをもって迎えた――それがなぜだったかは、あとで述べよう。ソ連邦以外では、東ドイツと並んで、日本の左翼言論界が、このスターリン論文を最もよく議論した。そのような状況をもたらしたのは、一つには、石母田さんが果敢にこの問題を引きうけたからである。なぜそうだったのかを知るためには、その頃の状況をふり返ってみることが必要になる。

スターリン論文の前半部は、まず一九五〇年六月二〇日の『プラウダ』に発表され、後半部は七月四日と八月二日に掲載された。日本共産党の月刊理論誌『前衛』八月号がまずその前半の訳を掲載し、後半の個々の『同志諸君』への回答の訳文は、後に謄写刷りで出たものと考えられる。こうして全体の翻訳が出そろったところで、民主主義科学者協会、通称「民科」は、シンポジウムを企画し、大島義夫、石母田正、三浦つとむの三氏の講演があった。石母田さんが行った報告は「歴史学における民族の問題」であって、その話しはじめは次のようになっている。

本日のシンポジウムは、最近発表されたスターリンの「言語学におけるマルクス主義」を中心として討論がおこなわれることになっております。したがって言語学が問題の中心になることはいうまでもありませんが、しかしこの論文のもつ意義はたんに言語学だけにかんするものではないというところに問題があり、それは社会科学の他の部門、ことに歴史学にとって重要な意義をもつものと言わねばなりません。

日本の当時、いな、今でも、言語学は、他の諸科学とかかわることは科学としての純粋性を汚すものと考え、その領域を固く閉ざすことが、自らの学としての純粋性と自立を守ることだと考えていたから、石母田さんは、このような言い方によって、言語学に歴史学のパイプをつなぎ、結果としてその自閉状態をゆさぶる役割をになうことになったのである。

このシンポジウムの影響はすこぶる大きく、非左翼の言論界の中にも関心が広がっていった。すなわち一九五一年の『文学』二月号、『中央公論』一〇月号、『思想』一一月号というように、各月刊誌が相ついでスターリン論文をとりあげ、広く話題となった。そしてこのようなコンテキストの中で、小林英夫、時枝誠記、村山七郎などの正統言語学の面々も登場したのである。

その上で、翌一九五二年一二月には、季刊雑誌『理論』が、民科言語科学部会の監修で『言語問題と民族問題』を刊行した（注目しておかねばならないのは、この年の五月、いわゆる皇居前メーデー事件があったことである）。ここに寄せられた諸論文は、それまでスターリン論文をめぐって散発的にしか扱われなかったことを、より統一的に論じようとしたものであった。その巻頭には、石母田正の「言葉の問題についての感想――木下順二氏に」が置かれている。

この巻頭論文にさきだって掲げられた「編集のことば」は、この巻が「スターリン論文が、世界と日本に何を送りとどけたかをかえりみること」を目的としていると述べている。つまり、執筆者たちに直接スターリン論文の意義にふれて、何かを述べるよう求めている。

にもかかわらず石母田さんはこの巻頭論文で、スターリン論文にはまったくふれることなく、しかも、書き出しは「言語についての意見をもとめられてこまっています。言葉の問題についてほとんど考えたことがないからです」となっていて、おまけに副題を「木下順二氏に」とすることによって、スターリン論文を正面に置いて論ずることから逃げている。

このことは、石母田さんが、このテーマをつきつけられて、いかに困惑したかを示している。にもかかわらず、石母田さんが、これを引きうけたのは、自らの役割を意識した強い義務感から出たものであろう。

そして、この論文を木下順二に宛てる形で書いたのは、「夕鶴」のことば使いの中に、将来の日本語の希望を見出したと告げるためであった。

石母田さんはこの中で、ご自身が「札幌に生れ、東北で育ったので、東北の言葉については特殊な愛着を持っている」こと、その「東北人が自分の方言にたいする卑屈な感情」を抱くに至った由来、そして木下が「標準語」に背をむけて新たに文学語を創造する苦労への共感が述べられる。

この部分は、敗戦直後、一九五〇年代の知識人たちがこぞって関心を示した、ローマ字表記までをも含む新しい日本語の創出という問題を熱心に論じた当時の雰囲気をよく伝えている。

スターリン論文はあとで述べるように、本来、ソビエト言語学界の「偏向」をただすためめの、すなわちソビエトの学界の内部問題に向けて書かれたものであったから、日本語の現実に引きあてて理解され、直接応用し得るものではなかった。けれども、「一国の最高指導者が、自ら言語の問題にかかわった」ということで、日本の国語改革の運動家たちは、スターリンがひき起こした流れに乗って、おおいに議論を高めようとしたのである。

民主主義科学者協会の中に、言語科学部会が生まれたのも、このような国語運動が、スターリン論文が作り出した流れをうまく利用した結果であるとぼくは見ている。

ぼくは、一九五三年に東京外語大でモンゴル語を専攻する学生となったのとほとんど同時に、この石母田さんの論文をのせた『言語問題と民族問題』を手に入れ、民科言語科学部会が主催する研究会に参加することとなった。

それと並行して、ぼくは「スターリン論文」をロシア語の原文に引きあてながら読んだ。スターリン論文にぼくがとりわけ執心したわけは、スターリンの論文に質問を寄せた「同志たち」のうち、スターリンがまず最初に答えたのが、ブリヤート・モンゴル出身の言語学者サンジェーエフだったからだ。このことは、モンゴル語を専攻したぼくにとって、大変励みになった。モンゴル語学はソ連で、これほど重んじられているのだと思ったからだ。

当時、言語科学部会は十人に満たない小さな集まりであったが、歴史部会の人たちも時々その研究会をのぞいていたようであり、それは、歴史家はどのような文章を書けばいいのかという関心からであった。この関心は、石母田さんの関心と一致していたのである。

そのうちに、歴史部会から言語部会へ、歴史記述の文章はいかにあるべきかについて何か書いてみないかという申し入れがあったけれども、みなめんどうに思ったらしく、一番若い二一歳のぼくに、君が書けということになった。そうして書いたのが『歴史評論』一九五五年三月号（通巻第六四号）の「歴史学徒の文章について」である（今、それからちょうど六十年をへだてて本誌に書くようになったのは、ふしぎな奇縁である）。これはあまり評判のいいものではなく、今も気はずかしくて再会したくないのだが、勇気をもって読み返してみると、「人間が七才で小学校にはいり、十何才かで中学にはいり、二十何才かで大学を卒業し、そのあいだ人民大衆にふれあわなかったとしたら、その語彙は豊富でなく、じつに単純であろう」という毛沢東のことばを引いているなど、ぼくが言語表現の実践面ではマオイストであったことが思い出されるが、そのことをかくす気はない。

また、ドイツの党の代表がスターリン論文をめぐって「党のことばがわれわれを大衆からひきはなす障壁となっている」という発言も引いている。今は、この「党」を「歴史家」といいかえて味わってもらいたいほど、最近の日本の学問はこういう感覚を失ってしまった。石母田さんがおそらく最も強く心がけていたことが、今は歴史家からも知的世界からも失われてしまっている。

二　石母田正と「民族」の時代

石母田さんの論著を読むと、いたるところに現れ、その全著作をつらぬく赤い糸になっているのが「民族」というテーマである。

スターリン論文を主題にすえた「歴史学における民族の問題」のはじめの方で、石母田さんは説く。

戦後の数年間のわれわれの歴史においての根本的な変化は、帝国主義にたいする日本民族の隷属の傾向が明確になってきたこと、日本民族の生存と進歩は民族の独立を達成することなくしてはあり得ない情勢になってきたことにあります。……民族解放の問題はすべての日本人の第一義的な問題になっております。このような情勢と危機をはたしてわれわれの学問は敏感に反映しておるでしょうか、……

「民族」という語は、左翼よりも、本来、右翼・保守の論客が用いるにふさわしい、国粋的なひびきを帯びている。にもかかわらず、一九五〇年代には、この語はアメリカ占領軍の支配下に置かれた日本国民を指すのに用いられ、「民族解放」のスローガンとなって、左翼陣営から発する強い政治的メッセージを帯びることばとなった。

それが一九六〇年代に入ると、文化人類学の脱イデオロギー的影響のもとに、「民族」は好ましくないことばとなり、さらにナショナリズムを忌避する風潮のもとに、この語を用いること自体が、非学問的で時代おくれのような感覚を育ててきた。こういう雰囲気をプレパラートにして定着させたようなのが次の発言である。

民族などというものは、実際には存在しない。あたかも実体のあるもののように扱われがちだが、ほんとうは純粋に観念の産物である。そればかりではない。現代日本の多くの言葉がヨーロッパ語の翻訳であるのと違って、「民族」は、二〇世紀の初め、明治の末の日本で生まれた、純国産の言葉である。だから日本語の「民族」には、それにあたるヨーロッパ語がない（『岡田英弘著作集Ⅰ　歴史とは何か』藤原書店、二〇六ページ）。

この一節は、「民族」が学問的にいかがわしい語であり、そのいかがわしさを一層強調するために、ヨーロッパ語には対応の語がないと言っているのだ。そして国産であるがゆえに、学問的にも根拠が薄いという論理になっている。事実はそうではないのだが、ぼくとしては、この「国産」の状況を日本が必要とし、それゆえ日本語が独自に生んだ傑作とするために、「そうか、それはいい。『国産』だからね」と引き取るためにこの説を肯定しておきたい。現実に「民族」なしには、語ることのできない、多くのさしせまった問題があったし、今もある。

少なくとも、「民族」を不可欠の用語とした当時の状況を理解するためには、今なお、歌声喫茶などで好んで歌われるレパートリーの一節をあげておこう。

〽民族の自由を守れ
決起せよ祖国の労働者
栄えある革命の伝統を守れ

ではじまる「民族独立行動隊」は、すでに一九五〇年に作られていた。この歌の起源については、次のような伝えがある。「レッドパージに反対して、工場の煙突に登っていた国鉄大井工場の労働者の一人が煙突の上で書いた詩」だと、『うたごえ愛唱歌一〇〇〇選』（音楽センター、推定二〇〇〇年刊）は伝えている。

歌声喫茶にはまた、「民族」というシンボル語が、今こそ輝きを帯びる「沖縄を返せ」と題するレパートリーがある。それはこう歌い出される。

〽かたき土を破りて
民族のいかりにもゆる島
沖縄よ（後略）（一九五六年、全司法福岡高裁支部作詞）

これら、労働歌、闘争歌の中では、「民族」の語は、特に学問のある人の中からではなく、まったく自生的に発生し、日本人民・民族が必要とする意味（内容）を結晶させたのである。石母田さんの論著は、このような雰囲気の中で生まれ、また、そのような気分を育てたのである。

三　石母田さんのスターリン論文への接し方

では、本来、ソ連の国内むけに書かれたスターリン論文を日本にひろめようとしたのは誰だったのだろうか。あとで述べるように、ソ連と共産圏では、スターリンと同郷のグルジア［ジョージア］生まれの言語学者、マル一派の学界支配をくつがえそうとする勢力が、自らの解放のためにスターリンにこのような論文を書かせるように仕組んだという説明はよくわかるが、日本ではそのような必要はなかった。そもそも、言語学とマルクス主義が問題となる素地そのものがなかったのだから。マルに共感し、公然と支持したのは、タカクラ・テルとエスペランチストの大島義夫くらいであった。

日本では、この論文はソ連におけるような政治的含みはほとんど考えることはできず、「言語は土台（下部構造）にも上部構造にも属さない、その全体を包む機械のようなもの」だという、もしかしたらマルクス主義の体系をゆるがしかねない、危険なテーゼへの純理論的関心からだったのかもしれない。そして、その何者かが、議論に乗ってくれそうな石母田さんを巻き込んだのだろう。人のいい石母田さんはそれを引きうけたのだ。

だが、すでに見たように、石母田さんは、問題をそのまま引きうけたのではなく、それを自分の関心に沿って、変形し、ずらしたのである。のみならず、スターリン論文の用語の理解に際して、すこぶる慎重だったことは石母田さんの一貫した特徴である。だからこそ訳語に対してはそれをうのみにせず、時に疑問を呈し、自らが必要とする解釈を示している。それを「ナロードノスチ」と「領土」の二項について示そう。

スターリンは「言語学論文」において、「氏族」の言語から種族の言語へ、種族の言語からナロードノスチの言語へ、ナロードノスチの言語からナーツィヤの言語へという、ぼくのことばで言えば、言語共同体の形態論的発展図式を示している。石母田さんが受けとった当初の訳文では、ナロードノスチもナーツィヤも、いずれも「民族」と訳されていたらしい。そのことを「訳語」に混乱があると指摘し、「ナロードノスチは前資本主義社会の民族的集団を指していることはほぼあきらか」であるから、「ナロードノスチを民族と訳すなら、ナーツィヤは国民とでも訳すべきでありましょう」と明快に解釈を示している。

このような石母田さんの指摘によってか、その後の訳文ではナロードノスチは「民族体」と訳されるようになった。ところが「体」という抽象性を表す漢字（たとえば「国」に対する「国体」［のように］）を用いたために、多くの論者が、何かここに神秘的な秘密がかくされているかもしれないと考えて、無用な議論の袋小路に迷い込んでしまった。たとえば高島善哉氏である。そのことについては、ぼくの『言語からみた民族と国家』（岩波現代文庫）一四八－一四九ページを参照していただきたい。

ナロードノスチは、

Nation《ナツィオン》：Nationalität《ナツィオナリテート》

народ《ナロード》：народность《ナロードノスチ》

というように、ドイツ語の造語法をなぞって造られた語にすぎない。そして、ナツィオナリテートは、国民性、民族性という抽象的な意味も生むけれども、国民、民族に到達する以前の段階にある、「少数民族」と訳してもいいばあいに用いられている。石母田さんがまだいらっしゃれば、ぼくはその前で、このようなことを詳しく説明してあげたいところだがかれは、ぼくのこうした説明の要もなく、内容からずばり、直接このような理解に到達しているのである。

そうして、石母田さんは、このような手間をとびこえて、その内容をずばり、「ソヴィエト同盟」の「辺境地方にはたくさんのブルジョア的民族にまで成長しておらない民族＝ナロードノスチがおったのであります」（『石母田正著作集』第一四巻一二五－一二六ページ、岩波書店）と、具体的な実例に結びつけて理解できている。

次にスターリンが、民族たるの要件を五つ示し、その一つに「領土」をあげたとき、石母田さんは、すかさず、「これは適切な訳語ではありません」（前掲書一二二ページ）と指摘している。ほんとうは訳語だけが不適切なのではなく、民族の条件として「領土」をあげたこと自体に石母田さんはそぐわないものを感じたのであろう。たとえば日本でいえば、「アイヌ人の領土」とは何かを考えてみれば、その「変さ」は、すぐに気付かれるはずである。

この問題は、すでに一九一三年の「マルクス主義と民族問題」でスターリンが詳しく論じているように、オーストリア社会民主党が、固有の居住地域をもたない民族、具体的にはユダヤ人にも、国会代表を選出する権利があるとした、属人原理《ペルゾナル・プリンツィプ》にもとづく「地域ぬきの文化的自治」を保障し、地域原理《テリトリアル・プリンツィプ》をしりぞけるためであった。これについては、前掲のぼくの著書にゆずるとして、問題は、このテリトリヤというロシア語を「領土」と訳したところから混乱が生じたことだ。それを石母田さんは鋭くかぎつけて、「変なことば」だと感じたのである。石母田さんのこの指摘が共感され、受け入れられたためであろうか、後に国民文庫版などでは「領土」ではなく、「地域」としている。

石母田さんはこのような慎重さを維持しながら、スターリンに沿って、その論文の趣旨を理解しようとして、資本主義期に成立した「ブルジョア民族」に対して、社会主義が生み出すであろう、新しいタイプの民族という展望に賛成した。いわく、「ソヴィエト同盟の「辺境地方にはたくさんのブルジョア的民族にまで成長しておらない民族ナロードノスチがおったのでありますが……資本主義の段階をとびこえて社会主義的民族に転化しつつあるのであります」（著作集第一四巻一二五 – 一二六ページ）と。

しかしこの論は、ソ連崩壊後にナロードノスチが置かれた状況と、とりわけ中国の国内植民地のナロードノスチが、社会主義体制の中で、いかなる状況に置かれているかを見れば、単なる図式にとどまり、実際には成り立たないのである。また、民族はすりつぶされて、階級の中に吸収されるべきだと述べた、エンゲルスの描いた図式に沿っているのは、むしろ中国の方であって、ナロードノスチを民族に引きあげ、諸民族の自立と育成の成果を誇ったスターリンの方が、本来の社会主義からの逸脱だったというぼくの論は、ここではくり返さないでおく。

四　スターリン論文の背景に何があったか

日本の言論界では、石母田さんがリードする形で、スターリン論文について、ひとしきり議論は行われたが、一九五三年三月にスターリンその人が没し、一九五六年の二月に、第二〇回党大会でフルシチョフが、通称「秘密報告」によって、スターリンの悪業を暴露すると、もはや、あれほど賛美されたスターリンは話題にもならなくなった。それどころか、その名をあげたり、ましてやその著作についてふれること自体が、無意味で異様なわざ［か、単に時代おくれ］とさえ見なされるようになった。もともとかれの論文は、学界レベルでは話題にならなかったのだから、学界はともかく、言論界からは、まるで人気タレントが起こしたスキャンダルのせいで世間からも舞台からも消え去るかのようにして消えていった。いったい、思想や歴史にたずさわる人たちが、そのような通俗評論ですませてしまっていいものだろうか。［いや、よくないのである。］

二〇〇〇年にぼくが『「スターリン言語学」精読』を書いたとき、この本もまた異様な試みと見なされた。この本は、当時、岩波現代文庫の編集を担当していた小野民樹さんの並みでない熱意に押されて、ぼくがプラハ滞在を含む二か月のうちに書き上げたものである。この本の広告を目にとめられた藤間生大さんは、「それにしても、今の時期にスターリンの名を真正面に出しての出版に、著者と編集者の意図に不安と危惧をいだきながらも期待している」旨のおたよりを寄せられ、ぼくの企ての結果を心配されたほどである。

スターリン論文の意義を理解するには、何よりも書かれた動機をよく知っておかねばならない。かれは、マル一派による「アラクチェエフ的」な学界支配にがまんできなくなった「一群の若い同志諸君の申し出」によって、口を開いたと冒頭に述べている。

マルの、諸言語の発生と発展の歴史を、マルクス主義の観点から復元し、組織する試みの要点の一つは、言語の起源は一つであるとし、地域ごとに変異した諸言語が相互に接触し、混合しながら発展し、今日の姿となったとするものである。これはマルクス主義の一元化願望に沿って組みたてられた図式である。

これは、一九世紀ドイツで完成した、印欧語比較言語学にもとづく言語系統樹説と音韻法則を、全面否定するという形であらわれた。マルをなるべく内在的に理解しようとするぼくにすら同意できないのは、地球上のすべての言語の起源は、四つの音節要素の組みあわせに帰せられるとした説、音声言語以前に身ぶり言語があったとする説などであるが、印欧語比較言語学と音韻法則の批判に関する部分には、聞くべき部分が少なくない。その学問的な部分は、音韻法則という概念に反対して、特異な態度をとりつづけた、オーストリア、グラーツ大学の、フーゴ・シューハルトの研究の影響を受けている。シューハルトもまたバスク語について論じる際に、マルの仕事にふれている。

だが、注目すべきはマル自身の言語的な背景である。かれの父はスコットランドからグルジアに移住して茶畑を開いた人で、土地の若いグルジア娘を妻とした。父は英語と、最初の妻との間に用いていたスペイン語の知識があるのに対し、マルの母となったグルジア娘は土地のことばしか知らなかった。二人の間にどのような言語が成立したか、とにかくマルは、グルジア語、トルコ語、アルメニア語など、いくつもの言語が交わされる土地で育った。マルの性向の中で、ぼくが特に注目するのは、このような郷土に対する熱烈な愛着である。

かれの打ちたてた言語学はヤフェティード学と呼ばれる。そのわけは次のような次第による。グルジアを含むカフカス地方から西に向かい、黒海と地中海を経てイベリア半島に達する広大な地域に、きれめなく連続する一つの言語群があった。その西端をなすのがバスク語で、東端がグルジア語で、その間には消滅したエトルスキ語などがあったとされる。この大語群、イベリア・カフカス語群を分断したのは、後に侵入してきた、ギリシャ語などの印欧語であった。この大語群をマルはヤフェット（ヤペテのロシア語形）と呼んだ。ヤペテは、ノアの三人の息子、セム、ハムに続く名であるが、セム、ハムはすでに、いずれも他の言語群を指す名に用いられている。残ったヤペテの名を、このイベリア・カフカスの諸語を指すのに用いたのは、マルの発明ではなく、ライプニッツの例にならったまでである。

マルの独創は、このヤペテ語群が言語の発生、発展を解明するための鍵を秘めているものとし、言語研究の中心に置いたことである。——以上は極めて手短な説明にとどまるが、このような構想は、ひとえに印欧語を研究の中心から追い出して、かわりにヤペテ語研究こそを中心にすえようとする、かなり素朴なパトリオティズムに発するものだとぼくは見ている。それはナショナリズムとはとても呼ぶことのできない、よりプリミティブな愛郷心にもとづいている。

このマルの説に賛同しない研究者は、職を解かれるなど、さまざまな迫害を受けた。とりわけポリヴァーノフら堅実な研究を重ねてきた著名な研究者は、一九三七年の大粛清の犠牲になったとされるが、しかしマル自身は一九三四年に亡くなっているので、かれが手を下したわけではない。マルをかついで権力をにぎった、凡庸な連中がやったのだとぼくは思っている。

こうした体制が続いたために、ソ連の言語学はすでに科学とは似ても似つかない空想の世界におちいってしまい、研究者の苦痛は、これ以上耐えられない状況になっていると、スターリンに訴えたらしい。その行動に出たのは、同じくグルジア出身の言語学者チコババであった。かれは、グルジアの党書記長チャルクヴィアを通じて、スターリンにソビエト言語学の惨状を訴えたらしい。そこでスターリンはチコババをはじめ、言語学者たちから言語学の正統を学ぶための研究書を教えられ、それらに書き込みしながらかなり勉強した形跡が、イリザーロフの調査によって明らかにされた。

スターリン自身がはたしてあのような論文を書いたのだろうか、あるいは書けただろうかという疑問は、日本だけでなく、世界の専門家たちも抱いたらしい。言語学者の小林英夫は訳文を一読したあと、次のように書いた。

一ばん先に考えざるを得なかったことは、これは果たしてスターリンその人の意見なのだろうかということだった。じじつ読んでみれば、多少なるほどとうなずけないふしもないのであるが、それにしても、一国の元首が、たといいかに博学多識な人物であったにせよ、言語の本質についてまとまった見解を述べるほど余ゆうがあるものだろうか。

この疑問に答えてくれる研究が二〇一二年に現れた。イリザーロフの『アカデミー名誉会員スターリンとアカデミー会員マル』である。ぼくは、この著者が伝えるスターリンの書斎に残された、言語学者たちとの往復書簡や、蔵書の書き込みから見て、一九四九年から一九五〇年にかけて、かれが集中的に言語学を勉強したと見る。そこには、シュライヒャー、フンボルト、シュレーゲル、シュタインタール、ヤーコプ・グリムなどを学んだ形跡があり、ロシア語訳のあるものは下線を引き、書き込みがしてある［という］。ぼくが特に感心したのは、デルブリュクの *Einleitung in das Sprachstudium*（言語研究入門）の露訳（一九〇四年）が蔵書中にあったことである。いったい今の日本の現役の言語学者、言語学徒で、一度でもこの書をひもといた人がいるだろうか。ぼくは自信をもって答えよう、皆無であると。

この露訳は、二〇〇三年にロシアで復刻された。この本にはボップ、シュライヒャーを中心に、印欧語比較言語学の音韻法則の大略が述べられている。もしスターリンをマルクス主義者と呼ぶことをいとわないならば、かれは歴代のマルクス主義者の中で、正統の印欧語比較言語学を最もよく勉強した人であったと言っていいだろう。

スターリンはたしかに一国の元首だったが、同時にマルクス主義の理論家だった。イリザーロフの著書から見るところ、かれは「言語学者でありたい」という並々ならぬ野心にみなぎっていた。考えてみると、マルクス主義の理論の中で、言語そのものをとりあげて、それが、文化、社会の中でどこに位置づけられるべきかを論じた人は一人もなかった。かれはその空白を埋めるという野心的な栄誉を誰にもゆずりたくなかったと思われる。だからこそ、あの、かなりうまく書けているポール・ラファルグの『革命前後のフランス語』をわざわざこきおろしたにちがいない。ラファルグのこの論文を独訳して「ノイエ・ツァイト」(二五〇号、一九一二―一九一三年)に掲載したのは、またもやカウツキーであった。スターリンは、革命によって言語がいかに変わったかをかなりうまく描き出し、言語の階級性を証明するのに成功したラファルグをこきおろした。そうして、どうしても革命は言語を変えないと主張したかったその立場は、むしろ言語を「文法」ととらえる正統言語学そのものであった。だから正統派の言語学者たちは、スターリンの正気さに目を見張り、感激さえしたのである。

スターリンの、学問に対するこの正気さ公平さは、しかし、マルクス主義の文化面での全面的構築という作業に対しては、壊滅的な打撃を与えた。かれが言語は上部構造に属さず、したがって階級的ではあり得ず、全民族にかかわるものと断言したおかげで、ナショナルな観点が前面にあらわれ、この武装解除したソビエト言語学に、「ブルジョア言語学」者もほっと胸をなでおろしたのである。

このことをスターリンは、言語は「機械」のようなもので、いずれの階級にも奉仕すると述べることによって、脱マルクス主義の立場をいよいよ明確に定着させた。この考え方は、言語を社会的脈絡から切りはなして、「閉じた」「自律的構造」とする、近代言語学の立場そのものである。

スターリンのこのような、言語のあまりにも平板な――ここでこそ、日本語の「身も蓋もない」という言い方を用うべきであろう――見方に対していらだちを感じたのが、むしろ保守的と言っていい時枝誠記である。時枝は、「言語は人間の文化以外の何ものでもない」にもかかわらず、それを文化から切りはなすことには問題があると、味わい深く、また鋭く指摘した後、「言語の階級性は言語の必然であって、これを否定して「民族語の」単一説を主張するのは、希望と事実を混同した一種の観念論にすぎない」とかえってマルクス主義に沿った見方を、過激に前面に押し出す始末であった。ソビエト時代の思想分析の用語として、「ナショナル・ボリシェヴィズム」というのがあるが（M・アグールスキー『ナショナル・ボリシェヴィズムのイデオロギー』）、この論文にあらわれたスターリンの立場はまさに、それにあたる。マルクス主義の教義の中では、民族は実体ではあり得ず、階級性の前にいずれは消滅すべきものであると説かれるが、スターリンは、言語をてこに、民族を永遠化したのである。

スターリンのこの論文の最大の効果は、マルクス主義者も、いまや安心して「民族」を論じることができるように保証したことである。しかしスターリンは、「民族」の概念をそのまま自由に放つことだけはしなかった。資本主義時代に形成された「ブルジョア的民族」と、社会主義のもとで形成された「社会主義的民族」の区別をしておいた上で、前者は社会主義時代に入ると消滅するとしたのである。ところが、ソ連邦崩壊とともに、こうした概念をたてて議論することはまったくむだになったのである。

スターリンがマルクス主義の伝統の中で「民族」に大きな意味をもたせてとり込んだことは、マルクス主義の正統からの逸脱であったが、そうする以外にあり得なかったのがソ連邦の現実であった。民族と階級との概念上の妥協、もしくは和解の表現が、かれの得意なスローガン「内容は社会主義的で、形式は民族的な文化の創造」となってひろめられたのである。

ところがスターリンはさらに進んで、文化の、もしかして本質的な部分をなしているかもしれない言語が、文化という上部構造から切りはなされた上で、ひたすら民族的なものにとどまる地位を与えられたとしても、時枝が持ち出して来た議論の余地は残ることになる。すなわち、言語は文化から切りはなすことができず、その本質的な部分をなすならば、文化の中へも、民族性は深く侵入していくことになる。そうすれば文化という概念もまた非階級的となり、民族化されないわけにはいかない。したがって、スターリンのこの論文は、言語にとどまらず、文化全体を民族化するのに貢献し、この分野におけるマルクス主義を無効化してしまったのである。

五　むすび

スターリンは、ソビエトの言語学をマルクス主義の呪縛から解放したことによって、学界から受けた万雷の拍手のとどろくなか、その三年後に世を去った。

しかし、あれこれと手のこんだ工夫をこらして、何とかマルクス主義の教条をまもってきた日本の左翼研究者は、スターリンの率直さの前に目をまわしてしまった。その雰囲気をよく伝えているのが、平凡社ライブラリーにおさめられた『歴史と民族の発見』（二〇〇三年）に付された、藤間生大の解説である。いわく、「民族とは超階級的」だとする人類学の立場を否定したかつてのスターリンに従って、「正常の現在性をもった民族の存在は虚偽以外のなにものでもないと信じきっていたマルクス主義者は、ショックであった。日本だけでなく世界的な事態であった」（四六八ページ）。

しかし石母田さんにはショックはなかったはずだ。かれはマルクス主義者ではあったかもしれないが、階級ではなく、断固として「民族」を前面にうちだし、この語によって日本人の運命を語ったのである。その「民族」をになう主体は「解放のためにたたかう民衆」であり、したがって「歴史をつくる主体」だったからである。

歴史家のしごとは、そのたたかう主体を励ます研究成果をとどけることにある。そのために、大衆にとどく民族のことばをつくり出す必要があった。このかぎりで石母田さんは、ほかでもない「言語」が問題になったのである。

この感覚は、石母田さんにとどまらず、同時代の知識人に共有されていた。たとえば内田義彦は、日本の社会科学は「日本語をおいてきぼりにして発展してきた」（『社会認識の歩み』岩波新書、一九七一年）と痛切な思いを残している。

人間を対象とする学問は、何かある超越的な原理に従属してではなく、人間に即して行うほかはない。その人間の発することばは決して普遍言語ではなく、特定の文化状況の中で発せられ、記されるのであり、石母田さんは、これを「民族のことば」と表現したのである。この民族のことばによって歴史を発見すること——これが人類への究極の貢献であるという石母田さんのメッセージが、今のような浮き足立った英語グローバリズムの中でこそ鳴り響いてほしいものだ。

【付記】本稿でふれた二つのロシア語文献の原題は、次のとおりである。

М. Агурский, Идеология национал-большевизма, Paris 1918.

Б. С. Илизаров, Почетный академик Сталин и академик Марр, Москва 2012.

（『歴史評論』２０１６年５月号　校倉書房）

《新聞連載コラム》

私の心に生きる言語学者

始まりはグリム兄弟

言語学という学問は、いつ、どのような必要があって生まれたのだろうか。誰しも、ことばは人間とともに古いのだから、言語学もきっと古い学問だと思うかもしれないが、じつは二百年ほどの歴史しかない若い学問なのである。

というのも、ことばは哲学や倫理学の中で考えればすむことだし、それを正しくうまく使いこなすためには弁論術だの文章術だの修辞学があれば十分だった。

論理が表されるのはことばによってであるから、ことばを分析すればおのずと論理が現れ出てくる――こうした単純な信念を持ち得たわけは、そのころは、ギリシャ語というたった一つのことばだけを見つめていればすんだので、論理とは別に、わざわざことばだけを取り出して考える必要はなかったからである。かりにギリシャ語以外に、異族の人間はことばらしきものをさえずっているとしても、それらは、人間のことばではないと無視すればよかった。

ところが、一八世紀に入ると、諸言語のサンプルを集めた「博言集」などが編纂《へんさん》され、［地球上には］さまざまな言語のあることが知られた。またそのことが無視できなくなったのは近代国家の誕生のせいであった。近代諸国家は、それぞれ、自らの国民の大多数が話している自前の母語を用いて、国家のすべての活動をまかなおうとした。そのためにそれぞれの民族の言語の研究が欠かせないことになった。

それぞれの国家にささえられた言語の出現によって、ことばは決して一つではあり得ず多様であるという認識が生じなければ、言語学は生まれる必要はなかったのである。

一九世紀になると、ドイツに比較言語学が生まれた。それは、ドイツ語を含むゲルマン諸語を相互に比較することによって、それらの言語がばらばらに孤立して存在するのではなくて、共通にさかのぼる祖語から分かれ出たものと仮定して、その変化の過程を明らかにしようとした。比較言語学はまた、共通の祖語から、いくつもの言語が分かれ出るに際して生ずる変化は、それぞれの言語が、それ自体にそなわった、ある法則にしたがって進化したものと考えた。この研究の初期の段階でめざましい貢献をしたのが、グリム童話の編者であるグリム兄弟の兄の方、ヤーコプ・グリムであった。

かれは一八二二年の著書で、ギリシャ語、ラテン語などから、ドイツ語を含むゲルマン諸語が分かれ出たときの音変化の様式を一つの図式にまとめた。学者たちはそれを「グリムの法則」と呼んでたたえた。この輝かしい発見は、ひろく知られるグリム童話の採集と編纂を、学問としてははるかにしのぐものであった。

一八五〇年代になると、ダーウィンの生物進化論に魅せられたアウグスト・シュライヒャーが、その考えを言語変化の説明に適用した。それぞれの言語は、自らの「生命法則」にしたがって、まるで生物のように自ら生成発展をとげるのであると。かれは、印欧諸語の系統関係をまとめた大著を出すと、その報酬のすべてを投じて、シダ類やサボテン類を集めた温室を作ったほどの生物学好きだった。

シュライヒャーの言語有機体（生物）説は一八七〇年代に入ると、ベルリンとライプツィヒの大学に拠《よ》る若い言語学者たちによってさらに尖鋭《せんえい》な自然科学に仕立てあげられた。言語は、それを話す人間の意志とは全く無関係に、それとは独立に、言語それ自体の法則によって変化するものだとかれらは宣言した。そのおそれを知らぬいちずさをもって、良識ある、老人言語学者たちは、かれらのことを「青年文法学派」と呼んでからかったのである。

これによって言語学は、他のどんな学問にもゆだねることのできない、独自の対象と独自の方法をそなえた最も先進的な「科学」として自立したのである。この期の一連の研究を、近代的な科学としての言語学の起源をしるすものと見ることができる。

その後、今日に至るまで、言語学が文化を扱う諸科学の中でも、最も自然科学に近い風《ふう》貌《ぼう》を帯びているのは、このような誕生の由来をもっているからである。

（朝日新聞２００４年９月３日）

ソシュール

言語学を多少でものぞいて見たことのある人は、私がグリムの法則だの、青年文法学派だのにあまりにも情熱をこめすぎている、どうしてそんな古めかしいことにこだわっているんだいと不満を感じるかもしれない。近代言語学は何といってもソシュールからはじまったのではないかと。しかし何事であれ、革命のほんとの意味とその味わいがわかるには、その前史を知っておかなければならない。

一九世紀の言語学を集大成した決定版とも言われるヘルマン・パウルの『言語史の原理』（初版一八八〇年、第五版一九二〇年）の序説は次のようにはじまる。「言語はあらゆる人類文化の所産と同じように、歴史的考察の対象である」と。この一節は特に注意して読む人は少ないかもしれない。とりわけ私が傍点をつけて強調したところは、そんなことあたりまえじゃないかと。そう思う人は、次のソシュールのことばをすぐに読みくらべてみるといい。

通時論的〔歴史的〕眺望のうちに身をおくときは、かれがみとめるものはもはや言語ではなくて、それを変更する一連の事件にすぎない。

過去を抹殺しないかぎり話し手の意識のなかに入ることはできない。歴史の介入は、かれ〔言語学者〕の批判を狂わすだけである。

（『一般言語学講義』一九一六年）

つまり一方は、言語研究は歴史的である以外にはあり得ないと言い、他方は、歴史をやめなければ言語はつかめないと言っているのだ。

私は学生になると、すぐに徳永康元先生のゼミに入り、佐藤純一、千野栄一などの俊秀らとともに、パウルをドイツ語で、ソシュールをフランス語で読む習慣をつけられた。一方で私はソビエト言語学に心ひかれていたから、それにより近いパウルと、それに鋭く対立し、妥協の余地のないソシュールとの間で地獄のような苦しみを味わっていた。そんな時の逃げ場は、理論ではなくて、これだけは確実に存在すると思えたモンゴル文献学だった。

　ところで、これほどへだたった思想を生むに至ったソシュールも、二十歳前後の頃は、ライプツィヒとベルリンの大学で、青年文法学派のただ中で、ひたすら歴史的言語学に励んでいた。同じライプツィヒには、青年文法学派から離れて、「蝶《ちょう》の飛び方を研究するのに、サナギの研究をしてもしようがない」などと書いて、言語の非歴史的研究の積極的意味を説いていた、ゲオルク・フォン・デア・ガーベレンツという貧乏学者がいた。ソシュールはまったくガーベレンツの著書（『言語学』一八九一年、一九〇一年）にはふれていないけれども、ソシュールの思想にはガーベレンツからの影響が濃厚であることが最近の研究によって指摘されている。

　日本人として興味ぶかいのは、日本ではじめて博言学（いまの言語学）の教授になった上田万年が、二十五歳のころ、ガーベレンツの講義を聴いていたことだ。ガーベレンツの著書には上田から聞いたと思われる、日本語の数詞に関するめずらしい知識が盛られている。

　私たちにとって問題なのは、では、ソシュールは、どんな装置を用いて、この言語学の方法論上の革命——大転換を行ったのかである。それはデュルケムの社会学と、おそらく、ラツァルスとシュタインタールの心理学である。

　心理学はすでにパウルにも深刻な影響を与えていた。かれは言語変化は話す主体の外などにはなく、「言語の創造はすべて常に個人によってのみ成る」と述べているが、ソシュールは、デュルケムの「社会的事実」という概念を用いて、個人をのりこえた。
個人のことば（パロール）をのりこえた「社会的事実」としての言語（ラング）を、言語学の唯一の対象にすえたとき、そこには、変化しない、構造としての言語が、個人に圧力としてのしかかる。もはや人間は、自らのことばを意図して変えることはできず、いわば一方的に与えられ、話させられているだけなのだ。そうすると、ことばが変わることには何も積極的な意味がなくなるのである。

（朝日新聞２００４年９月10日）

フォスラーとコセリウ

青年文法学派は、言語を人間のもとから引き離し、人間の意志から独立した、一種の自然法則にゆだねた。ソシュールはふたたび言語を自然から人間のもとにとりもどしたが、それを「社会的事実」（ラング）だとして、またもや話し手の意志の及ばぬ「構造」のもとに追いやった。

手法は異なるが、言語を、目的と意志をもつ人間から引き離すという、とりかえしのつかない代償を払って言語学は科学になったのである。

ではそうすると、人間は言語に対して何もはたらきかけることができず、ただできあがった道具として与えられ、使わされているだけなのかという疑問が生ずる。ソシュールがあの有名な『講義』をはじめる一年前に、こうした思想に、果敢に挑んだ人がいる。ドイツ人だがローマに留学して、ベネデット・クローチェの美学にいたく心酔した、カール・フォスラーである。

かれは『言語学における実証主義と観念主義』(一九〇四年)と『創造と発達としての言語』(一九〇五年)を世に問い、ことばを人間からきり離して、まるでできあがった機械のように扱う方法は誤りであると説いた。

フォスラーによれば、事実を確認し、記述するだけにとどまる実証主義は学問の名にあたいしない。必要なのは、そこで満足せずに、「なぜ」「何のために」を問う観念主義《イデアリズム》であると。実証主義は因果関係を「事物」の「現象」のうちに求めるのに対し、観念主義はそれを「人間の理性」のうちに求める。この理性から、目的をもち、意図し、評価し、選択するという人間に特有の行為があらわれるのだ。ナチズムの言語の特徴を描き出した『第三帝国語』(邦訳は法政大学出版局)の著者ヴィクトル・クレムペラーのような言語学者が、フォスラーの門下から現れたのは偶然ではない。

小林英夫は、一九二八年に、世界にさきがけて『講義』の翻訳を刊行したのみならず、三五年には、フォスラーの二著をあわせて『言語美学』の題名のもとに邦訳を世に送った。この題名は、フォスラーの師友クローチェが、言語学を人間の美的創造活動を研究する一分野と想定した思想を汲《く》んだものである。

小林は訳者序文で「もう実証の惰眠をむさぼってはいられなくなった」と熱く訴えかけた。わずか七年前には、ソシュールに深い帰依を示して、その『講義』の翻訳を世に送ったばかりなのに。

世紀の奇書ともいうべきこの『言語美学』は、半世紀をへだてた八六年、やっとみすず書房から復刊された。小林はその序文に言う。「言語美学上の聖書ともいうべきものが入手困難ということは文化的悲劇である」と。

人はもしかして、小林は二つの相矛盾した宗旨の間を往《い》き来していると言うかもしれないが、私はそうは思わない。言語とはそういうものなのだ。

しかし現代の若い言語学徒の目には、フォスラーは現代言語学の到達点以前か、それとも旧態への退歩だと映るかもしれない。

ところが一九五八年に、言語学の正統の道をまっしぐらに推しすすめながら、言語学の中に目的論を復権した、目をみはるような著作があらわれた。エウジェニオ・コセリウが、モンテビデオ大学から出版した『共時態、通時態、歴史』〔邦訳は『うつりゆくこそことばなれ』の新版改訳『言語変化という問題』（岩波文庫）〕である。その翻訳が最初にあらわれたのはロシア語で、一九六三年のことだった。私はそれをすでに手にしていたが、師の亀井孝はモンテビデオのスペイン語原著のコピーを私に送ってきて、これを訳すのは君の仕事だよと言った。

ソシュールの共時態は、言語を変わらぬモノとして扱う方法の一つでしかなく、現実の言語は絶え間なく変わっている。いな、変わるのではなく、話す人間が、体系としてのことばを修復し、目的にあわせて創造しているのだとコセリウは説いた。言いかえると、「変わらないものはことばではない」ということになる。そこから、亀井孝は「うつりゆくこそ　ことばなれ」という邦訳名を提案して、ゆずらなかった。亀井と私の日本語訳は一九八一年に出た。七四年にドイツ語訳も出ているが、英訳はない。

コセリウとはよく議論した。どんな素朴な質問でもばかにせず、ていねいに答えた。ある時、私がいたずらっぽく仕掛けた難問に、ちょっと考えてから「言語は科学ではない」とすっきりと答えた一句は、今も心にのこる。

（朝日新聞２００４年９月17日）

シューハルトとマル

フォスラーにふれるならば、それに劣らず異端のシューハルトにふれないわけには行かない。言語学が生まれるそもそもの前提は、ことばは一つではなく、いろいろちがった言語が併存しているという認識だった。このことは忘れてはならない。

ところが一世を風びした構造主義言語学、とりわけ「それを手順化した変形である」記述言語学は、一つ一つの言語を、「閉じられた体系」として扱った。閉じられた体系は、その内部では一様で均質であることが前提である。なぜなら、混在性を追求すれば、ただちにそれは歴史につながり、体系がくずれてしまうからだ。

であるから、伝統的で正統な言語研究は、個別言語をそれとして記述するだけになってしまった。それはナショナル文法を求める近代国家の要請にも合っていた。

ところが一八八〇年ころから、アフリカに進出したヨーロッパ語が、現地のことばと出あっていちじるしくくずれて、いわば混合とでも言うべき経過によって生まれた、いかがわしく、さげすまれた言語を次々に研究しはじめた、オーストリアの言語学者がいた。フーゴ・シューハルトである。一八八二年に、アフリカ、ガボン沖の島、サン・トメ島で話されている「黒人ポルトガル語」について発表した論文には、すでに「クレオール語研究その一」の名が冠されている。つまり、やっと最近になってもてはやされるようになった「クレオール学」がすでに構想されていたのである。

翌年には、今日トクピシンと呼ばれるようになったニューギニアのピジン英語、さらに一年おいた八五年には、今のモンゴル北方の、ロシアとの国境でシナ商人の用いていたロシア語、すなわち買売城《マイマイチエン》語についてもロシア語で書いている。

私は最近、黒澤明の「デルス・ウザーラ」を見なおしたところ、デルスが話しているロシア語が、シューハルトの掲げる例文によく似ているので驚いたのである。

一九五三年に、イディシュ学者のU・ワインライヒが『言語間の接触』で、複数の言語が出あうありさまをとりあげるまで、シューハルトの仕事は、変わり者の風変わりな趣味として半ば眠っていた。シューハルトは元来がロマニスト、つまり、ラテン語が未開の言語と触れることによってくずれてできたロマンス諸語を研究するのが専門だったから、その研究の先には当然クレオール諸語が待っていたのであり、決して、中年になって気が変になったためではない。

シューハルトは遠くのエキゾチックな言語だけでなく、チェコ、スロヴェニアなどからの出かせぎ女中さんが、「やとわれていた」ドイツ人の家庭でしゃべる、「台所ドイツ語」も研究した。かれは文法書の中ではなく、そういう場所でこそ生命にあふれたことばの創造が観察できると考えたからである。

孤立していたシューハルトに共感を示したのは、ソビエト言語学を担ったマルである。マルは印欧語比較言語学の原理そのものに反対した。純粋言語などという作りものは一つとして実在しない、あらゆる言語は混交によって生じたと主張し、その主張を根拠づけるために好んでシューハルトを援用し、シューハルトもまた、マルの研究に言及するのを忘れなかった。

それにまた、マルは自らの故郷のカフカス語の形成との関係で、バスク語にも興味をもったが、バスク語はまたシューハルトを強くとらえた言語であった。

シューハルトの書くドイツ語はちょっと読みにくい。それを日本の読者にも読めるようにしたのは、またもや小林英夫である。かれの代表作「音韻法則について　青年文法学派に反対する」（一八八五年）は、小林の編訳になる『20世紀言語学論集』（みすず書房、二〇〇〇年）におさめてある。

「音韻法則」という、言語学にとっての家宝のようにあがめられている財産を、いわば砂上の楼閣のような幻影だときめつけたシューハルトのたちばは、今日ではE・コセリウが、もっともっとわかりやすく説明している。

（朝日新聞2004年9月24日）

チョムスキー

人間は生まれて来ると、誰でも何かのことばをしゃべるようになる。けれども、それがどんな言語なのか、本人は知らない。日本語だとか、英語だとかは、あとになってはじめて知る。日本語はまずかったなあ、英語にしておけばよかったと気がついたときは、もはや手おくれだ。残念なことに、人間は自分でことばを選ぶことができない。

人は自分の母をとりかえることができないのと同様に自分のことばをとりかえることができない。このような点からみたことばを母語という。深刻な事実は、この母語によって、人はどれかの言語共同体に、つまり民族だの、国家だのに組み入れられることだ。

近代言語学は、これらの母語＝言語が、それぞれ、独自の構造をもっていて、それぞれ独自のやりかたで世界を分析し、把握していて、その間に優劣の差はなく、ちがいはそれぞれの言語がもっている認識方法のちがいであると考える。こうしたたちばは言語相対主義と呼ばれている。相対主義は、どれかの言語が絶対的に正しく、他はそれに従わなければならないとする絶対主義とは相いれない。

相対主義は、ソシュールの言語観をすすめると必然的に出てくる。今日地球上には約六千の言語があって、二一世紀中にはその半数が消滅するだろうと予測されている。母語をすてて、こどもたちに、もっと出世に役だつ言語を身につけさせようという親ごころによって、この動きはさらに加速されるであろう。一つ一つの言語には、それぞれ、他の言語では代えられない魂がやどっているという、敬虔《けいけん》な気持ちは、言語学者に共通するものだと私は思っている。

ところが一九六〇年頃からひろまった、チョムスキーの「変形生成文法」理論はまったくちがった考えかたをとる。それによると、言語のすがたはどんなにちがっていても、それらは、一つの「深層構造」に帰せられる。深層構造はすべての人間が、一種の生理器官として身にそなわって、生まれてくるものであり、この器官が文法を生成する。

こうした前提から出発すれば、言語や方言のちがいは無意味であって、言語の本質にふれるものではない。すべての言語に普遍的で共通な何かは、従来、論理、もっとうまく言えば論理的意味と呼んできたものに近い。言語学がへその緒を切って自立した、あの三百年前の論理学のふるさとにもどろうとするものだ。

チョムスキーはこの理論を素手で作ったのではなく、じつは一七世紀フランスの普遍文法を下敷きにした。そこではフランス語がすべての言語を代表したが、今度は英語だ。

言語の多様性が無意味となれば、言語は限りなく論理と一体になり、言語そのものが幻影でしかなくなる。じじつチョムスキーは、「言語という概念が単に無用のものとなってしまう可能性もある」と、言語学の終焉《しゅうえん》をほのめかしている（『生成文法の企て』）。

しかし権力をもった言語と、しいたげられた言語（の話し手）という問題は現実に存在している。そういう現実の問題を、普遍言語という、現実には存在しないものの中に解消してしまったことに鋭く危機を感知した一群の言語学者たちが、社会言語学という新しい学問を作ってそれに対抗した。やはり一九六〇年代のことである。

普遍文法によって、言語を完全に非社会化し、生物学レベルにもどしたことによって、結果としてチョムスキー自身は無意味な学問だとする社会言語学の発生をうながしたのである。

言語学は、妥協を許さぬひたむきな魂が作ってきた思想のドラマである。とりわけ激動の政治史に組み込まれたロシアの言語学は二〇〇一年に、過去一世紀にわたる記念碑的な論文を一冊にまとめて刊行した。『言語学の薄明』と題して。序文で編者自身が問う。この薄明は夜明けなのか日暮れなのかと。

二〇世紀は言語学の方法を鍛えた時代であったが、グローバリゼーションが幾千の言語を消し去って行く二一世紀は、そこでとどまることを許さない。言語を問うことは、そのまま人類の運命を問うことになるからだ。（おわり）

（朝日新聞２００４年10月１日）

【二〇一八年に記す】

この連載は、朝日新聞社の石田祐樹さんの熱心なすすめで実現したものである。その時から十三年もたっているのに、ほんの最近のことのように感じられるほど、この時と今とでぼくの考えにはちがいがない。それは、ぼくの進歩が止まったからとも言えるだろうけれども、自分では信念だから変わらないと言ったほうがいいと思う。

石田さんは、ぼくの学問を比較的よく注視してきた人だから、きっと、田中の言語学への思いを、これを最後に書かせてやろうと、思いきって大きな紙面を提供されたのであろう。

最近の研究者、大学の先生たちは、海外で目新しい論著が、しかもその多くは英文によってであるが、現れると、それが書かれた脈絡などあまり考えることなく、飛びつくようにして紹介発表する傾向がある。これでは論争ではなく、新説の単なる「入れ替え、とりかえ」に終わってしまう、根なし学問である。こんな学問は、国民の税金を使ってまで維持する必要がないと思われてもしかたがないだろう。学問とは、人間が、日本人が生きる方途をさがす営みである。

本セレクションに用いられているシンボルマーク
「酔っぱらって、よれよれのチェーホフ」のいわれについて

一九八〇年、三十歳になったチェーホフは、囚人の島サハリン（樺《から》太《ふと》）へと一大旅行を企てた。モスクワを四月二一日に出発し、七月一一日にアレクサンドロフスク港に上陸した。シベリア鉄道もまだない、片道全行程、三か月に及ぶ長旅であった。サハリンでは「一万人以上の流刑囚や住民の調査カードを作り」、「学位論文の三つくらいに相当する」成果をあげたと自慢している。この旅の途次、チェーホフはトムスクに立ち寄ったのである。六月の頃だった。

ぼくは二〇〇七年九月、はじめてトムスクを訪れたとき、トミ河々畔に立つチェーホフの像に出会った。よれよれのコートをはおり、傘を後手にかかえた、酔っ払いのチェーホフである。ぼくはすぐさま、その傘の柄に手をかけて写真におさまった。道路をへだてた向かい側にはかれが泊まった宿屋で酒場のスラヴャンスキー・バザールがあった。その得意の写真を装丁家に見せたところ、かれはぼくをはね出して、チェーホフだけをとりあげてデザインし、本コレクションのマークにしてしまったのである。

チェーホフにはかなわない。

田中克彦（たなか・かつひこ）
1934年兵庫県生まれ。東京外国語大学モンゴル語学科、一橋大学大学院社会学研究科、ボン大学哲学部・中央アジア言語文化研究所（フンボルト財団給費）でモンゴル学・言語学・民族学を学ぶ。一橋大学名誉教授。社会学博士。モンゴル国立大学名誉博士。2009年モンゴル国北極星勲章受賞。著書に『ことばと国家』『ノモンハン戦争――モンゴルと満洲国』『「シベリアに独立を！」諸民族の祖国（パトリ）をとりもどす』（すべて岩波書店）、『差別語からはいる言語学入門』（ちくま学芸文庫）、『従軍慰安婦と靖国神社　一言語学者の随想』（KADOKAWA）、『田中克彦 自伝 あの時代、あの人びと』（平凡社）、『言語学者が語る漢字文明論』（講談社学術文庫）、『田中克彦セレクションI カルメンの穴あきくつした』（新泉社）など多数。

田中克彦セレクションIII ――スターリン言語学から社会言語学へ――
カナリヤは歌をわすれない

2018年6月14日　第1版第1刷発行

著　者　田中克彦
発行者　株式会社 新泉社
東京都文京区本郷 2-5-12
電話 03(3815)1662
FAX 03(3815)1422

印刷・製本　萩原印刷株式会社

ISBN 978-4-7877-1823-5 C1310